RECUEIL

DES STATUTS,

DECLARATIONS DU ROY, ARRESTS du Conseil, du Parlement, Cour des Aydes, Sentences de Police, Election, & du Prévôt des Marchands,

DE LA COMMUNAUTÉ DES MAISTRES VINAIGRIERS, VERJUTIERS, MOUTARDIERS,

PREMIERS INVENTEURS, DISTILLATEURS & Vendeurs d'Eau-de-Vie & Esprit-de-Vin, en gros & en détail, de la Ville, Fauxbourgs & Banlieuë de Paris.

A PARIS,
De l'Imprimerie de GISSEY, ruë de la vieille Bouclerie, à l'Arbre de Jessé.

M. D C C. XLIV.

Réimprimé du tems de la Jurande de Messieurs

CHARLES-FRANÇOIS D'AUTRAY,
Syndic en Charge.

CHARLES FABUREL, SEBASTIEN DEDRON, JEAN-FRANÇOIS DAVID, JEAN-CLAUDE LEFEVRE,	*Jurez en Charge.*

Messieurs les Officiers de la Communauté.

M. DE LA BLANCHARDIERE, Avocat au Parlement, *rue S. André des Arts.*

M. DURET, Avocat au Parlement, *rue Montorguëil.*

M. LE VASSEUR, Avocat és Conseils, *Vieille rue du Temple.*

M. GAUVION, Notaire, *rue saint Denis.*

M. MERLIN, Commissaire au Châtelet, *rue de la Ferronnerie.*

M. DELISLE, Procureur au Parlement, *Cloistre Notre-Dame.*

M. BAILLY, Procureur au Châtelet, *rue saint Martin.*

M. DOUCET, Huissier au Châtelet, *Cloistre Ste Opportune.*

JEAN-FRANÇOIS DELAUNEY, Clerc de la Communauté, *rue d'Avignon, près saint Jacques de la Boucherie.*

TABLE

XIX *Autre Sentence qui déboutte ledit Chandelier de son Opposition, du douze Avril 1737.*

XX. *Sentence de Police contre la Veuve Parizot, Marchande Epiciere, du trente-un May 1737.*

XXI. *Arrêt du Parlement contre les Limonadiers, du vingt-six Mars 1694.*

XXII. *Autre Arrêt contre les mêmes, du vingt-sept Mars 1696.*

XXIII. *Autre Arrêt contre les mêmes, du quinze Janvier 1697.*

XXIV. *Autre Arrêt & notable contre les mêmes, du sept Septembre 1744. qui ordonne l'exécution des trois ci-dessus.*

XXV. *Plaidoyer de Monsieur de Fontanieux, Avocat du Roi, contre les Epiciers, & ses Conclusions en faveur des Vinaigriers.*

XXVI. *Sentence de Police confirmative des Conclusions du vingt Juillet 1717.*

XXVII. *Sentence de Police contre Louis-Mathieu Adeline, Marchand de Vin, du premier Juin 1736.*

XXVIII. *Arrêt du Parlement confirmatif de lad. Sentence du vingt-sept Août 1740.*

XXIX. *Arrêt du Conseil contre les Fermiers, du douze Juillet 1695.*

XXX. *Autre Arrêt du Conseil contre les Fermiers portant Reglement, du vingt-quatre Janvier 1696.*

XXXI. *Sentence de l'Election contre les Fermiers, du vingt-deux Février 1696.*

XXXII. *Sentence de Police contre Cagnard, du trois Septembre 1706.*

XXXIII. *Autre Sentence contre le même pour le Pressoir, du dix Septembre 1706.*

XXXIV. *Sentence de Police contre les nommés Lucien & Comtois, Voituriers, du trente-un Août 1742.*

XXXV. *Sentence de Police contre Pierre Lardin, Apprentif du Sieur Huet, qui ordonne de rentrer à son service dans le jour, du 3. Août 1742.*

XXXVI. *Sentence de Police pour la vente de Gravelée, du quinze Novembre 1743.*

XXXVII. *Sentence de Police contre les Commissionnaires & Courtiers de Vin, du trente Avril 1744.*

XXXVIII. *Sentence de Police contre Durut & sa Femme, Courtiers de Vin, du dix-neuf Juin* 1744. *en conformité de celle ci-dessus.*

XXXIX. *Sentence de Police contradictoire, contre Thomas Pierret, Privilegié Limonadier, faisant la Profession de Vinaigrier, qui declare la saisie valable, confiscation, dommages, interêts & dépens.*

XL *Autre Sentence du vingt un Août* 1744. *contre Louis Rouillier, pareille prononcée.*

XLI. *Autre Sentence dudit jour contre Benoît Noiron, pareille prononcée.*

XLII. *Déliberatoin de la Communauté contre les Compagnons, pour les Brouettes.*

XLIII. *Sentence de Police contre les Compagnons pour les Brouettes, du vingt-trois Février* 1739.

XLIV. *Arrêt du Conseil contre Pierre Couterot, Traiteur privilegié, du neuf Août* 1734.

XLV. *Sentence de Police contre le même, du treize Mai* 1735.

XLVI. *Autre Sentence contre le même, du dix-sept Juin* 1735.

XLVII. *Autre Sentence du dix Juillet* 1739. *contre le nommé Henry, Maître Vinaigrier.*

XLVIII. *Ordonnance de Police, du quatorze Juillet* 1722. *concernant les Assemblées au Bureau.*

XLIX. *Sentence de Police contre Jean Verdy, Vendeur d'Eau de Vie, du vingt-trois Juin* 1666.

L. *Sentence de Police contre Bijault, Vendeur d'Eau de Vie, du trois Juillet* 1666.

LI. *Autre Sentence du six Juillet* 1666. *contre Verdy, Bijault & autres Vendeurs d'Eau de Vie.*

LII. *Autre Sentence du dix-huit Mai* 1731. *contre René l'Epine, Marchand Frippier, trouvé en contravention.*

LIII. *Sentence de Police portant Reglement contre les Marchands Forains & autres.*

LIV. *Sentence de Police contre Veillard Aubergiste du* 7. *Mars* 1738.

LV. *Sentence de Police du* 21. *Novembre* 1692. *contre Guillot Marchand de Vin, pour des Moulles & Lies.*

LVI. *Sentence de Police contre la veuve Desse Aubergiste, du vingt Avril* 1729.

LVII. *Arrêt du Conseil contre Grignon prétendu Privilegié Vinaigrier, du* 26. *Février* 1718.

LVIII. *Autre Arrêt contre le même, du 23 Février 1719.*

LIX. *Procès-verbal de Vins gatez fait par le Fermier sur André Blondy Vinaigrier du 3. Janvier 1700.*

LX. *Sentence contradictoire du 29. Mars 1700. qui décharge ledit Blondy.*

LXI. *Sentence de Police portant Réglement contre les Fruitiers-Orangers du 27. Août 1715.*

LXII. *Arrêt du Parlement confirmatif de ladite Sentence du 14. Decembre 1716.*

LXIII. *Sentence de l'Election qui fait main-levée de Vins gâtez saisis sur Nicolas Duval, Thomas Chesnot & Michel Dumay, du 17 Mars 1711.*

LXIV. *Sentence de Police contradictoire contre les Epiciers pour les visites & poids, du 10. Avril 1693.*

LXV. *Sentence contre Lucas, Marchand de Vin, & autres, du 22. Novembre 1709.*

LXVI. *Arrêt confirmatif du 5. Août 1711.*

LXVII. *Sentence contre René Dorange Marchand de Vin & autres, du 21 Mars 1700.*

LXVIII. *Sentence contre Pierre Cahu Marchand de Vin du 22. Février 1701.*

LXIX. *Arrêt confirmatif du 5. Septembre 1701.*

LXX. *Sentence contre Pierre Besnard Marchand de Vin, du 20 Decembre 1709.*

LXXI. *Arrêt confirmatif du 5. Août 1711.*

LXXII. *Sentence de la Chambre du Domaine, qui fait défenses aux Fermiers d'exiger des droits sur le Verjus & Vinaigre.*

LXXIII. *Sentence contre Pequet Traiteur, du 6 Février 1722.*

LXXIV. *Sentence portant Réglement pour les Visites, & ordonne de porter honneur & respect aux Jurés.*

LXXV. *Sentence portant Réglement pour les Listes, Assemblées, Réceptions des Maîtres, & les Elections, du 27 Janvier 1722*

LXXVI. *Arrêt contre les Epiciers pour le Vinaigre du 12 Mars 1699*

LXXVII. *Sentence contre Jean Guettier Marchand Epicier, & Jean Rasse Maître Vinaigrier du 18. Août 1702.*

LXXVIII. *Sentence contre Doublet Epicier, du 11. Janvier 1701.*

LXXIX. *Arrêt confirmatif du 16 Juillet 1701.*

LXXX. *Sentence contre Saquelle, Mercier, du 20. Mars 1744. pour la Gravelée*

LXXXI. *Sentence qui homologue la Déliberation du 23. Octobre au sujet des Réceptions des Aspirans.*

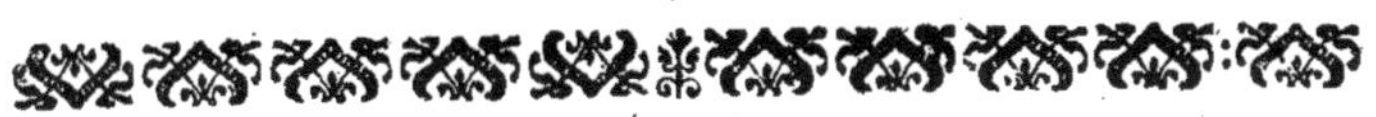

ARTICLES, STATUTS,

ORDONNANCES, ET REGLEMENS,

Des Jurés, Anciens, Bacheliers, & Maistres de la Communauté des Vinaigriers, Moutardiers, Sauciers, premiers Inventeurs, Distillateurs & Vendeurs d'Eau-de-Vie & Esprit de Vin, en gros & en détail, avec attablemens aux Buveurs, & Buffetiers de la Ville, Fauxbourgs, Banlieue, Prevôté & Vicomté de Paris, tirés des anciens Statuts de ladite Communauté, approuvés sous le regne du feu Roy Charles VI. par Sentence de son Prevôt de Paris du 28 Octobre 1394. confirmés par les Rois Louis XII. au mois de Septembre 1514. publiés audit Châtelet le 4 dudit mois; Henry II. au mois de Janvier 1548. publiés en la Chambre du Procureur de Sa Majesté au Châtelet, & en l'Auditoire d'icelui, le 6 Mars ensuivant; Charles IX. au mois d'Avril 1567. registrés au 7e volume des Bannieres dudit Châtelet, & au second Cahier neuf de la Chambre du Procureur de Sadite Majesté; & Henry IV. de glorieuse mémoire, au mois de May 1594. registrés au Parlement de Paris du consentement de son Procureur Général en icelui, du 20 Juillet ensuivant.

Et dressés par Maître RENE' HARENGER, Avocat en Parlement, & aux Conseils d'Etat & Privé du Roy.

I.

PARCE que l'expérience fait connoître que les Jurés, Anciens, Bacheliers, & Maîtres de la Communauté des Vinaigriers, Moutardiers, Sauciers, Distillateurs en Eau-de-vie I.

& Esprit de Vin, & Buffetiers de la Ville, Fauxbourgs, Banlieuë, Prevôté & Vicomté de Paris, n'ont de plus forte passion, que celle de contenter en leur Art la délicatesse des goûts, soit de Sa Majesté ou de ses Peuples, & qu'ils sont au nombre de deux cens Maîtres, avec trois garçons chacun qui vont par ladite Ville, Fauxbourgs, Banlieuë, Prevôté & Vicomté, pour distribuer les Marchandises dépendantes de leur exercice : ils jouiront seuls des graces que les Rois, prédécesseurs de sadite Majesté, leur ont accordé ; & les différends n'en pourront être traduits qu'au Châtelet en premiere Instance, & par appel au Parlement.

I I.

Conformément au deuxiéme Article des Statuts de ladite Communauté, approuvés par Sentence du Prevôt de Paris du 28. Octobre 1394. sous le Regne du feu Roy Charles VI. sur les avis de son Procureur audit Châtelet : nul ne pourra s'entremettre en l'exercice dudit Art, qu'il ne soit sain de corps & net en ses habits.

I I I.

Et d'autant que la vie des hommes dépend d'une fidélité inviolable en la confection des Sauces, Moutardes, & autres Denrées dépendantes dudit Art ; nul ne s'en pourra mêler dorénavant, qu'il ne soit expert, habile, & reconnu dans une approbation générale, ainsi qu'il est porté par le premier Article desdits Statuts du 28 Octobre 1394.

I V.

Pour acquerir les expériences, habitudes & réputations nécessaires audit Art, celui qui en voudra faire le choix, nonobstant le premier Article des Statuts de Louis XII. du mois de Septembre 1514. & conformément aux premiers Articles des Statuts d'Henry II. du mois de Janvier 1548. & de Charles IX. du mois d'Avril 1567. confirmés par Henry IV. de glorieuse mémoire, au mois de May 1594. sera tenu de faire apprentissage pendant l'espace de quatre années entieres, chez l'un desdits Maîtres, qui aura sept années de réception, sans interruption, ni qu'il puisse changer de Maître ; sinon, & en cas de fuite, absence, ou action indécente, il sera tenu dans la huitaine, à la diligence de sa Caution, de se rendre chez son Maître ; sinon le Brevet de son Apprentissage, dès-à-présent demeurera fera nul, caſſé & révoqué, ſans qu'il ſoit beſoin d'autre Sentence ni Mandement plus exprès, avec défenſes à tous Maîtres de s'en ſervir, à peine de dix livres d'amende, applicable en faveur de l'Hôpital Général des Pauvres.

V.

Le Brevet dudit Apprentiſſage ſera paſſé pour ledit tems de quatre années, pardevant Notaires du Châtelet de Paris, en préſence des Jurés, ou l'un d'eux du moins dûement appellés à cet effet, ſans qu'il y ait contre-lettre, paction, ou conſentement au contraire, à peine de vingt livres d'amende en faveur dudit Hôpital Général des Pauvres de ladite Ville de Paris, ſuivant les deux Articles deſdits Statuts des mois de Septembre 1514. Janvier 1548. & Avril 1567. Et ſera tenu ledit Apprentif, tant de faire regiſtrer ledit Brevet pardevant le Procureur de Sadite Majeſté, que de prendre Lettres de lui, au dos de laquelle ſera inſérée la Lettre Domaniale, & faire certifier ledit Brevet dans la huitaine par les Jurés en charge.

V I.

Immédiatement après que les comptes de ladite Confrairie auront été vûs, examinés, & arrêtés en préſence des anciens Maîtres d'icelle, enſemble des Jurés & anciens Bacheliers de ladite Communauté, ils nommeront l'un d'entr'eux tous les ans, pour garder le Regiſtre de ladite Communauté, dans lequel il écrira tous les Brevets des Apprentifs, ſelon l'ordre de leurs dates; & ſeront tenus leſdits Maîtres de les lui délivrer, huit jours après qu'ils auront été expédiés dans la forme ci-deſſus preſcrite, à peine de trois livres d'amende contre chacun des Contrevenans, au profit de ladite Confrairie.

V I I.

Tout Apprentif ſera tenu de payer le jour même de ſon Brevet vingt ſols, pour les droits de ladite Confrairie, dont l'un des Maîtres d'icelle lui donnera quittance, & ſans laquelle il ne pourra être admis au chef-d'œuvre.

V I I I.

Outre les quatre années d'Apprentiſſage, nul ne pourra parvenir à la Maîtriſe dudit Art, qu'il n'ait ſervi deux ans entiers les Maîtres en qualité de Compagnon; & afin qu'il n'en puiſſe point être diſpenſé, le Brevet en ſera mention, à peine de nullité d'icelui.

IX.

Si-tôt que l'Apprentif aura parachevé les quatre années de son Apprentissage, avec les deux années de service comme Compagnon, il pourra être admis à la Maîtrise, pourvû qu'il soit de la Religion Catholique, Apostolique & Romaine; qu'il se soit dignement acquitté du chef-d'œuvre que les Jurés lui donneront en présence du Procureur de Sa Majesté audit Châtelet, & desdits anciens Bacheliers, & qu'il ne soit atteint, convaincu, ni condamné pour crime, ou autre action illégitime, en payant les Droits accoutumés, ainsi qu'il est porté par le troisiéme Article desdits Statuts des mois de Janvier 1548. & Avril 1567. confirmés par le feu Roy Henry IV. d'heureuse mémoire, au mois de May 1594. nonobstant le troisiéme Article de ceux du mois de Septembre 1514. que Sa Majesté révoquera pour le bien de ses Peuples, & la conservation du Commerce de ladite Communauté, sans qu'aucun puisse être reçû en icelle, sous quelque prétexte, cause & occasion que ce soit, qu'il n'ait été Apprentif de ladite Ville.

X.

Afin que les intentions des défunts Rois Louis XII. Henry II. Charles IX. & Henry IV. portées par le quatriéme Article desdits Statuts des mois de Septembre 1514. Janvier 1548. Avril 1567. & May 1594. soient inviolablement observées, aucun des Maîtres ne pourra garder en sa maison des lies, vins, rappés puans. Mêmes défenses & inhibitions très-expresses lui seront faites d'en mettre en œuvre, s'en servir ni user, à peine de vingt livres d'amende en faveur dudit Hôpital Général des Pauvres, & d'être jettés en l'eau en présence des Jurés en charge, dont moitié desdites amendes appartiendra ausdits Jurés.

XI.

Les cinquiéme, sixiéme & septiéme Articles desdits Statuts, des mois de Septembre 1514. Janvier 1548. & Avril 1567. confirmés par Lettres Patentes dudit feu Roy Henry IV. du mois de May 1594. ont été si juridiquement établis, que pareilles défenses seront faites ausdits Maîtres d'avoir aucuns cuviers, tinettes, bacquets, sebilles, barils, & autres ustenciles dépendantes dudit Art, chancis, moisis ou limonneux, à peine de quinze livres d'amende au profit dudit Hôpital Général;

comme aussi d'employer, se servir & mettre en œuvre du vin recueilli par terre, à peine de trois livres d'amende, & d'être jetté en l'eau en présence des Jurés de ladite Communauté, dont moitié desdites amendes appartiendra ausdits Jurés.

XII.

Pour la plus prompte exécution du contenu dans les Articles précédens à ceux que la nécessité dudit Art fera insérer ci-aprés, même afin d'en bannir tous les abus, contraventions & forfaitures généralement quelconques, il y aura quatre Jurés en ladite Communauté, dont deux (pourvû qu'ils ayent dix ans de réception) seront tous les ans élûs le 20 du mois d'Octobre pardevant le Procureur de Sa Majesté audit Châtelet, sans brigues, monopoles, ni autres pactions illégitimes, suivant l'avis du Procureur de Sadite Majesté au Châtelet, nonobstant les 9, 21, 25 & 28 articles desdits Statuts, des mois d'Octobre 1394. Septembre 1514. Janvier 1548. & Avril 1567. confirmés par lesdites Lettres Patentes du feu Roy Henry IV. du mois de May 1594.

XIII.

Lesdits Jurés feront six visites générales, au moins tous les ans, chez tous les Maîtres de ladite Communauté, & vacqueront incessamment aux particuliéres, dans les nécessités pressantes, afin de réprimer toutes les malversations, fautes, abus, & contraventions, dont ils feront leurs rapports dans les 24 heures, pardevant le Procureur de Sadite Majesté audit Châtelet; tiendront la main, que tous les comptes soient dorénavant vûs, examinés & arrêtés en présence des Jurés & anciens Bacheliers de ladite Communauté, dont lesdits Bacheliers seront exempts de visite & droits d'icelle.

XIV.

Parce que la résistance contre les visites desdits Jurés, seroit un seul moyen capable de troubler tout le repos de ladite Communauté, les Maîtres d'icelle leur feront voir leurs ouvrages, marchandises, outils & ustenciles généralement quelconques, avec respect, honneur & révérence, à peine de six livres d'amende en faveur desdits Jurés, contre chacun des contrevenans, conformément aux onziéme, quinziéme & dix-septiéme articles desdits Statuts, des mois de Septembre 1514. Janvier 1548. & Avril 1567.

XV.

Même pour entretenir la gloire que lesdits Maîtres ont perpétuellement eu dans la fidélité de leurs ouvrages, il leur sera expressément enjoint de continuer leur travail à la Moutarde, Cameline, Sauce Jaune, Senevé, Poulvré, & autres Denrées dépendantes de leur Art, avec tout soin, candeur, vigilance, honneur, & en leurs consciences, afin que le Public ait lieu de se reposer sur leurs personnes, & qu'en leur particulier, ils ne soient point privés de la satisfaction que leurs prédécesseurs ont reçûe, ainsi qu'il est porté par les quatriéme, cinquiéme, sixiéme, septiéme & huitiéme articles desdits Statuts, approuvés sous le Regne du feu Roy Charles VI. par Sentence du Prevôt de Paris, intervenuë le 28 Octobre 1394. sur les Conclusions du Procureur de Sadite Majesté audit Châtelet.

XVI.

Afin que la propreté soit exactement observée dans les Moulins à Moutarde, suivant le quatorziéme article des Statuts de Charles IX. du mois d'Avril 1567. confirmés par Henry IV. d'heureuse mémoire, au mois de May 1594. lesdits Maîtres les montreront ausdits Jurés toutes fois & quantes; & ils les en interpelleront verbalement, conformément aux douziéme & quatorziéme articles des Statuts de Louis XII. & Henry II. des mois de Septembre 1514. & Janvier 1548.

XVII.

Les huitiéme & neuviéme articles desdits Statuts de Henry II. confirmés par les huitiéme & neuviéme articles de ceux de Charles IX. depuis ratifiés par Henry IV. au mois de May 1594. seront dorénavant exécutés selon leur forme & teneur. Ce faisant, tous Greniers ou Grenieres, vulgairement appellés Grenetiers ou Grenetieres, ne pourront faire amener en ladite Ville, Fauxbourgs, Banlieue, Prevôté & Vicomté de Paris, du Senevé ou Poulvré, Graines propres à faire de la Moutarde, ni les exposer dans les Marchés, Halles & autres Places publiques, que préalablement lesdits Jurés n'en ayent fait la visite, pour éviter les trop grandes fraudes, abus, & inconvéniens que l'on n'en a pû jusqu'à présent prévenir au désavantage des Peuples, à peine de confiscation, & de vingt livres d'amende contre chacun des contrevenans, dont moitié sera appliquée en faveur dudit Hôpital Général des Pauvres, & le surplus au profit desdits Jurés, pour raison desquelles visites ils auront quinze deniers pour chaque septier.

XVIII.

Pour l'exécution entiere des mêmes articles desdits anciens Statuts, nul desdits Grenetiers ou Grenetieres ne pourra acheter dans les Hôtelleries, faire venir de la Campagne, ni aller au-devant des Forains, soit du *Senevé* ou du *Poulvré*, graines propres à faire de la Moutarde: mais après qu'elles auront été déchargées par lesdits Forains en la Halle ou autres Places publiques, que lesdits Jurés les auront visitées, & que lesdits Maîtres auront fait leurs provisions nécessaires, midi étant sonné, la liberté sera d'en prendre par qui bon lui semblera, sous pareille peine que dessus.

XIX.

Lesdits Maîtres seuls pourront acheter du Senevé & Poulvré, graines propres à faire Moutarde, soit à la Campagne ou ailleurs, autant qu'ils en auront besoin pour leurs provisions, à la charge toutefois qu'elles seront visitées par lesdits Jurés dans les maisons desdits Maistres, dont ils ne prendront aucuns droits.

XX.

Conformément au dix-huitiéme article desdits Statuts du mois de Septembre 1514. & aux 15. 24. & 27. articles de ceux du mois d'Avril 1567. confirmés par le feu Roi Henry IV. de glorieuse mémoire, en Mai 1594. & aux Sentences dudit Prevôt de Paris ou son Lieutenant Civil, même aux Arrêts dudit Parlement rendus en conséquence des 13. May & 7. Août 1574. premier Septembre 1575. 26. Juillet 1577. 14. Oct. 1594. 10. Oct. 1595. 6. Mars 1596. 14. May 1597. 23. May 1615. 20. Fevrier & 14. May 1616. 6. Avril 1622. 26. Septembre 1623. 24. May 1625. 4. May 1635. & 13. Decembre 1647. nul de quelque Art, Profession ou Metier qu'il soit, ne pourra faire vendre, ni exposer en public, soit vinaigre, verjus, moutarde, eau-de-vie, esprit de vin, cendres, gravellées, sablon, lies & autres choses dépendantes desdits Maîtres, qu'il n'ait été reçû en ladite Communauté, prêté le serment de Maître, & fait ce qui est porté par les articles précédens; à peine de quarante livres d'amende, & confiscation des marchandises, dont la moitié en faveur dudit Hôpital Général, & l'autre au profit desdits Jurés Comme aussi que les ustanciles, outils, pressoirs, moulins à moutarde, alembics, serpentins, chaudieres, fourneaux, cuivres, bacules, & autres choses servans audit art; & ceux qui se trouveront ailleurs que chez lesdits Maîtres, seront confisqués, rompus & démolis, nonobstant toutes Lettres, Arrêts & Reglemens au contraire, sans qu'il soit besoin de Mandement plus exprès.

XXI.

Et d'autant que l'experience a fait découvrir divers abus dans l'exercice dudit art, entierement contraire à la conservation du corps humain, lesdits Maîtres ne pourront vendre en gros & en détail en ladite Ville, Faubourgs, Banlieuë, Prevôté & Vicomté de Paris, aucuns vinaigres, verjus & autres denrées dépendantes de leur ministere, qu'elles ne soient bonnes, marchandes & loyales, à peine d'être jettées en l'eau en presence desdits Jurés, & de cinquante livres d'amende applicable comme dessus en exécution du 20. article desdits Statuts du mois de Septembre 1514. & 10, 22 & 24. articles d'autres Statuts donnés par le feu Roy Henri II. au mois de Janvier 1548.

XXII.

Défenses seront faites à tous Marchands Forains & autres généralement quelconques, d'amener ou faire amener du verjus en ladite Ville, soit par eau ou par terre, en muids, demi-muids, demi-queues, demi-quarts, barillets, & autrement, ni de l'exposer en vente ailleurs que sur les ports d'icelles, qu'il n'ait été préalablement visité par lesdits Jurés en charge, afin d'éviter les accidens que l'on en a vûs trop fréquens, & qu'il y a impossibilité de reprimer que par la précaution d'une recherche exacte, suivant la Sentence des Prévôt des Marchands & Echevins, du 26. Septembre 1623.

XXIII.

Lesdits Jurés ne pourront prétendre pour droit de visite que ce qu'il leur sera ordonné par les Juges ordinaires, pour raison dudit verjus seulement.

XXIV.

Suivant les 9. & 12. articles desdits Statuts des mois de Septembre 1514. & Janvier 1548. confirmés par les Rois Charles IX. & Henry IV. au mois d'Avril 1568. & May 1594. si aucun desdits Maîtres trouve à faire marché de vin, lie, verjus, rapés, senevé, poulvré ou autres denrées, marchandises & liqueurs dépendans dudit art, & qu'il y survienne autre Maître ou serviteur marchand, & se trouve au marché faisant, ledit Maître sera tenu leur en donner leur part, en payant par eux le prix convenu avec le vendeur; à peine de seize livres d'amende applicable moitié en faveur dudit Hôpital, & le surplus ausdits Jurés.

XXV.

Les 10. & 13. articles desdits Statuts seront pareillement gardés, avec défenses très-expresses à tous lesdits Maîtres de se servir en aucune façon ni maniere que ce soit, ou sous quelque pretexte qu'on pourroit alleguer, du serviteur de l'un desdits Maîtres, tant qu'il sera à ses gages, & jusqu'à ce qu'il ait rapporté un congé en bonne forme, à peine de quatre livres d'amende pour ladite Confrairie.

XXVI.

Ayant égard au 16. article desdits Statuts de Charles IX. du mois d'Avril 1567. confirmés par le feu Roi Henri IV. au mois de May 1594. lesdits Maîtres auront soin que leurs moulins à faire de la moutarde soient nets jusqu'au point qu'ils ne puissent être chancis ni moisis, & qu'elle soit faite de bon vinaigre, sans que le senevé & poulvré sentent le relan; même que leurs serviteurs qui la portent par ladite Ville, soient sains de leurs membres, & propres en leurs habits, sous pareille peine que dessus.

XXVII.

Défenses très-expresses seront réiterées à toutes personnes généralement quelconques, à la reserve desdits Maîtres, de faire, ni exposer en vente de la moutarde, à peine de cent livres d'amende applicable comme dessus, & d'être jettée dans l'eau nonobstant tous autres Reglemens au contraire; en consideration du secours que ladite Communauté a presentement fait à Sadite Majesté dans la nécessité des affaires de son Etat, & que les entreprises ci-devant faites en ce rencontre, demeurent heureusement assoupies.

XXVIII.

La même consideration de la somme de dix huit cens livres que lesdits Maîtres ont financée en l'Epargne de Sa Majesté le 21. Mars 1658. leur produira en leur faveur l'execution de sa Déclaration du 20. Août 1657. registrée en son Parlement de

Paris le 4. Septembre ensuivant. Ce faisant conformément à icelle, ils demeureront à l'avenir exempts des Lettres qui avoient coûtume d'être accordées à cause des Avenemens des Rois à la Couronne, Majorités, Sacres, Mariages, Entrées dans les Villes, Naissances de Dauphin, Enfans de France, & premier Prince du sang; comme aussi par les Couronnemens, Entrées & Regences des Reines & de toutes autres généralement quelconques, pour quelque cause & occasion que ce soit, auxquel les il sera précisément dénoncé & derogé, sans qu'il soit besoin de Mandement plus exprès.

XXIX.

A cet effet tous les Maîtres de ladite Communauté & autres dépendans d'icelle, ou qui contreviennent à leurs Privileges, seront tenus de montrer auxdits Jurés leurs marchandises, ouvrages, besognes, outils, ustanciles & autres choses dont ils se servent; & en cas de refus, seront condamnés en six livres d'amende applicable comme dessus.

XXX.

A l'imitation des intentions des feus Roi Louis XII. Henry II & Charles IX. portées par les 13. 16. & 18. articles des Statuts qu'ils ont concedés auxdits Maîtres en Septembre 1514. Janvier 1548. & Avril 1567. depuis confirmés par le feu Roy Henry IV. d'heureuse mémoire au mois de May 1594. ils ne pourront travailler les jours de Dimanches, ni les Fêtes de Notre Dame, des Apôtres, de sainte Genévieve, S. Vincent, S. Nicolas, S. Martin, & des autres que l'Eglise solemnise; à peine de trois livres d'amende applicable à ladite Confrairie.

XXXI.

Pour suivre les termes des 14. 17. & 19. articles desdits Statuts, les veuves desdits Maîtres continueront à tenir leurs boutiques ouvertes, & de faire ledit art pendant leur vuidité seulement, à condition qu'elles meneront une vie honnête, qu'elles n'auront qu'un serviteur marchand en ladite Ville, Fauxbourgs, Banlieue, Prévôté & Vicomté de Paris; & que si elles s'emportent dans la débauche, les Jurés les poursuivront incessamment, pour les intredire de leur faculté, & les priver de la grace qu'on leur avoit procurée en faveur de la mémoire de leurs maris.

XXXII.

Conformément aux 15. 18. & 20. articles desdits Statuts, les fils

fils desdits Maîtres aspirans à la Maîtrise, seront tenus de faire l'experience que les Jurés en charge leur donneront en presence des Anciens Bacheliers de ladite Communauté, & payeront les droits ordinaires.

XXXIII.

Le 16. 19. & 21. articles desdits Statuts seront inviolablement gardés. Et pour cet effet, défenses très-expresses seront faites à tous Marchands Forains & autres, d'amener ou faire amener aucuns vins gâtés, lies, verjus ni rapés servant audit art qu'ils n'ayent gardé le port l'espace de 24. heures, & n'ayent été visités par lesdits Jurés avant que de les exposer en vente; même ne les pourront faire mettre en cave, celliers ou magazins, mais les vendront auxdits Maîtres seuls, à peine de confiscation & de cent livres d'amende, applicable, moitié en faveur de Sadite Majesté, & le surplus auxdits Jurés.

XXXIV.

Si lesdits Maîtres font venir par eau des vins gâtés, lies ou rapés, ils seront tenus d'en avertir lesdits Jurés pour en faire la visite, avant que de les faire conduire en leurs maisons, sans payer aucun droit de visite, sous pareille peine de trois livres d'amende.

XXXV.

Comme il a été exprimé par les 17. 20. & 22. articles desdits Statuts des mois de Septembre 1514. Janvier 1548. & Avril 1567. confirmés au mois de Mai 1594. Sadite Majesté accordera, s'il lui plaît, que pour le droit de visite il soit payé doresnavant auxdits Jurés, dix-huit deniers pour muid de vin gâté, sans qu'ils puissent en recevoir davantage, à peine de démission.

XXXVI.

Il est si important de remedier aux grands inconveniens survenus depuis quelques années dans les mélanges des denrées dudit art, que défenses & inhibitions très-expresses seront faites à toutes personnes généralement quelconques, soit qu'elles se prétendent privilegiées, ou autres, d'acheter ni faire venir en ladite Ville, Fauxbourgs, Banlieuë, Prevôté & Vicomté de Paris, sous quelque pretexte que ce soit, aucuns vins gâtés, aigris, piqués, amers ou autrement défectueux, servant à faire du vinaigre, qu'ils n'ayent été visités par lesdits Jurés, & sans qu'ils les puissent vendre à autres qu'aux Maîtres de ladite Communauté, à peine de confiscation & de cent livres d'amende applicable moitié au Roy, & le surplus à l'Hôpital Général desdits pauvres.

XXXVII.

Le Prevôt de Paris ou son Lieutenant Civil, par diverses Sentences confirmées par les Arrêts dudit Parlement, cottées au 20 article des presens Statuts, a si judicieusement conservé la candeur que lesdits Maîtres pratiquent en l'exercice de leur art, contre les injustes entreprises de divers Particuliers, qu'à son imitation défenses seront réiterées tant aux Taverniers, Cabaretiers, Regratiers, Marchands de vin & autres, de faire du vinaigre, pressurer des lies pour faire du vinaigre, & avoir en leurs maisons, celliers, caves, magazins & autres lieux, des bacules ni pressoirs, même d'en exposer en vente, ni du verjus en gros ou en détail, à peine de confiscation, & de pareille amende de cent livres applicable comme dessus, ainsi qu'il a été jugé par Arrêt dudit Parlement du 18. Janvier 1657.

XXXVIII.

Pour l'exécution entiere desdits Sentence & Arrêt du Parlement dattés aux 20. & 40. articles des presens Statuts, & autres dudit Parlement donnés en consequence les 6. Septembre 1631. 12. Fevrier 163[illegible]. & 18. Mai 1658. les Tonneliers & autres généralement quelconques, ne pourront faire achat de lies & baissieres ou futailles, dans lesquelles il y aura de la lie, ni emplir de baissiere des futailles sous quelque pretexte que ce soit, à peine de confiscation.

XXXIX.

Suivant les 21. & 23. articles desdits Statuts des mois de Janvier 1548. & Avril 1567. confirmés au mois de Mai 1594. inhibitions seront faites auxdits Maîtres, de brûler de la lie en leurs maisons, à peine de confiscation & de dix livres d'amende applicable à ladite Confrairie.

XL.

Et parce que les 19. 25. & 26. articles desdits Statuts des mois de Septembre 1514. & Avril 1567. confirmés au mois de Maï 1594. n'ont été jusqu'à présent executés qu'en ce qu'ils produisent un bien très-avantageux; lesdits Maîtres & tous autres généralement quelconques, ne pourront doresnavant faire venir de dehors de ladite Ville, Fauxbourgs, Banlieue, Prevôté & Vicomté de Paris, aucunes cendres, gravelées, ni les exposer en vente ou faire porter en leurs maisons, qu'elles n'ayent été sur les ports, ou dans les hôtelleries, pour celles que l'on conduit par charroy, le tems de 24. heures, afin d'être visitées par lesdits Jurés, à peine de confiscation & de cent livres d'amende, applicable moitié au Roi, & le surplus auxdits Jurés.

XLI.

Nul ne pourra acheter desdites cendres, gravelées, qu'elles n'ayent été sur lesdits Ports ou dans lesdites hôtelleries, pendant lesdites 24. heures, & visitées par lesdits Jurés, sous ladite peine, auxquels il sera payé quinze deniers de chaque septier, suivant le 25. article desdits Statuts du mois d'Avril 1567.

XLII.

Lesdits Maîtres seuls feront l'eau-de-vie; & ce faisant défenses seront réiterées à toutes personnes de s'en mêler, ni d'acheter à l'avenir aucunes lies de vin pour en fabriquer, à peine de confiscation des alambics, chaudieres, serpentins & autres ustenciles servans à icelle, & d'amande arbitraire, ainsi qu'il a été jugé par Sentence contradictoire dudit Prevôt de Paris ou son Lieutenant Civil, du 5. Septembre 1618. nonobstant tous autres Reglemens.

XLIII.

Et enfin les quatre Jurés de ladite Communauté seront dorénavant exempts de toutes Commissions de Ville & de Justice, tant ordinaires qu'extraordinaires, pendant le tems qu'ils seront en charge seulement, afin qu'ils puissent plus assiduement vacquer aux affaires de ladite Communauté, en faire supprimer tous les abus, & resister aux entreprises de ceux qui en envient le trafic.

VEU par Nous Conseillers du Roi en ses Conseils, Lieutenant Civil en la Prevôté & Vicomté de Paris, & Procureur du Roi au Châtelet dudit lieu, l'Arrêt du Conseil Privé du Roi du dernier Avril 1658. donné sur la Requête presentée par les Jurés de la Communauté des Maîtres Vinaigriers, Moutardiers, Sauciers, Distilateurs en Eau-de-Vie & esprit de Vin, Buffetiers de la Ville, Fauxbourgs & Banlieue de Paris, tendant à ce qu'il plût à Sa Majesté leur accorder les nouveaux Statuts qu'ils ont fait dresser, lesquels Sa Majesté nous auroit renvoyés pour lui donner notre avis sur le contenu en icelle ; lesdits nouveaux Statuts contenant quarante-trois articles, les anciens Statuts desdits Vinaigriers, & les pieces mentionnées auxdits nouveaux Statuts.

Notre avis est, sous le bon plaisir du Roy, que Sa Majesté peut accorder les quarante trois Articles ci-dessus auxdits Maîtres Vinaigriers, comme n'étant contraires à l'interêt du Public. Fait ce huitiéme Juillet mil six cent cinquante-huit. Signé, DAUBRAY & DE RIANTZ.

Regiſtrés, oui le Procureur Général du Roi, pour être executés ſelon leur forme & teneur, aux charges portées par l'Arrêt de ce jour. A Paris en Parlement ce quatorziéme jour de Mai mil ſix cent ſoixante-un. Signé, DU TILLET.

Extrait des Regiſtres du Parlement.

II. VEU par la Cour la Requête à elle presentée par les Maîtres Jurés Vinaigriers & Communauté d'iceux de cette Ville de Paris, tendant pour les causes y contenues, a dit qu'il fût permis auxdits Supplians de visiter les Taverniers, Cabaretiers & Marchands de vin, pour voir & sçavoir les contrevenans aux Arrêts de ladite Cour, défenses portées par iceux, & de leur visitation faire bon & loyal rapport, eux-mêmes se transporter aux maisons desdits Taverniers, Cabaretiers & Marchands de Vin, avec un Huissier de ladite Cour, ou Sergent Royal, pour voir iceux qui avoient pressoirs, & iceux faire abbattre & démolir & confisquer, suivant l'Arrêt du treiziéme jour de Mai dernier passé ; & que ledit Arrêt fut publié à son de trompe, par les Carrefours de cette Ville de Paris, afin que nul n'en pretende cause d'ignorance. Veu ledit Arrêt, & tout consideré : LADITE COUR a permis & permet auxdits Supplians, faire visiter lesdits Taverniers, Cabaretiers & Marchands de Vin, par l'un des Huissiers d'icelle ou Commissaire du quartier, pour de ladite visitation faire bon & loyal procès-verbal, afin d'être pourvû contre les contrevenans audit Arrêt. FAIT en Parlement le septiéme jour d'Août 1574. Signé, DE HENRY.

Extrait des Registres du Parlement.

Comme de certaine Sentence donnée par notre Prevôt de Paris, ou son Lieutenant le 18. Novembre 1623. entre les Maîtres Jurés Vinaigriers, Buffetiers, Moutardiers & Sauciers de notredite Ville & Fauxbourgs, demandeurs en saisie & enterinement de Lettres de rescision de nous obtenues le 2. jour de Septembre 1622. d'une part, & les Maîtres Chandeliers Moutardiers, défendeurs d'autre : par laquelle notredit Prevôt ou son Lieutenant auroit, sans s'arrêter à nosdites Lettres, maintenu lesdits défendeurs au droit de pouvoir faire moutarde, la vendre & debiter dans leurs maisons, sans que néanmoins ils la puissent colporter par notredite Ville ; & fait mainlevée aux nommés Hebert, Pivar & Seguin, Maîtres Chandeliers Moutardiers, du moulin, outils, moutarde, vinaigre & verjus sur eux saisis ; condamne les gardiens par corps à la restitution d'iceux, & pour regard des lies, fait défenses auxdits Chandeliers Moutardiers, d'en avoir aucunes dans leurs maisons ni faire aucuns vinaigres, à peine de confiscation & de cinquante livres d'amende; leur auroit néanmoins permis, pour le soulagement du public & des Particuliers, vendre & débiter vinaigre à petite mesure, à la charge de l'acheter des Vinaigriers; & sur la demande à ce que défenses fussent faites auxdits Chandeliers de vendre du verjus, auroit mis les parties hors de Cour & de Procès, & permis auxdits Chandeliers d'en vendre ainsi qu'ils auroient accoûtumé, & sans dépens. Eut été de la part desdits Demandeurs, purement & simplement (& par lesdits Défendeurs, en ce que notredit Prevôt ou son Lieutenant auroit ordonné, qu'ils pourroient vendre seulement du vinaigre à petite mesure, & à la charge de l'acheter des Vinaigriers, & que les dépens du Procès ne leur auroient été adjugés) appellé en notre Cour de Parlement, en laquelle le procès par écrit, conclu & reçu pour juger, si bien ou mal auroit été appellé, joint les griefs hors ce procès ; pretendus moyens du nullité, & productions nouvelles desdits appellans, qu'ils pourroient bailler dans le tems de l'Ordonnance, auxquels griefs & pretendus moyens du nullité, lesdits Intimés pourroient repondre, & III.

contre lesdites productions nouvelles, bailler contredits aux dépens des produisans; icelui procès, griefs, réponses à iceux; productions nouvelles desdits Vinaigriers, déclaration desdits Chandeliers, que pour moyen de nullité & production nouvelle ils employent leur grief en ce qu'ils avoient écrit & produit; contredits en salvations des Parties incidentes sur l'enterinement de certaines Lettres de Nous, par lesdits Vinaigriers obtenues le 16. Juillet 1624. tendant afin d'être reçûs & articulés de nouvel, & prouver les faits y mentionnés, Arrêt du 11. jour de Décembre dernier, par lequel sur l'appellation verbale par lesdits Chandeliers interjettée d'autres Sentences du 3. Mai 1613. lesdites Parties auroient été appointées au Conseil, bailleroient lesdits appellans leurs causes d'appel dans trois jours, lesdits Intimés leurs réponses trois jours après; produiroient lesdites Parties dans autres trois jours ensuivant, lesdits incidens de Lettres & appointemens au Conseil, jointes audit procès; Requêtes respectivement employées par les Parties pour cause d'appel & réponses; productions d'icelles sur ladite appellation verbale, contredit desdits Chandeliers, suivant l'Arrêt du premier Mars dernier, forclusion d'en bailler par lesdits Vinaigriers, Conclusions de notre Procureur Général: Tout vû, joint & diligemment examiné, Notredite Cour par son Jugement & Arrêt, sans s'arrêter à nosdites Lettres, faisant droit tant sur le procès par écrit, qu'appellation verbale, a mis & met sur toutes les appellations respectivement interjettées, les Parties hors de Cour & de procès. Et néanmoins seront tenus lesdits Chandeliers souffrir la visitation des Jurés Vinaigriers, pour le fait du vinaigre qu'ils exposeront en vente seulement, & sans que pour ce lesdits Vinaigriers puissent contre eux prétendre aucuns frais ni salaires, sans dépens. Prononcé le 2. Août 1625.

Collationné.

IV. A Tous ceux qui ces présentes Lettres verront, Pierre Seguier, Chevalier, Marquis de Saint Brisson, Seigneur des Ruaux & de Saint Firmin, des grand & petit Drancy, de Lestang la-Ville, & autres lieux, Conseiller du Roi en ses Conseils, Gentilhomme ordinaire de sa Chambre, & Garde de la Prevôté & Vicomté de Paris, SATUT. Sçavoir faisons, que vû le pro cès meu & pendant en jugement devant Nous au Châtelet de Paris, entre les Maîtres & Gardes de la Marchandise d'Epicerie, saisissans & demandeurs, suivant l'Exploit du 24. Decembre 1663. d'une part, & Jean Traiteau Maître Vinaigrier demeurant en cette Ville de Paris, opposant à la saisie de trois demi-queues d'Eau-de-vie pleines & une autre en vuidange, sur lui saisies & enlevées, & les Vinaigriers intervenans, & joints d'autre part: NOUS DISONS, que la saisie faite sur ledit Traiteau desdites trois demi-queues d'Eau-de-vie & une quatriéme en vuidange, est déclarée injurieuse & déraisonnable, & main-levée lui a été faite desdites quatre-demi-queues d'Eau-de-vie: & qu'à la representation d'icelles les gardiens & dépositaires seront contraints par corps, & lesdits Maîtres & Gardes condamnés à ses dommages & interêts, & défenses leur sont faites de faire aucunes visites d'Eau-de-vie & vinaigres, nonobstant choses proposées au contraire par lesdits Maîtres & Gardes de l'Epicerie, qui n'ont produit, dont ils sont déboutés & condamnés aux dépens à taxer. En témoin de ce, Nous avons fait sceller ces Presentes. Ce fut fait & prononcé en la présence de Maître Claude Gervais Procureur dudit Traiteau, & Vinaigriers, & en l'absence de Maître Philippes Beranger, Procureur desdits Epiciers le Samedi neuviéme Fevrier mil six cent soixante-quatre. Signé par collation, SAGOT. *Et plus bas*: payé quatre écus d'épice, avec le droit du Receveur. LUCE, & scellé.

Extrait des Registres du Parlement.

Comme de la Sentence donnée par notre Prevôt de Paris, ou son Lieutenant Civil, le neuviéme Fevrier 1664. V.
entre les Maîtres & Gardes de la Marchandise d'Epicerie, & saisissans & demandeurs, suivant l'Exploit du 24. Decembre 1663. d'une part, & Jean Traiteau Maître Vinaigrier à Paris, opposant à la saisie de trois demi-queues d'Eau-de-vie pleines, & une autre en vuidange, sur lui saisies & enlevées; & les Maîtres Vinaigriers intervenans & joints, défendeurs d'autre, par laquelle la saisie faite sur ledit Traiteau des trois demi-queues d'Eau-de-vie & d'une quatriéme en vuidange, auroit été décla-

rée injurieuse & déraisonnable, main-levée faite d'icelle audit Traiteau, ordonné qu'à la representation desdites choses les gardiens & dépositaires seroient contraints par corps, & lesdits Maîtres & Gardes de la Marchandise d'Epicerie condamnez en ses dommages & interêts ; défenses à eux faites de faire aucunes visites d'Eau-de-vie & de Vinaigre appartenans auxdits Vinaigriers & aux dépens. Eût été par iceux Maîtres & Gardes de la Marchandise d'Epicerie appellé à notre Cour de Parlement, en laquelle le procès par écrit, conclu & reçû pour juger, si bien ou mal auroit été appellé, les dépens respectivement requis par les Parties & l'amende pour Nous, joint les griefs, moyens de nullité & production nouvelle desdits Appellans, auxquels lesdits Traiteau & Jurés Vinaigriers intimés pourroient répondre, & contre ladite production nouvelle bailler contredits aux dépens desdits appellans, joint aussi l'appellation verbale interjettée par lesdits Maîtres & Gardes de la Marchandise d'Epicerie de Sentence de Reglement & provision du 29. Janvier audit an 1664. sur laquelle les Parties auroient été appointées au Conseil à écrire par mêmes griefs, réponse & produire. Veu icelui procès, griefs, réponses, forclusion de fournir moyens de nullités ; productions des Parties sur ladite appellation verbale. Arrêt du premier Juin 1665. par lequel sur autre appellation verbale interjettée par lesdits Maîtres & Gardes de la Marchandise d'Epicerie de la Sentence de nonobstant l'appel du 5. dudit mois de Fevrier, les parties auroient été aussi appointées au Conseil à bailler causes d'appel, réponses & produire. Requêtes respectivement employées pour causes d'appel, & réponses. Productions des Parties sur ladite appellation verbale, & leurs contredits suivant l'Arrêt du 21. Juillet 1665. Deux productions nouvelles desdits Traiteau & Vinaigriers. Contredits desdits Maîtres & Gardes de la Marchandise d'Epicerie. Production nouvelle d'iceux Maîtres & Gardes, Contredits desdits Traiteau & Vinaigriers, Requête desdits Maîtres & Gardes de la Marchandise d'Epicerie employée pour salvations. Arrêt du 22. Fevrier 1664. par lequel le chef des Requêtes desdits Maîtres & Gardes de la Marchandise d'Epicerie des 29. Janvier & 13. Fevrier audit an 1664. afin de défenses de mettre lesdites Sentences des 29. dudit mois de Janvier & 9. dudit mois de Fevrier 1664. à execution, auroit été joint aux appellations d'icelles, depens reservés.

reſerves. Concluſions de notre Procureur Général. Tout joint & diligemment examiné : NOTREDITE COUR par ſon Jugement & Arrêt, ſans s'arrêter aux Requêtes des 29. Janvier & 13. Fevrier 1664. a mis & met les appellations au néant ; ordonne que la Sentence, & ce dont a été appellé, ſortiront effet, & néanmoins ſans dommages & interêts. Condamne les Maîtres & Gardes en une amende de douze livres ſeulement, ſans dépens des cauſes d'appel, même de ceux reſervés par ledit Arrêt du 22. dudit mois de Fevrier, la taxe des adjugés, à notredite Cour reſervée. Prononcé en Parlement le 10. Avril 1666. *Collationné.*

Signé, DU TILLET.

Extrait des Regiſtres du Parlement.

ENtre les Jurés & Communauté des Maîtres Vinaigriers de cette Ville & Fauxbourgs de Paris, demandeurs en forme de Requête civile, par eux obtenue en Chancelerie le 26 jour de Novembre 1661. contre l'Arrêt du 14. Mai audit an, d'une part ; & les Jurés & Communauté des Maîtres Tonneliers de cette Ville & Fauxbourgs de Paris, défendeurs d'autre. VEU par la Cour ledit Arrêt du 14. Mai 1661. par lequel faiſant droit ſur la demande contenue en la Requête deſdits Jurés anciens Maîtres Vinaigriers du 13. Decembre 1658. ſans s'arrêter à l'oppoſition & Requête deſdits Jurés & Communauté des Tonneliers du 20 Janvier 1660. auroit été ordonné que les Statuts & Lettres Patentes obtenues ſur iceux par leſdits Vinaigriers, ſeront enregiſtrés au Greffe de ladite Cour pour être exécutés ſelon leur forme & teneur ; enſemble les Arrêts & Reglemens d'icelui mentionnés : Et néanmoins défenſes auxdits Vinaigriers de ſe ſervir des outils & uſtenciles de doloire, tranchet, coulombe, chevalet & compas, mentionnés en l'Arrêt du 18 Mai audit an 1658. à peine de confiſcation deſdits outils. Permis auxdits Jurés & Communauté deſdits Tonneliers, d'acheter toutes ſortes de futailles, même enfoncées, où il y auroit de la lie, mais à la charge de vendre inceſſamment la lie qui ſe trouveroit dans leſdites futailles auxdits Vinaigriers & non à autres, & ſans dépens. Arrêt du 18. jour de Janvier 1666. par lequel ſur leſdites VI.

D

Lettres en forme de Requête Civile, lesdites Parties auroient été appointées au Conseil. Moyens de Requête Civile, desdits Jurés & Communauté des Vinaigriers, à ce qu'ils fussent remis en tel état qu'ils étoient auparavant ledit Arrêt du 14. Mai 1661. Ce faisant, ordonné que l'Arrêt du 6. Septembre 1631. rendu entre lesdites Parties, seroit exécuté, & lesdits Maîtres Tonneliers condamnés aux dépens. Requête employée pour réponses. Productions desdites Parties, & contredits par elles fournis, suivant l'Arrêt du 21. Juin 1666. Conclusions du Procureur Général du Roi. Tout considéré, DIT A ETE', que la Cour ayant égard auxdites Lettres en forme de Requête Civile, & icelle enterinant, a remis & remet lesdits Vinaigriers en l'état qu'ils étoient auparavant ledit Arrêt du 14. Mai 1661. Ce faisant ordonné que l'article XXXVIII. des Status desdits Maîtres Vinaigriers, & lesdits Arrêts des 6. Septembre 1631. 12. Fevrier 1633. & 18. Mai 1658. seront exécutés selon leur forme & teneur, sans dépens entre les Parties. Prononcé le 29. jour de Janvier 1667.

Collationné à l'Original par moi Conseiller Secretaire du Roy, & de ses Finances.

Extrait des Registres de la Cour des Aydes.

VII. ENtre Noël Dassier, Toussaint Foubers, Gaspard Charton, Guillaume Bolleville, Jean Heat, la veuve Jean Buquet, Jean le Grand-Colias, Charles Corneille, & Claude Petit, Maîtres Vinaigriers, Distillateurs en Eau-de-vie & Esprit de vin de la Ville, Fauxbourgs & Banlieue de Paris; ledit Dassier prenant le fait & cause pour Nicolas Morisset & Aubin Cagnard Voituriers: & encore Charles Lescot, Jean Foubert, Charles Belin & Jean de la Roche, à présent Jurés de ladite Communauté, & Jacques de Gruchy, Sindic de ladite Communauté, appellans de deux Sentences rendues en l'Election de cette Ville de Paris, les 17. Juin & premier Juillet 1669. d'une part & Maître François Legendre, Fermier Général des Aides de France, y joints, & Dame Marie de Claire de Beaufremont, Comtesse de Fleix, Marquise de Souverai, soit disante proprietaire de huit Offices de Commiſſaires Contrôleurs Jurés Priſeurs, Viſiteurs, & de deux des Jaugeurs de cendres & gravelées qui entrent dans la Ville, Fauxbourgs & Banlieue de Paris, qui paſſent debout tant par terre que par eau, prétendus créés par Edit du mois de Mars 1665. intimés d'autre part. Ne pourront les qualités préjudicier. Après que Richer Avocat des Appelans, a conclu en leurs appellations au mal jugé, & Bordel pour les intimés au bien jugé, ont été ouis en leurs moyens, requis reſpectivement dépens, oui auſſi Ravot pour le Procureur Général du Roi en ſes Concluſions, qui a adheré aux appellations : LA COUR a mis & met les appellations, & ce dont a été appellé au néant, en émendant, faiſant droit au principal, a déchargé les Marchands Vinaigriers des droits d'entrées des cendres façonnées aux lieux deſtinés par Police; condamne les Intimés aux dépens ; & en conſéquence ordonne que l'amende conſignée par les Appellans leur ſera rendue. Fait à Paris en ladite Cour des Aides le deuxiéme jour de Juillet 1671.

Signé par collation, BOUCHER.

SENTENCE DE L'ELECTION.

Du 30. Octobre 1681.

A TOUS ceux qui ces préſentes Lettres verront, les Préſidens, Lieutenant & Elûs Conſeillers du Roi notre Sire ſur le fait de ſes Aides & Tailles, ès Ville, Cité & Election de Paris. Salut, ſçavoir faiſons, Qu'entre Maître Bernard Greſle Procureur de Nicolas Cloud, Maître Vinaigrier à Paris, Demandeur aux fins de l'exploit de Regnault Huiſſier, & en exécution de la Sentence du 7 Octobre dernier, contrôlé ledit jour à Paris par Beauchery, & encore de celle du 17 dudit mois, ſignifiées aux Défendeurs après nommés ledit jour 16 Octobre & lendemain 17 dudit mois, par Deguernes Huiſſier à ce Siége, controllées à Paris les 17 & 18 par Fortin, & Regnier, à ce que l'empriſonnement qui a été fait de la perſonne dudit Demandeur le 15 Octobre dernier par les Brigadiers & Gardes de la Barriere du Temple, pour & à la requête de Maître Claude Boutet & Jean Fauconnet Fermier des Aides & entrées de France, com- VIII.

me il conduisoit une demi-queue de lie de vin sur un haquet tiré par un cheval sous poil noir, qu'ils ont aussi saisi & retenu sans titre ni raison quelconque, sera déclaré nul & injurieux, ensemble lesdites saisies, que l'écrouë, si aucun y a dudit emprisonnement, sera rayé & biffé, & main-levée à lui faite de ladite saisie & enlevement dudit hacquet, lie & cheval, à laisser sortir ledit demandeur, le Geollier contraint par corps, nonobstant oppositions ou appellations quelconques, & que Denys Leger, l'un desdits défendeurs, sera contraint de déclarer le nom de ceux qui ont mené ledit Cloud demandeur esdites prisons du Temple, & à la requête de qui il a été arrêté & écroué, & qu'ils seront solidairement condamnés avec lesdits Boutet & Fauconnet & leurs cautions en mille livres de dommages & interêts civils, & aux dépens, & à la restitution desdites choses saisies, les Gardiens & dépositaires pareillement contraints par corps, d'une part; & Maître Jean-Baptiste Moreau Procureur desdits Boutet & Fauconnet, & leurs Cautions & Commis, & Maître Simon Guillet Procureur d'Edme Leger, défendeur d'autre part. Et entre ledit Moreau audit nom, demandeur aux fins du procès-verbal des Commis de la Ferme, du 15 dudit mois d'Octobre, & exploit de Gasse Huissier à ce Siége, du 22 dudit mois contrôlé à Paris le lendemain par Bourguignon, & à ce que la demi-queuë de vin mentionnée audit procès-verbal, cheval & haquet, soient délivrés, acquis & confisqués au profit desdits Fermiers; & pour la fraude condamne ledit Cloud en trois cens livres d'amande & aux dépens, d'une part; & ledit Gresle Procureur dudit Cloud Maître Vinaigrier & Juré de la Communauté des Vinaigriers de Paris, défendeur, d'autre part. Et encore ledit Gresle Procureur dudit Cloud, demandeur aux fins susdites, & des moyens par lui baillez par écrit contre les défendeurs, signifiez ausdits Moreau & Guillet Procureurs des défendeurs, par Fleury Huissier à ce siége, le 25 dudit mois d'Octobre, à ce que les conclusions par lui prises, lui soient adjugées, la main-levée provisoire à lui faite sur ses soumissions du 17. dudit mois d'Octobre, demeureroit diffinitive; que lesdits Fermiers, Commis, Cautions & ledit Leger seront condamnés solidairement à faire réparation audit Cloud de l'emprisonnement scandaleux & injurieux fait de sa personne le 15 dudit mois d'Octobre esdites prisons du Temple, & de la détention faite de sa personne en icelles ; lui en demander pardon ; lui en délivrer un acte en bonne & dûe forme , & en mille livres d'interêts civils & tous autres dommages & interêts ; & encore ledit Leger à rendre la somme de quinze livres qu'il a reçuë pour giste & géolage sur le procès-verbal dudit de Guernes du 27 Octobre , controlé à Paris le 18 par Regnier , & que ledit Leger sera interdit de la fonction de sadite commission de Geollier ; & défenses faites ausdits défendeurs de plus user de pareilles contraintes , violences , saisies & emprisonnement , sous plus grande peine & de punition corporelle ; & la présente Sentence lûe , publiée & affichée par tout où besoin sera , & exécutée nonobstant oppositions ou appellations quelconques , & sans préjudice d'icelles , & condamner aux dépens ; d'une part ; & lesdits Moreau & Guillet esdits noms défendeurs , d'autre part. Et encore ledit Guillet Procureur dudit Edme Leger , demandeur aux fins de l'exploit de Boucaut Sergent du 22. dudit mois d'Octobre , controlé à Paris ledit jour par Marquisy , à ce que les Brigadiers & Gardes de la Barriere de la Courtille & du Temple , soient tenus de comparoître & défendre en l'instance susdite desdits Cloud , Boutet & Fauconnet , ce faisant l'en acquitter & indemniser,& des conclusions contre lui prises & qu'il seroit prononcé tant en principal , dépens , dommages & interêts à l'encontre des y nommés Jean Fizeau de la Fouquiere , Charles Collin , Nicolas Fleureau Commis Brigadier & Garde desdits Boutet & Fauconnet , défendeurs & défaillans, adjournez à hui non comparans , ni Procureur pour eux , contre lesquels aurions donné défaut, par vertu duquel parties ouïes entre lesdits Gresle , Moreau & Guillet esdits noms : Oui le Procureur du Roi en ses Conclusions , & par vertu du défaut donné entre les défaillans , faisant droit sur le tout , attendu la nullité du procès-verbal , & qu'en icelui les Commis n'ont fait mention que le vin fut bon ou gâté ; AVONS l'emprisonnement fait de la personne dudit Nicolas Cloud , déclaré injurieux , tortionnaire & déraisonnable:lui avons fait & faisons main-levée pure & simple des choses sur lui saisies;ordonne qu'elles lui seront rendûes , à la répresentation le Gardien contraint. Condamnons le Fermier aux dommages & interêts dudit Cloud , que nous avons liquidés à quinze livres , & aux dépens que nous avons liquidés à six livres , desquels ledit Fermier sera acquitté & indemnisé par ses Commis, lesquels nous condamnons chacun en trois livres d'amende, avec défenses à eux de plus faire aucun emprisonnement qu'en vertu de titre valable, & à la charge de faire écrouer ceux qui seront emprisonnés. Faisons défenses audit Leger Geolier, de retenir ceux qui seront amenés dans ses prisons, s'il n'y a écroüe fait de leur personne sur son registre. Et pour avoir détenu ledit Cloud sans écroüe, l'avons condamné en douze livres de dommages & interêts, & six livres de dépens envers ledit Cloud; le présent Jugement déclaré commun avec les défaillans par notre Jugement. MANDONS au premier Huissier ou Sergent sur ce requis, mettre les Présentes à exécution. Donné sous le Scel de ladite Election, le Jeudi trentiéme Octobre mil six cent quatre-vingt-un.

Signé, MESTAYER.

Extrait des Registres du Grand Conseil.

Du 6 Mars 1682.

IX. LOUIS par la grace de Dieu, Roi de France & de Navarre: A tous ceux qui ces présentes Lettres verront, salut. Sçavoir faisons, comme par Arrêt ce jourd'hui donné en notre Grand Conseil, entre notre bien-amé Philippes Cocquelin, Marchand Epicier à Paris, & premier Apotiquaire de notre cher & bien-amé Cousin le Prince de Condé, appellant d'une Sentence contre lui renduë par le Prévôt de notre Hôtel, ou son Lieutenant, le 23 Juin 1681. suivant la Requête présentée à notre Conseil par ledit Cocquelin le 30 Juillet audit an, & Exploit dudit jour controllé à Paris le lendemain d'une part, & les Jurés & Syndic de la Communauté des Maîtres Vinaigriers, Distillateurs en Eau de-vie & Esprit de vin de cette Ville & Fauxbourgs de Paris, Intimés d'autre. Et entre ledit Cocquelin, demandeur & requerant l'enterinement d'une Requête du 28 Janvier dernier, tendante à ce qu'en procedant au Jugement de l'instance d'appel de ladite Sentence, & infirmant icelle, il soit ordonné que l'Arrêt du Parlement de Paris du 27 Août 1675. au chef qui fait défenses ausdits Vinaigriers d'aller en visite chez les Epiciers & Apotiquaires-Epiciers, sera exécuté selon sa forme & teneur, & en conséquence, que défenses seront faites ausdits Jurés Vinaigriers de plus venir en visite en la maison & boutique dudit demandeur, sous quelque prétexte que ce soit, à peine de cent livres d'amende; ce faisant, que la saisie faite sur lui à la Requête desdits Jurés le 24 Mars 1681. sera déclarée nulle, injurieuse, tortionnaire & déraisonnable; que pleine & entiere main-levée lui en sera faite, & que lesdits Jurés Vinaigriers seront condamnés en ses dommages & interêts, pour lesquels ils se restraint à la somme de trois cens liv. ou telle autre somme qu'il plaira à notre Conseil arbitrer, & en tous les dépens, tant de la cause principale que d'appel, d'une part; & lesdits Jurés Vinaigriers défendeurs d'autre. Et entre ledit Cocquelin demandeur & requerant l'enterinement d'une Requête du 9 Février dernier, tendante entre-autres choses, à ce qu'acte lui soit donné de ce qu'il dénie positivement, ainsi qu'il a fait lors du procès-verbal de saisie faite à la Requête desdits Jurés Vinaigriers, & depuis par toutes ses écritures au Procès, avoir vendu le verjus & vinaigre au garçon dont est mention audit procès-verbal, & de ce qu'il dénie vendre aussi aucun verjus, mais seulement du vinaigre à petites mesures, après l'avoir acheté chez les Vinaigriers, comme il a toujours fait, & en cas que lesdits défendeurs insistent au contraire, déclarer les Parties contraires en faits; leur permettre d'en faire la preve pardevant tel des Conseillers qu'il plaira à notre Conseil de commettre, pour ce fait & rapporté, être ordonné ce que de raison d'une part; & lesdits Jurés Vinaigriers défendeurs d'autre. VEU par notre Conseil les écritures & productions desdites Parties. Ladite Sentence dont est appel, rendue contradictoirement en la Prévôté de l'Hôtel entre lesdites Parties, le 23 Juin 1681. par laquelle la saisie faite sur ledit Cocquelin d'un demi-muid de verjus en vuidange, d'une demi-queue de vinaigre aussi en vuidange, trois demi-muids pleins de verjus, & un autre demi-muid de verjus aussi en vuidange, est déclarée bonne & valable; & en conséquence ordonné que lesdites marchandises demeureront confisquées au profit de la Communauté desdits Vinaigriers, à la representation, les Gardiens contraints par toutes voyes, quoi faisant déchargés; enjoint audit Cocquelin d'observer à l'avenir les Statuts, Arrêts & Réglemens intervenus entre les Communautés des Vinaigriers & celles des Apotiquaires & Epiciers, conformément à iceux fait défenses audit Cocquelin & tous autres Epiciers & Apotiquaires, d'avoir en leurs boutiques plus de trente pintes de vinaigre à la fois, lesquels il seront tenus d'avoir dans un baril; fait défenses de vendre & débiter aucun verjus, à peine de cent livres d'amende envers nous, & ausdits Vinaigriers de vendre à l'avenir ausdits Epiciers & Apotiquaires plus grande quantité de vinaigre que celle de trente pintes à la fois, qui seront mises dans un baril, contenant seulement la quantité desdites trente pintes, à peine de confiscation & d'amende; & ledit Cocquelin condamné aux dépens. Ledit Exploit de saisie du vingt-quatre Mars 1681. Ecritures & productions des Parties, sur lesquelles ladite Sentence est intervenue. Lesdites Requêtes des 30 Juillet 1681. 28. Janvier, & 9 Février 1682. Ledit Exploit du 30 dudit mois de Juillet. Arrêt du Parlement de Paris, donné contradictoirement entre Jean Lormier, Marchand Epicier à Paris, les Maistres & Gardes de la marchandise d'Epicerie, d'une part, & les Jurés de la Communauté desdits Maistres Vinaigriers, d'autre, par lequel entre autres choses, il est ordonné que les Marchands Epiciers & Apotiquaires Epiciers, ne pourront à l'avenir vendre du vinaigrier, si ce n'est à petites mesures, lequel ils acheteront des Maistres Vinaigriers à Paris, jusqu'à la quantité de trente pintes à la fois, sans qu'ils en puissent acheter des Marchands Forains, ni en faire venir d'ailleurs ni en vendre en gros, à peine d'amende & de confiscation; & sans que lesdits Epiciers & Apotiquaires Epiciers puissent vendre ni débiter aucuns verjus; & défenses ausdits Vinaigriers d'aller en visite chez lesdits Epiciers & Apotiquaires Epiciers, du 27 Août 1675. Les Statuts & Ordonnances dudit Métier de Vinaigrier, par lesquels, article 20, il est expressément porté que nul, de quelque Art, Métier ou Profession qu'il soit ne pourra exposer, ni faire vendre en public soit vinaigre ou verjus, qu'il n'ait été reçu en ladite Communauté, prêté le serment de Maîtrise, & fait ce qui est porté par les articles précedens, à peine de quarante livres d'amende, & de confiscation des marchandises. Griefs dudit Cocquelin contre ladite Sentence, signifiés le 20 Octobre 1681. Certificat des Docteurs Regens en Médecine de la Faculté de Paris, qui attestent, qu'il y a tels Apotiquaires qui peuvent employer tous les ans plus de quatre à cinq poinçons de

vinaigre

vinaigre & plus de deux demi-queues de verjus, qui entrent en divers médicamens, du 20 Janvier 1682. Autre ſemblable certificat des Apoticaires de Paris dudit jour. Quittance de l'amende de douze livres, conſignée par leſdits Vinaigriers, pour ledit appel du 22 Août 1681. Sentences rendues au Châtelet de Paris, au profit deſdits Vinaigriers contre divers Epiciers, des 29 Avril, 6 & 20 Mai & 3 Juin 1681. Réponſes deſdits Vinaigriers auſdits griefs, ſignifiées le 7 Janvier 1682. Contredits & ſalvations des 18 & 28 Janvier, 4 & 9 Fevrier dernier, Arrêts de notre Conſeil, portant réglement à écrire & produire ſur les demandes deſdites Parties, & jonction des Requêtes, des 26 Septembre 1681. 3 & 10 Fevrier 1682. Acte de diſtribution du procès à Maiſtre Charles de Henault, Conſeiller à notre Conſeil, du Novembre dernier ; & tout ce qui a été mis & produit par leſdites Parties. Concluſions de notre Procureur Général: ICELUI NOTREDIT GRAND CONSEIL, faiſant droit ſur leſdites inſtances, a mis & met l'appellation au néant ; a ordonné & ordonne que ce dont eſt appel, ſortira ſon plein & entier effet ; & ayant égard aux concluſions de notre Procureur Général, a ordonné & ordonne, que leſdits Arrêts de notre Conſeil concernant la viſite de Privilégiés, ſeront exécutés ſelon leur forme & teneur: fait défenſes aux Epiciers & Apotiquaires Epiciers privilégiés, de contrevenir aux Arrêts & Reglemens intervenus entre la Communauté des Vinaigriers, & celles des Epiciers & Apoticaires Epiciers, & ſur les Requêtes dudit Cocquelin des 28 Janvier & 9. Fevrier 1682. & ſur le ſurplus deſdites inſtances, a mis & met les Parties hors de Cour & de procès, & a condamné & condamne ledit Cocquelin aux dépens, tant de la cauſe principale que d'appel, & à l'amende de douze livres. SI DONNONS EN MANDEMENT au premier des Huiſſiers de notredit Conſeil, en ce qui eſt exécutoire en notre Cour & ſuite, & hors d'icelle au premier deſdits Huiſſiers ou autre notre Huiſſier ou Sergent ſur ce requis, qu'à la Requête deſdits Jurés & Syndic de la Communauté des Maiſtres Vinaigriers de cette Ville & Fauxbourgs de Paris, le préſent Arreſt il mette à exécution ſelon ſa forme & teneur, nonobſtant oppoſitions ou appellations quelconques, pour leſquelles ne ſera differé ; & outre faire pour l'exécution des préſentes, tous exploits, ſignifications & commandemens, & actes requis & néceſſaires. De ce faire te donnons pouvoir, ſans pour ce demander *placet* ni *pareatis*. DONNE' en notredit Conseil, à Paris le 6 Mars 1682. & de notre regne le trente-neuviéme. *Collationné. Par le Roi, à la relation des Gens de son Grand Conseil.*

Signé, LENORMANT.

Le 18 Avril 1682. signifié & baillé copie à M. Chauvin, Procureur, par moi. *Signé*, TURPIN.

Extrait des Registres du Grand Conseil.

Du 18 Mars 1682.

X. LOUIS par la grace de Dieu, Roi de France & de Navarre : A tous ceux qui ces présentes Lettres verront, salut. Sçavoir faisons, comme par Arrêt ce jourd'hui donné en notre Grand Conseil, entre notre bien-amé Claude Lucas, Marchand Chandelier ordinaire, servant & fournissant notre Garde-robe, appellant d'une Sentence rendue contre lui par le Prévôt de l'Hôtel, ou son Lieutenant, le 28 Juin 1681. suivant la Requête par eux présentée à notre Conseil le 4 Août, & Exploit du 5 dudit mois controllé à Paris ledit jour d'une part, & les Jurés & Syndic de la Communauté des Maistres Vinaigriers, Verjutiers, Moutardiers, Distillateurs en Eau-de-vie & Esprit de vin de cette Ville & Fauxbourgs de Paris, intimés, d'autre. Vû par notre Conseil les écritures & productions desdites Parties. Ladite Requête du 4 Août 1681. Ledit Exploit du 5 dudit mois. Ladite Sentence, dont est appel, rendue par le Prévôt de l'Hôtel le 18 Juin 1681. par laquelle, sans avoir égard à la reclamation faite par ledit Lucas, la saisie faite de deux muids de Vinaigre & deux demi muids de verjus, & demi-queue de verjus étant en vuidange, faite sur ledit du Fresne, est déclarée bonne & valable, & attendu la contravention aux Arrêts portant réglement entre les Chandeliers Epiciers, & les Vinaigriers de cette ville de Paris, dans lesquels il est fait très-expresses défenses ausdits Chandeliers Epiciers de vendre du verjus, & d'avoir en leurs boutiques plus de trente pintes de vinaigre ou de verjus à la fois dans un baril ; en conséquence ordonne que lesdites piéces de vinaigre & de verjus demeureront confisquées au profit de la Communauté desdits Maistres Vinaigriers, leur fait défenses de vendre à l'avenir ausdits Epiciers & Apoticaires plus grande quantité de Vinaigre que de trente pintes, qui seront mises dans un baril, contenant seulement la quantité desdites trente pintes, à peine de confiscation; & condamne lesdits du Fresne & Lucas solidairement aux dépens, & en vingt livres d'amende envers nous; & enjoint à eux d'observer à l'avenir les Statuts & Reglemens de leur art & métier, sur les peines y portées. Lesdits Statuts & Réglemens par lesquels entr'autres choses, article 20 il est porté, que nul de quelque art, profession & métier qu'il soit, ne pourra faire, vendre ni exposer en public, soit vinaigre ou verjus, qu'il n'ait été reçu en ladite Communauté, à peine de quarante livres d'amende & de confiscation, verifié en Parlement le 14 Mai 1661. Les écritures & productions sur lesquelles ladite Sentence est intervenue. Les griefs dudit Lucas contre ladite Sentence, signifiés le 20 Novembre 1681. Les réponses ausdits griefs du 14 Janvier 1682. Quittance de l'amende de douze livres, consignée par lesdits Vinaigriers le 22 Aoust 1681. Arrêt du Parlement de Paris, donné entre la Communauté des Vinaigriers, & celle des Chandeliers, par lequel lesdits Chandeliers sont tenus de souffrir la visitation desdits Jurés Vinaigriers pour le fait du Vinaigre qu'ils exposent en vente, du 2 Aoust 1625. Sentence du Châtelet, par laquelle la saisie faite sur les nommés Rigault & Sebastien, Chandeliers, d'un baril de Vinaigre, est déclarée bonne & valable, & icelui confisqué au profit des Enfans Trouvés, avec défenses d'entreprendre sur le métier des Vinaigriers, ni de vendre aucun vinaigre, verjus & moutardes, du 13 Avril 1668. Arrest de notre Conseil, portant reglement à écrire & produire, du 2 Octobre 1681. Contredits & salvations des Parties des 9 & 19 Février 1682. Acte de distribution du procès de Maître Charles de Henault, Conseiller en notre Conseil, du Novembre 1681. Et tout ce qui a été mis, écrit & produit par lesdites Parties. Conclusions de notre Procureur Général : ICELUI NOTREDIT GRAND CONSEIL, faisant droit sur ladite Instance, a mis & met l'appellation au néant; a ordonné & ordonne que ce dont a été appellé, sortira son plein & entier effet; & ayant égard aux Conclusions de notre Procureur Général, a fait inhibition & défenses aux Chandeliers Privilegiés de contrevenir aux Arrests & Reglemens concernant le métier & marchandise des Maistres Vinaigriers ; ceux pareillement faits pour la visite ordinaire des Privilegiés, demeurant en leur force & vigueur;& sur le surplus de ladite Instance ; a mis & met les Parties hors de Cours & de procès ; a condamné & condamne ledit Lucas aux dépens, tant de la cause principale que d'appel, & à l'amende de douze livres. Si donnons commandement au premier des Huissiers de notre Grand Conseil, en ce qui est exécutoire en notre Cour & suite, & hors d'icelle au premier desdits Huissiers ou autre notre Huissier ou Sergent sur ce requis, qu'à la requeste desdits Vinaigriers le présent Arrest il mette à exécution selon sa forme & teneur, nonobstant oppositions ou appellations quelconques, pour lesquelles ne sera differé ; & outre faire pour l'exécution des Présentes, tous exploits, significations & commandemens, & autres actes requis & nécessaires. De ce faire te donnons pouvoir, sans pour ce demander *placet* ni *pareatis*. DONNE' en notredit Conseil, à Paris le 18 Mars, l'an de grace 1682. & de notre regne le trente-neuviéme. *Collationné.*

Par le Roi, à la relation des Gens de son Grand Conseil.
Signé, LENORMANT.

Le dix-septiéme Avril 1682. signifié & baillé copie à M. Pierre Ruette, Procureur de Partie adverse, par moi. *Signé*, LE COURT.

EXTRAIT
Des Regiſtres
DE PARLEMENT.

VEU par la Cour les Lettres Patentes du Roi, données à Verſailles le vingt-quatre Novembre dernier, ſignées LOUIS, & plus bas, par le Roi, PHELIPPEAUX, & ſcellées du grand Sceau de cire jaune, obtenues par la Communauté des Epiciers & Vinaigriers de cette Ville de Paris; par leſquelles pour les cauſes y contenues, ledit Seigneur a déclaré & ordonné, veut & lui plaît, du conſentement des Maîtres Limonadiers, Diſtillateurs & Marchands d'Eau-de-vie, que leſdits Epiciers & Vinaigriers continuent de vendre de l'Eau-de-vie en détail, même qu'ils donnent à boire de l'Eau-de-vie dans leurs Boutiques, comme ils faiſoient avant l'Edit du mois de Juiller dernier, auquel ledit Seigneur a dérogé à cet égard ſeulement, ſans néanmoins que ceux à qui ils donneront à boire de l'Eau-de-vie, puiſſent s'attabler dans les Boutiques deſdits Impétrans, ni que ladite faculté puiſſe avoir lieu qu'à l'égard des Epiciers & Vinaigriers qui ſeront reçûs Maiſtres : Veut au ſurplus que ledit Edit ſoit exécuté ſelon ſa forme & teneur : & en conſequence que leſdits Maiſtres Limonadiers, Diſtillateurs, Marchands d'Eau-de-vie, ayent à l'excluſion de tous autres, la faculté de vendre toutes Liqueurs compoſées d'Eau-de-vie & Eſprit de vin, Françoiſes & Etrangeres, & Fruits confits auſſi à l'Eau-de-vie, enſemble le Caffé brûlé, en poudre ou en boiſſon; comme auſſi de fabriquer le Chocolat en tablettes ou rouleaux : Réitere les défenſes portées par ledit Edit aux Apoticaires, Vinaigriers, Epiciers, & tous autres ayant Boutique, de vendre & débiter du Caffé brûlé, en poudre ou en boiſſon, ni aucunes Liqueurs & Fruits confits avec de l'Eau-de-vie, même de fabriquer ou vendre du Chocolat, en tablettes ou rouleaux; à peine de trois cens livres d'amende : Permet néanmoins aux Marchands Epiciers & Vinai- XI.

griers qui ont actuellement dans leurs Boutiques & Magasins des Fruits confits à l'Eau-de-vie, & Liqueurs Françoises & Etrangeres composées d'Eau-de-vie, d'en continuer la vente jusqu'au premier Avril prochain, si mieux n'aiment les Limonadiers les acheter à l'amiable, ou sur le pied de l'estimation qui en sera faite par Experts qui seront nommez par le Lieutenant General de Police: Veut en outre que les Epiciers qui ont été condamnez à l'amende, pour avoir donné de l'Eau-de-vie à boire, en soient déchargez, ainsi que plus au long le contiennent lesdites Lettres à la Cour adressantes. Requeste présentée par lesdits Impétrans, à fin d'enregistrement desdites Lettres: Conclusions du Procureur General du Roi; Oui le Rapport de M. François Robert, Conseiller; & tout consideré. LA COUR, avant proceder à l'enregistrement desdites Lettres, ordonne qu'elles seront communiquées au Lieutenant General de Police, & au Substitut du Procureur General du Roi au Châtelet, pour donner leur avis sur icelles: & comme aussi communiquées aux Maistres & Gardes des Marchands Epiciers & Limonadiers qui sont en charge, pour y donner leur consentement desdites Communautés, oui dire, & autrement ce qu'ils aviseront bon être, pour ce fait rapporté & communiqué au Procureur General du Roi, être ordonné ce que de raison. Fait en Parlement le vingtiéme Fevrier mil sept cens six. Collationné. *Signé*, DU TILLET.

Le trois Mars mil sept cens six, à la requête des Maistres Vinaigriers, signifié & baillé copie aux Maistres & Gardes des Marchands Epiciers, en leur Bureau, en parlant à leur Clerc, & aux Maistres & Gardes des Limonadiers en leur Bureau, en parlant à leur Clerc, par moi Huissier en Parlement, soussigné. Signé, ROBINET.

Contrôlé à Paris le 5. Mars 1706.

Signifié aux Maistres & Gardes des Marchands Epiciers en leur Bureau au petit Cloître saint Opportune.

Et aux Maistres & Gardes des Limonadiers, en leur Bureau, rue de la Pelleterie.

Avis de Monsieur le Lieutenant Général de Police.

VEU par Nous Marc-René de Voyer de Paulmy, Chevalier, Marquis d'Argenson, Conseiller du Roi en ses Conseils, Maistre des Requestes ordinaire de son Hôtel, Lieutenant General de Police de la Ville, Prevôté & Vicomté de Paris; & Claude Robert, Conseiller du Roi en ses Conseils, Procureur de Sa Majesté au Châtelet de Paris, les Lettres Patentes du Roi données à Versailles le vingt-quatre Novembre dernier, signées LOUIS, & plus bas, par le Roi, PHELIPPEAUX, & scellée du grand Sceau de cire jaune, obtenues & impétrées par la Communauté des Epiciers, Vinaigriers de cette Ville de Paris; par lesquelles Lettres, & pour les causes y contenues, Sa Majesté, du consentement des Maîtres Limonadiers, Distillateurs, Marchands d'Eau-de-vie, auroit ordonné que lesdits Epiciers & Vinaigriers continueroient de vendre de l'Eau-de-vie en détail, même qu'ils donneroient à boire de l'Eau-de-vie dans leurs Boutiques, comme ils faisoient avant l'Edit du mois de Juillet aussi dernier, auquel Sa Majesté auroit à cet égard seulement dérogé par lesdites Lettres, sans néanmoins que ceux ausquels ils donneroient à boire de l'Eau-de-vie, puissent s'attabler dans les Boutiques desdits Epiciers & Vinaigriers, qui seroient reçûs Maîtres: Voulant au surplus Sa Majesté que ledit Edit soit exécuté selon sa forme & teneur; & en consequence, que lesdits Maîtres Limonadiers, Distillateurs, Marchands d'Eau-de-vie, ayent à l'exclusion de tous autres, la faculté de vendre toutes Liqueurs composées d'Eau-de-vie, Françoises & Etrangeres, & Fruits confits aussi à l'Eau-de-vie, ensemble le Caffé brûlé, en poudre & en boisson, comme aussi de fabriquer le Chocolat en tablettes & rouleaux, réiterant par lesdites Lettres les défenses faites par ledit Edit aux Apoticaires, Vinaigriers, Epiciers, & tous autres ayant Boutique, de vendre & débiter du Caffé brûlé, en poudre ou en boisson, ni aucunes Liqueurs & fruits confits avec de l'Eau-de-vie, même de fabriquer & vendre du Chocolat en tablettes ou rouleaux, à peine de trois cens XII.

livres d'amende, applicable moitié au profit de l'Hôpital Général, & l'autre moitié au profit desdits Marchands Limonadiers : Permettant néanmoins ausdits Marchands Epiciers & Vinaigriers qui ont actuellement dans leurs Boutiques & Magasins des fruits confits d'Eau-de-vie, d'en continuer la vente jusqu'au premier du present mois d'Avril, si mieux n'aiment lesd. Limonadiers les acheter à l'amiable, ou sur le pied de l'estimation qui en sera faite par Experts, auquel effet ils seront tenus de faire leur déclaration desdites Liqueurs, trois jours après l'enregistrement desdites Lettres ; lequel tems passé, ils ne pourront en vendre ni en débiter : Voulant en outre Sa Majesté que les Epiciers qui auront été condamnez à l'amende, pour avoir donné de l'Eau-de vie, en soient déchargez & que les amendes leur soient rendues par ceux qui les auront reçues : Et pour prévenir les difficultez qui pourroient naître entre lesdits Limonadiers, Distillateurs Marchands d'Eau de vie, au sujet du payement de la somme de deux cens mille livres, & les deux sols pour livres ; ordonne Sa Majesté que ceux d'entr'eux qui ont continué leur commerce depuis le premier Avril mil sept cens cinq, qu'ils auroient dû cesser de le faire, aux termes de l'Edit du mois de Decembre mil sept cens quatre, ne pourront être reçûs à renoncer à leur commerce, & seront tenus de payer les sommes pour lesquelles ils sont compris dans le Rôle qui a été arrêté par les Gardes de ladite Communauté, & ce nonobstant toutes renonciations qu'ils pourroient avoir fait signifier depuis ledit jour. L'Arrêt de la Cour de Parlement du vingt Fevrier mil sept cens six, par lequel Arrest, la Cour, avant proceder à l'enregistrement desdites Lettres, a ordonné qu'elles nous seront communiquées, pour donner notre avis sur icelles ; comme aussi communiquées aux Maistres & Gardes desdits Marchands Epiciers, & desdits Limonadiers qui sont en charge, pour y donner les consentemens desdites Communautez, y dire, & autrement ce qu'ils aviseront bon être, pour ce fait, rapporté & communiqué à Monsieur le Procureur General, être ordonné ce que de raison. Signification dudit Arrêt du trois Mars dernier, faite à la requête desdits Maistres Vinaigriers ausdits Maîtres & Gardes des Marchands Epiciers, & à ceux desdits Limonadiers, par Robinet, Huissier de la Cour. Controlé à Paris par Lange, le cinq dudit mois de Mars.

Notre

Notre avis est, sous le bon plaisir de la Cour, que les Lettres Patentes accordées au Corps des Marchands Epiciers, & des Maîtres Vinaigriers, n'introduisant en leur faveur aucun droit nouveau, & les maintenant seulement dans la faculté dont ils étoient en possession, soit avant, soit depuis l'établissement de la Communauté des Maîtres Limonadiers, & dans laquelle ils avoient été maintenus par un Arrêt de la Cour rendu contradictoirement à leur profit, l'enregistrement de ces Lettres, qu'il a plû au Roi de leur accorder le vingt-quatriéme de Novembre mil sept cent cinq, peut être ordonné sans difficulté. Fait ce dix-septiéme jour d'Avril mil sept cent six. Signé, de Voyer d'Argenson, & Robert en la minute. GAUDION.

SENTENCE DE MONSIEUR LE LIEUTENANT GE'NE'RAL DE POLICE.

Du vingt-un Mai 1723.

Qui fait défenses à tous Maîtres Vinaigriers de la Ville & Fauxbourgs de Paris, & autres de vendre ou faire vendre de la Moutarde par les rues les Dimanches & Fêtes, à peine d'amende.

A Tous ceux qui ces présentes Lettres verront: Gabriel Jerôme de Bullion, Chevalier, Comte d'Esclimont, Mestre de Camp du Regiment de Provence Infanterie, Conseiller du Roi en ses Conseils, Prevôt de Paris; Salut. Sçavoir faisons, que sur la Requête faite en Jugement devant Nous en l'Audience de la Chambre de Police, par Me. René Paul Bailly, Procureur des Syndics & Jurés de la Communauté des Maîtres Vinaigriers, Verjutiers & Moutardiers à Paris, Demandeurs en confirmation de l'avis de Monsieur le Procureur du Roi, rendu entre les Parties le 2. Octobre dernier, portant que les Arrêts, Statuts & Réglemens de ladite Communauté seront exécutés, avec défenses au Défendeur ci-après nommé, de vendre, ni faire vendre de la Moutarde par les rues les jours de Dimanches & Fêtes de Patron, prohibé par les Statuts, avec amende & depens, suivant XIII.

l'Exploit fait par Marchand, Huissier à Verge en cette Cour, le 12. dudit mois, controllé à Paris le 15. par Sauvage, présenté au Greffe; & encore ledit Me. Bailli, Procureur du sieur Nicolas Preunier, Syndic, Défendeur à l'Exploit fait par Mole, Huissier, le dix-neuf Novembre aussi dernier, & des anciens, modernes & jeunes Maîtres de ladite Communauté des Maîtres Vinaigriers, Moutardiers, Verjutiers, Intervenans Demandeurs, suivant & aux fins de leur Requête verbale, signifiée le dix-neuf Decembre ensuivant, assisté de Me. Duret leur Avocat, contre Me. Pin son Procureur; de Simon Duval, aussi Maître Vinaigrier, Verjutier, Moutardier à Paris, Défendeur & Demandeur en sommation, suivant l'Exploit dudit jour vingt-neuf Novembre dernier, & aux fins de ses défenses signifiées le même jour, assisté de Me Frouard son Avocat; Parties ouies. Nous avons l'avis du Procureur du Roi confirmé; en conséquence, ordonnons que les Statuts Reglemens des Maistres Vinaigriers seront exécutés; & suivant iceux, faisons défenses aux Parties de Frouard, de vendre, ni faire vendre de la Moutarde par les rues les jours de Dimanches & Fêtes de Patron, prohibés par les Statuts: & attendu la contravention faite à iceux par la Partie de Frouard, l'avons condamné à trois livres d'amende applicable à la Confrairie de ladite Communauté, avec dépens; ce qui sera exécuté sans préjudice de l'appel. En témoin de quoi nous avons fait sceller ces Présentes, qui furent faites, rendues & données par Messire Pierre-Marc de Voyer de Paulmy, Chevalier Comte d'Argenson, Conseiller du Roi en ses Conseils, Lieutenant Général de Police au Châtelet de Paris, y tenant le Siege le Vendredi vingt-un Mai mil sept cent vingt-trois. Collationné, *Signé* GUYRET. Scellé le dix-sept Juin 1723.

SENTENCE DE MONSIEUR LE LIEUTENANT GE'NE'RAL DE POLICE.

Du quatre Juin 1723.

QUI ordonne que la ſaiſie faite des Eaux-de-vie & Vinaigres ſur le nommé Veignet, Marchand de vin à Paris, par les Jurés Vinaigriers, ſera déclarée bonne & valable, conformément aux Statuts des deux Communautés, & condamne ledit Veignet en vingt livres d'amende & aux dépens.

A Tous ceux qui ces préſentes Lettres verront, Gabriel Jérôme de Bullion, Chevalier, Comte d'Eſclimont & autres lieux, Meſtre de Camp du Regiment de Provence Infanterie, Conſeiller du Roi en ſes Conſeils, Prevôt de Paris; Salut. Sçavoir faiſons, que ſur la Requête faite en Jugement devant Nous en l'Audience de la Chambre de Police du Châtelet de Paris, par Me. René-Paul Bailly, Procureur des Syndics & Jurés de la Communauté des Maiſtres Vinaigriers, Verjutiers, Moutardiers, Diſtillateurs d'Eau-de-vie & Eſprit de vin à Paris, Demandeurs aux fins de la Requête à nous préſentée le 13. Mai dernier, & de l'Exploit de ſaiſie fait en conſéquence d'une Buſte d'Eau-de-vie, jauge de quarante-quatre ſeptiers; d'une autre Buſte d'Eau-de-vie remplie aux deux tiers, jauge de quarante-cinq ſeptiers, garnie de ſa fontaine; d'un Quarteau jauge d'Orleans, plein de Vinaigre & un autre quarteau de Vinaigre en vuidange garni de ſa fontaine trouvés en contravention dans les caves & magaſin du ſieur Veignet ci-après nommé ſuivant ledit Exploit de ſaiſie faite en préſence de Maiſtre Meigner, Commiſſaire en cette Cour, ſuivant ſon Procès-verbal du même jour 21. Mai dernier, ladite ſaiſie faite par Heneguy, Huiſſier à Verge en cette Cour, controllé à Paris le 24. par Chineau, préſenté au Greffe; le tout tendant à fin de validité de ladite ſaiſie, confiſcation, défenſe, amende, dommages & intérêts & dépens; & Deffendeurs à la demande incidente formée par ledit ſieur Veignet, à fin de main XIV.

levée & nullité de ladite saisie, avec dommages & intérêts & dépens, assisté de Me Duret leur Avocat; contre Me Manchon, Procureur du sieur Antoine Veignet, Marchand de vin à Paris, Deffendeur ausdites Requête, saisie & Procès-verbal susdatés, & Demandeur incidemment, suivant ses deffenses signifiées le 2 du présent mois de Juin, tendantes à fin de main-levée & nullité de ladite saisie, avec dommages & intérêts & dépens, assisté de Me Frouard son Avocat: Parties ouies, ensemble noble homme Monsieur Maistre Chauvelin, Avocat du Roi en cette Cour, en ses conclusions, sans que les qualités puissent nuire ni préjudicier. Nous ayant égard aux conclusions des Gens du Roi, avons la saisie des Marchandises d'Eau-de-vie & vinaigre dont est question, faite sur la Partie de Frouard, déclarée bonne & valable; Ordonnons que les Marchandises saisies demeureront confisquées au profit des Parties de Duret; à la représentation desquelles Marchandises saisies sur ledit Veignet, les gardiens & dépositaires d'icelles seront contraints par toutes voyes dues & raisonnables; quoi faisant, ils en seront & demeureront bien & valablement quittes & déchargés: faisons défenses à la Partie de Frouard de récidiver, sous telles peines qu'il appartiendra; lui enjoignons de se conformer aux Statuts & Réglemens, tant de sa Communauté que de celle des Parties de Duret. Et attendu la contravention commise par ladite Partie de Frouard, l'avons condamné en vingt livres d'amende & aux dépens envers les Parties de Duret; ce qui sera exécuté nonobstant & sans préjudice de l'appel. En témoin de quoi nous avons fait sceller ces Présentes, qui furent faites, rendues & données par Mre. Pierre-Marc de Voyer de Paulmy, Chevalier Comte d'Argenson, Conseiller du Roi en ses Conseils, Lieutenant-Général de Police de la Ville, Prevôté & Vicomté de Paris, tenant le Siege le Vendredi quatre Juin mil sept cens vingt-trois. Collationné, *Signé*, CUYRET, Scellé le 19. Juin 1723.

Signifié & baillé copie à Me. Manchon à domicile, ce 21. Juin 1723.

SENTENCE DE MONSIEUR LE LIEUTENANT GENERAL DE POLICE.

RENDUE en faveur des Syndics & Jurés de préſent en Charge de la Communauté des Maîtres Vinaigriers, Verjutiers, Moutardiers, Diſtillateurs, Vendeurs d'Eau-de-vie & Eſprit de Vin de la Ville, Fauxbourgs & Banlieue de Paris, Demandeurs.

CONTRE le ſieur Leroy, Marchand Mercier à Paris, Défendeur.

Du 13. Mai 1735.

A TOUS ceux qui ces préſentes Lettres verront : Gabriel- XV.
Jerôme de Bullion, Chevalier, Comte d'Eſclimont, Meſtre de Camp du Regiment de Provence Infanterie, Prevôt de Paris : SALUT, ſçavoir faiſons, que ſur la Requête faite en jugement devant Nous à l'audiance de la Chambre de Police du Châtelet de Paris, par Maiſtre Bailly, Procureur des Syndic & Jurés de la Communauté des Maiſtres Vinaigriers, Verjutiers, Moutardiers, Diſtillateurs, Vendeurs d'Eau-de-vie & Eſprit de vin de la Ville, Fauxbourgs & Banlieue de Paris, Demandeurs en exécution des Statuts, Sentences & Arrêts de Réglement rendus en faveur de la Communauté, & notamment des Arrêts du Parlement rendus entre ladite Communauté & celle des Marchands Epiciers-Apoticaires, Marchands Epiciers, & les Maiſtres & Gardes des Marchands Merciers à Paris, Intervenans, le 27. Août 1675. & 12. Mars 1699. & aux fins de leur Requête à nous préſentée, le 10. Novembre dernier, & exploit de ſaiſie faite en conſéquence de 24. demi Queues jauge d'Orleans, remplies de Vinaigre rouge d'Orleans, trouvé en contravention ſous une Remiſe de la Maiſon occupée par le ſieur Leroy, ci après nommé, en préſence de Maiſtre de Courcy, Commiſſaire, ſuivant le procès verbal & ledit exploit de ſaiſie faite par le Camus Dupleſſis, le 26.

Novembre dernier, controllé à Paris le 29. par Dartal, présenté au Greffe, tendante à fin de validité de ladite saisie, confiscation des choses saisies, défenses de récidiver, amendes, dommages & intérêts & dépens, & Défendeur à la demande en nullité & main-levée desdites Marchandises saisies, avec dépens, assistés de Maistre Duret leur Avocat, contre Maistre Dupré, Procureur du sieur Leroy, Marchand Mercier à Paris, partie saisie, Défendeur & Demandeur en main-levée de ladite saisie, & d'être maintenu à vendre des Marchandises de Vinaigre, & défenses de le troubler, avec dommages, intérêts & dépens, suivant & aux fins de sa Requête verbale, signifiée le 3. Decembre aussi dernier, assisté de Maistre de la Brosse son Avocat. Parties ouies, lecture faite desdits Arrêts de Reglement & Statuts des Parties & autres Piéces. Nous ordonnons que les Réglemens seront exécutés, & notamment les Arrêts du Parlement des 27. Août 1675. & 12. Mars 1699. & en conséquence avons la saisie des Marchandises de Vinaigre dont est question, faite sur la partie de la Brosse, déclarée bonne & valable; ordonne que les choses saisies sont & demeureront confisquées au profit des parties de Duret, & à cet effet la partie de la Brosse condamnée à représenter les Marchandises saisies; faute de les représenter condamnons à payer la somme de 200. liv. à laquelle nous avons arbitré la valeur desdites Marchandises. Faisons défenses à ladite Partie de la Brosse de récidiver, la condamnons en outre en trois livres d'amende, & aux dépens, Et sera la présente Sentence lûe, publiée & affichée, ce qui sera exécuté nonobstant & sans préjudice de l'appel; En témoin de ce Nous avons fait sceller ces Présentes. Ce fut fait & donné par Messire René Herault, Chevalier Seigneur de Fontaine Labbé, Vaucresson, & autres lieux, Conseiller d'Etat, Lieutenant Général de Police, de la Ville, Prevôté & Vicomté de Paris, tenant le Siége le Vendredi treiziéme Mai mil sept cent trente cinq. Collationné. *Signé*, CUYRET. Scellé le vingt-trois Mai mil sept cent trente-cinq. *Signé*, SAUVAGE.

La Sentence ci-dessus a été lue & publiée à haute & intelligible voix, à son de trompe & cri public, en tous les lieux ordinaires & accoutumés, par moi Aimé-Richard Girault, Huissier à cheval au

Châtelet de Paris, Juré-Crieur ordinaire du Roi, & de la Ville, Prévôté & Vicomté de Paris, y demeurant rue ſaint Antoine, devant la rue Cloche-Perche, Paroiſſe ſaint Gervais, ſouſſigné, accompagné de Louis-François Ambezar, Jacques Hallot, & Claude Louis Ambezar, Jurés Trompettes le 28. *Mai* 1735. *à ce que perſonne n'en prétende cauſe d'ignorance, & affichée ledit jour eſdits lieux.* Signé, GIRAULT.

SENTENCE DE MONSIEUR LE LIEUTENANT GENERAL DE POLICE.

Du 21 *Février* 1736.

XVI.

A Tous ceux qui ces préſentes Lettres verront: Gabriel Jerôme de Bullion Chevalier, Comte d'Eſclimont, Meſtre de Camp du Régiment de Provence Infanterie, Conſeiller du Roi en ſes Conſeils, Prevôt de Paris: Salut. Sçavoir faiſons, que vû par nous René Herault, Chevalier, Seigneur de Fontaine Labbé, Vaucreſſon & autres lieux, Conſeiller d'Etat, Lieutenant Général de Police de la Ville, Prevoté & Vicomté de Paris, la Requête à Nous preſentée par les Syndics & Jurés de la Communauté des Maiſtres Vinaigriers, Verjutiers, Moutardiers, Diſtillateurs d'Eau-de-vie & Eſprit de vin à Paris, tendante à ce qu'il nous plût homologuer la Délibération qui avoit été faite en l'Aſſemblée des anciens, modernes & jeunes Maiſtres de ladite Communauté, en date du 3. Octobre 1735. Copie de laquelle collationnée étoit attachée à ladite Requête, & laquelle Délibération avoit été tirée du Regiſtre des Délibérations de ladite Communauté, dûement controllée à Paris le 2. Décembre en ſuivant par Dhurbal, pour être ladite Délibération exécutée ſelon ſa forme & teneur; ce faiſant, que conformément aux Réglemens de Police qui étoient obſervés dans les Communautés des Chirurgiens, Apoticaires, Epiciers, Limonadiers, Perruquiers, Fayanciers, Layetiers, Serruriers & autres Corps de Profeſſions & Métiers de faire défenſes à tous Garçons, Compagnons & autres qui se faisoient recevoir Marchands Vinaigrier de s'établir dans le Quartier de leurs Maiſtres ou veuves chez lesquels ils auroient demeurés, & que la Sentence qui interviendroit sur ladite Requête & demande seroit imprimée, publiée & affichée par tout où besoin seroit, & exécutée, nonobstant oppositions ou appellations quelconques : ladite Requête signée Bailly, Procureur au Châtelet de Paris, Procureur de ladite Communauté : notre Ordonnance étant au bas d'icelle en date du 7. Février 1736. de soit communiqué au Procureur du Roi, ses conclusions étant ensuite du 21. desdits mois & an. Vû aussi copie signée dudit M. Bailly Procureur, de ladite Délibération, & le tout considéré : Nous du consentement du Procureur du Roi, disons que la susdite Délibération est & demeurera homologuée pour être exécutée selon sa forme & teneur, & en conséquence faisons défenses à tous Garçons, Compagnons & autres qui seront reçûs Maiſtres Vinaigriers, de s'établir dans le Quartier des Maiſtres ou Veuves chez lesquels ils auront demeurés ; pareillement ausdits Syndics & Jurés de faire imprimer, publier & afficher dans le Bureau de ladite Communauté des Maiſtres Vinaigriers & par tout où besoin sera, & enregiſtré sur les Regiſtres d'icelle, ladite Délibération & la présente Sentence qui sera exécutée nonobstant & sans préjudice de l'appel ; en témoin de ce nous avons fait sceller ces présentes. Ce fut fait & donné par Nous Juge susdit le vingt-un Février mil sept cent trente-six. Collationné. *Signé*, CUYRET. Scellé le 3. Mars mil sept cent trente-six. *Signé*, SAUVAGE.

SENTENCE

SENTENCE DE MONSIEUR LE LIEUTENANT GENERAL DE POLICE.

Rendue en faveur de la Communauté des Maîtres Vinaigriers, Verjutiers, Moutardiers, Diſtillateurs, Vendeurs d'Eau-de-Vie & Eſprit de Vin de la Ville, Fauxbourgs & Banlieue de Paris.

Contre Philibert Cotin, Marchand de Vin-Traiteur à Paris.

Du 23 Novembre 1736.

A Tous ceux qui ces préſentes Lettres verront. Gabriel-Jerôme de Bullion, Chevalier, Comte d'Eſclimont, Meſtre de Camp du Régiment de Provence, Infanterie, Conſeiller du Roi en tous ſes Conſeils, Prevôt de la Ville, Prevoſté & Vicomté de Paris, Salut: ſçavoir faiſons. Que ſur la Requête faite en jugement devant Nous à l'Audience de la Chambre de Police du Châtelet de Paris par Me René-Paul Bailly, Procureur des Syndic & Jurés des Maîtres Vinaigriers, Verjutiers & Moutardiers, Vendeurs & Diſtillateurs d'Eau-de-Vie & Eſprit de Vin, Demandeurs en exécution des Statuts, Ordonnances & Arrêts de Reglemens rendus à leur profit, & aux fins de la Requête à Nous préſentée le 5 Juin 1734. de l'Exploit de ſaiſie faite en conſéquence par le Camus du Pleſſis, Huiſſier à Verge en cette Cour, le 17 May 1735. contrôlé à Paris le 18 par Bouvet, préſenté au Greffe, tendant à fin de validité de ladite ſaiſie faite en préſence de Me Cadot, Commiſſaire, ſuivant ſon Procès-verbal du même jour, & à fin de confiſcation des choſes ſaiſies, avec dommages, intérêts, amende & dépens, & en exécution de notre Sentence du 15 Juillet dernier, & Défendeurs à l'oppoſition formée à l'exécution d'icelle, aſſiſté de Me Duret leur Avocat, contre Me Maubert, Procureur du ſieur Philibert Cotin, Marchand de Vin-Traiteur, Défendeur & Oppoſant ſuivant ſa Requête verbale ſignifiée le 14 Août 1735. aſſiſté de XVII.

Me Beviere son Avocat. Parties ouies, Nous avons la Partie de Beviere reçûe opposante à l'exécution de notre Sentence : Faisant droit au principal avons la saisie faite sur la Partie de Beviere déclarée bonne & valable : Ordonnons que les choses saisies demeureront confisquées aux Parties de Duret ; Enjoignons à la Partie de Beviere de se conformer aux Reglemens, & suivant iceux de tenir un Registre où il écrira le Vinaigre & Verjus qu'il achetera des Maîtres Vinaigriers de Paris, le nom de celui qui les lui aura vendus ; comme aussi les Vinaigriers seront tenus d'avoir un Registre pour écrire la quantité de Vinaigre qu'ils vendront aux Marchands de Vin ou aux Traiteurs, & leurs noms ; la Partie de Beviere condamnée en outre en dix livres de dommages & interêts, trois livres d'amende & aux dépens ; & la présente Sentence sera inscrite sur le Registre des deux Communautés, & imprimée, lûe, publiée & affichée partout où besoin sera ; ce qui sera exécuté nonobstant & sans préjudice de l'appel. En temoin de quoi Nous avons fait sceller ces présentes, qui furent faites & données par Messire René Herault, Chevalier, Seigneur de Fontaine-Labbé, Vaucresson & autres lieux, Conseiller d'Etat, Lieutenant Général de Police de la Ville, Prevôté & Vicomté de Paris, tenant le Siege le Vendredi vingt-troisiéme jour de Novembre mil sept cens trente-six. Collationné. *Signé*, CUYRET. Scellé le 12 Décembre 1736. *Signé*, SAUVAGE.

La Sentence ci-dessus a été lûe & publiée à haute & intelligible voix à son de Trompe & cri public, en tous les Lieux, Places & Marchés accoutumés de cette Ville de Paris, par moi Jacques Girard, Huissier à Cheval au Châtelet de Paris, Juré-Crieur ordinaire du Roi, de la Ville, Prevôté & Vicomté de Paris, y demeurant rue des Arcis, Paroisse S. Merry, accompagné de Louis-François Ambezar, Jacques Hallot, & Claude-Louis Ambezar, Jurés Trompettes, le 19 Décembre 1736. à ce que nul n'en prétende cause d'ignorance, & affiché ledit jour esdits lieux. Signé, GIRARD. Et contrôlé.

SENTENCE de Messieurs les Prevôt des Marchands & Echevins de la Ville de Paris, rendue en faveur de la Communauté des Maîtres & Marchands Vinaigriers de la Ville, Fauxbourgs & Banlieue de Paris.

Qui déclare bonne & valable la saisie de sept Feüillettes de Lie faite sur Jacob Chandelier.

ET Monnot, Marchand Voiturier par Eau d'Auxerre.

Du 8 Février 1737.

A TOUS ceux qui ces présentes Lettres verront : Michel-Etienne Turgot, Chevalier, Seigneur de Sousmons, Bons, Ussy, Pontigny, Perriers, Brucourt & autres lieux, Conseiller du Roy en ses Conseils, Président au Parlement & en la Seconde Chambre des Requêtes du Palais, Prevôt des Marchands & les Echevins de la Ville de Paris, Salut : sçavoir faisons qu'aujourd'hui date des présentes, comparant en jugement devant Nous Maître François Brechot, Procureur des Jurés & Communauté des Maistres, Marchands Vinaigriers de Paris, présens, Demandeurs aux fins du procès-verbal fait par Balige, Huissier-Commissaire en cette Jurisdiction, le 24 Janvier dernier, contrôlé par Piton le 26. Requête & Ordonnance du 24 dudit mois, & exploit de saisie & dénonciation faits en conséquence par ledit Balige, Huissier-Commissaire en cette Jurisdiction le 24 dudit mois de Janvier, contrôlé par Piton le 26. Maistre Nicolas-Adrien Boisneuf, Procureur de Germain Monnot, Marchand Voiturier par Eau à Auxerre, Défendeur. Et encore ledit Maistre François Brechot, Procureur desdits Jurés & Communauté des Maistres, Marchands Vinaigriers de Paris, Demandeurs à l'encontre du nommé Jacob, Chandelier, demeurant rue de Charenton, Faubourg S. Antoine, Défendeur & défaillant : Parties ouies, entre celles de Brechot & celles de Boisneuf, ensemble le Procureur du Roi & de la Ville en ses XVIII.

conclusions, & par vertu du défaut donné ausdites Parties de Brechot à l'encontre dudit Jacob, défaillant, avons la saisie des sept Feuillettes de Lie en question, à la requête desdites Parties de Brechot, déclaré bonne & valable, & icelles confisquées au profit desdites Parties de Brechot, condamne ladite Partie de Boisneuf & ledit défaillant chacun en cent livres d'amende, applicable conformément à l'art. 33. des Statuts de ladite Communauté; leur faisons défenses de récidiver sous plus grandes peines, & aux dépens. Et sera la présente Sentence lûe, publiée & affichée partout où besoin sera, & exécutée nonobstant oppositions & appellations quelconques, & sans préjudice d'icelles. Ce fut fait & donné au Bureau de la Ville de Paris, & prononcé par Nous Prevôt des Marchands susdits le Vendredi huitiéme Février 1737. *Signé*, TAITBOUT.

La présente Sentence a été luë, publiée, & affichée où besoin a été, par moi Jean Balige, Commissaire de Police, & Huissier Audiencier en l'Hôtel de Ville de Paris, demeurant ruë de la Mortellerie, près & Paroisse saint Gervais, au son du Tambour, sur les Ports saint Paul & autres endroits ordinaires & accoutumés, le 15 Février 1737.

Signé, BALIGE.

SENTENCE rendue en faveur de la Communauté des Maîtres & Marchands Vinaigriers de la Ville, Fauxbourgs & Banlieue de Paris.

PORTANT confirmation d'une Sentence du 8 Février 1736. renduë contre Jacob Chandelier, & le condamne aux dépens.

Du 12 Avril 1737.

XIX. A TOUS ceux qui ces présentes Lettres verront: Michel-Etienne Turgot, Chevalier, Seigneur de Sousmons, Bons, Ussy, Pontigny, Perriers, Brucourt, & autres lieux, Conseiller du Roy en ses Conseils, Président au Parlement & en la seconde Chambre des Requêtes du Palais, Prevost des Marchands & les Echevins de la Ville de Paris, Salut: sçavoir faisons. Qu'aujourd'hui date des présentes, comparant en Jugement devant Nous Maistre François-Simon Davault, Procureur des Jurés & Communauté des Maistres & Marchands Vinaigriers de Paris, présens, Demandeurs en exécution de notre Sentence du 8 Février dernier, & défendeurs, assistés de Maistre Duret, Avocat, & Maistre Nicolas-Adrien Boisneuf, substituant, Maistre Jean-Baptiste Houallé, Procureur de François Jacob, Chandelier au Fauxbourg S. Antoine, ruë de Charenton, présent, défendeur & opposant à l'exécution de notre Sentence susdatée, suivant l'acte signifié par Fourré, premier Huissier Audiencier en cette Jurisdiction, le 22 Février dernier, assisté de Maistre Rousseau, Avocat.

PARTIES OUIES, ensemble le Procureur du Roy & de la Ville en ses conclusions, après avoir entendu Dautray, nous avons débouté la Partie de Rousseau de son opposition à l'exécution de notredite Sentence du 8 Février dernier, ordonné qu'elle sera exécutée selon sa forme & teneur, avec dépens.

Et sera la présente Sentence exécutée nonobstant oppositions ou appellations quelconques, & sans préjudice d'icelles. Ce fut fait & donné au Bureau de la Ville, & prononcé par Nous Prevôt susdit le Vendredi douze Avril 1737. Signé, TAITBOUT.

SENTENCE DE MONSIEUR LE LIEUTENANT GENERAL DE POLICE.

Rendue en faveur de la Communauté des Maîtres Vinaigriers de la Ville & Fauxbourgs de Paris

Contre la Veuve Parizot, Marchande Epiciere en gros.

Du 31. Mai 1737.

A TOUS ceux qui ces presentes Lettres verront, Gabriel-Jerôme de Bullion, Chevalier, Comte d'Esclimont, Mestre de Camp du Regiment de Provence Infanterie, Conseiller du Roi en ses Conseils, Prevôt de Paris; SALUT, sçavoir faisons, que sur la Requête faite en Jugement devant Nous à

XX

l'Audience de la Chambre de Police dudit Châtelet, par René-Paul Bailly, Procureur des Sindic & Jurez de la Communauté des Maistres Vinaigriers, Verjutiers, Moutardiers, Distillateurs & Vendeurs d'Eau-de-Vie & Esprit de Vin de la Ville Fauxbourgs & Banlieue de Paris, Demandeurs, en exécution des Statuts, Sentences, Ordonnances & Arrêts de Reglemens rendus en faveur de leur Communauté, & en validité de la saisie faite à leur Requête sur la veuve Parizot ci-après nommée, d'un Carteau de Vinaigre mentionné audit Exploit de saisie fait par Roussel, Huissier à Cheval en cette Cour, le neuf Janvier dernier, contrôlé à Paris le même jour par Houdin, presenté au Greffe, tendante à fin de la validité de ladite saisie, confiscation dud. vinaigre saisi, dommages, interêts, amende & dépens; & Défendeurs à la demande en nullité & main levée de ladite saisie; & encore lesd. Syndic & Jurés Demandeurs en infirmation de l'avis de M. le Procureur du Roy, contradictoirement rendue entre les Parties le 8. Fev. aussi dernier, en ce que ladite veuve Parizot avoit été déchargée de ladite saisie & demande à elle faite, en affirmant par elle que le Vinaigre saisi dont étoit question, est pour sa provision, & qu'elle n'en vend point, suivant & aux fins de leur Requête verbale signifiée le 14. dudit mois de Fevrier, & Défendeurs à la demande en confirmation dudit avis, assistés de Me. Duret leur Avocat, contre Me. Traveau Procureur de Demoiselle Marie-Anne Ruffier, veuve dudit sieur François Parizot, Marchande Epiciere en gros, Défenderesse à l'Exploit de saisie susdatté & Demanderesse en nullité & main-levée de ladite saisie faite sur elle dudit Carteau de Vinaigre, suivant ses défenses signifiées le 28. Janvier dernier; & encore Demanderesse en confirmation dudit avis de M. le Procureur du Roy, suivant ses défenses signifiées le 19. dudit mois de Fevrier, & Défenderesse aux demandes susdattées, assistée de Me. Frouard son Avocat. Parties oüies, lecture faite de leurs pieces, ensemble des Arrêts de reglement rendus entre les Maistres & Gardes des Marchands Epiciers & Apotiquaires, & la Communauté des Maistres Vinaigriers les 27 Août 1675. & 12. Mars 1699. Sentence de Police & Arrêts de Reglemens rendus contre François Doublet, Marchand Epicier, le 11. Janvier & 16. Juillet 1701. Autres Sentences rendues contre Jacques Fagant & les sieurs Leroy, Marchands Epiciers & Merciers, les 30.

Juillet 1700. & 13. Mars 1735. & autres Pieces. Nous ordonnons que les Statuts, Sentences & Arrêts de Reglemens rendus au profit de la Communauté des Marchands Vinaigriers, seront exécutés selon leur forme & teneur, & en conséquence avons la saisie faite à la Requête des Parties de Duret, sur la Partie de Frouard, du Carteau de Vinaigre en question, déclarée bonne & valable, & ordonnons que ledit Vinaigre saisi demeurera confisqué au profit des Parties de Duret, à cet effet la Partie de Frouard tenue de le représenter, faisons défenses à la Partie de Frouard de contrevenir auxdits Reglemens; & attendu la contravention par elle commise la condamnons en 20. liv. de dommages, interêts envers les Parties de Duret, & en cent sols d'amende & en tous les dépens, ce qui sera exécuté sans préjudice de l'appel: en temoin de ce Nous avons fait sceller ces Présentes. Ce fut fait & donné par Messire René Herault, Conseiller d'Etat, Lieutenant Général de Police de la Ville, Vicomté & Prevôté de Paris, té-nant le Siége le Vendredy trente-un May mil sept cens trente-sept.

Collationné. *Signé*, DE BAUVAIS.

ARREST DE LA COUR DU PARLEMENT.

RENDU en faveur de la Communauté des Maistres Vinaigriers, Verjutiers, Moutardiers, Distillateurs & Vendeurs d'Eau-de-Vie & Esprit de Vin de cette Ville de Paris.

Contre la Communauté des Limonadiers.

Du 26. Mars 1694.

ENTRE les Syndic, Maistres & Jurez Distillateurs & Marchands d'Eau-de-Vie, & toutes sortes de Liqueurs de la Ville, Fauxbourgs & Banlieue de Paris, Demandeurs en Requêtes du 7. Mars 1692. d'une part; & la Communauté des XXI.

Vinaigriers de ladite Ville, défendeurs d'autre: Et entre lesdits Vinaigriers demandeurs en Requête du 15. Avril ensuivant, audit an, d'une part: Et lesdits Maistres Jurez Distillateurs, Marchands d'Eau-de-Vie, & de toutes sortes de Liqueurs défendeurs & demandeurs en Requête du 30. Juin audit an, d'une part: & lesdits Vinaigriers défendeurs d'autre: & entre lesdits Distillateurs vendeurs d'Eau-de-Vie, & de toutes sortes de Liqueurs, demandeurs en Requête du 10. dudit mois de Juin: & lesdits Vinaigriers défendeurs d'autre, & entre lesdits Distillateurs Marchands d'Eau-de-Vie & de toutes sortes de Liqueurs demandeurs en Requête du 2. Juillet audit an 1692. d'une part: & lesdits Vinaigriers, défendeurs d'autre. Et entre lesdits Distillateurs & Marchands d'Eau-de-Vie, demandeurs en Requête du 24. dudit mois de Juillet d'une part, & lesdits Vinaigriers défendeurs d'autre. Et entre lesdits Jurés & Communauté des Vinaigriers, demandeurs en Requête du 23. Decembre 1693. d'une part; & lesdits Syndic, Jurés Distillateurs & Marchands d'Eau-de-Vie, défendeurs d'autre; & entre lesdits Jurés, Corps & Communauté des Limonadiers, demandeurs en Requête du 1. Fevrier 1694. d'une part, & lesdits Jurés & Communauté de Vinaigriers, défendeurs d'autre; & encore entre lesdits Jurés & Communauté des Limonadiers, Marchands d'Eau-de-Vie & de toutes sortes de Liqueurs, demandeurs en Requête du 2 Mars 1694. d'une part, & lesdits Jurés & Communauté des Vinaigriers, Défendeurs d'autre. Veu par la Cour en laquelle par Arrêt du Conseil du 1. Mars 1692. les Parties auroient été renvoyées pour y proceder sur leurs differends, ainsi qu'ils aviseroient bon être. Ladite Requête desd. Jurez Limonadiers, Marchands d'Eau-de-Vie dudit jour 7. Mars 1692. à ce que défenses fussent faites auxdits Maistres Vinaigriers & tous autres de s'immiscer dans la faculté & fonction des Distillateurs; d'acheter & débiter dans leurs Boutiques, aucune Eau-de-Vie des Provinces, & d'en faire venir directement ni indirectement, même de confire aucuns fruits avec Eau-de-Vie, & composer aucunes Liqueurs, pour les débiter au Public, sans préjudice néanmoins auxdits Vinaigriers de faire & débiter de l'Eau-de-Vie dans leurs maisons, des Vins du Pays ou autres, & icelles débiter dans leurs Boutiques, suivant & conformément à leurs Statuts: & en cas de contravention permis auxdits Limonadiers Distillateurs de saisir lesdites Eaux-de-Vie, & toutes sortes de Liqueurs

pour

pour être confisquées, les contrevenans condamnez en trois cens livres d'amende, & en outre lesdits Vinaigriers condamnez aux dommages & interêts desdits Distillateurs, & aux dépens, sauf auxdits Distillateurs & Marchands d'Eau-de-Vie de prendre telles autres Conclusions qu'ils aviseront. Défenses desdits Vinaigriers du 14. Avril 1692. Replique desdits Distillateurs. La Requête & demande desdits Vinaigriers du 15. dudit mois d'Avril, à ce qu'ils fussent maintenus & gardez en la possession & jouissance en laquelle ils étoient de distiller, faire, vendre & débiter dans leurs Boutiques en gros & en détail de l'Eau-de-Vie de toutes sortes de Vins, & de faire toutes les fonctions dont ils ont toujours été en possession; défenses auxdits Limonadiers & tous autres de les y troubler, à peine de cinq cens livres d'amende, & de tous dépens, dommages & interêts; lesdits Limonadiers condamnez en tous les dépens faits tant au Conseil qu'en la Cour, par lesdits Vinaigriers; défenses desdits Distillateurs & Marchands d'Eau-de Vie. Arrêt d'appointé en droit du 22. dudit mois d'Avril 1692. Avertissement, productions des parties & contredits respectivement fournis, des 14. & 25. Juin audit an, suivant ledit Arrêt. La Requête & demande desdits Distillateurs & Marchands d'Eau-de-Vie, du 3. dudit mois de Juin, à ce qu'en déboutant lesdits Vinaigriers de leurs demandes, il fut ordonné que l'Arrêt du Conseil de réunion desdits Distillateurs avec les Marchands d'Eau-de-Vie & Limonadiers, en un même Corps de Maistrise & Jurande, & les Statuts en conséquence enregistrez en la Cour, seroient executez selon leur forme & teneur, & en conséquence que lesdits Distillateurs fussent maintenus seuls dans la qualité de Marchands Distillateurs d'Eau-de-Vie, & de toutes sortes de Liqueurs, & dans le droit & possession de distiller, acheter, vendre & débiter de toutes sortes d'Eau-de-Vie; & de celle des Provinces, en recevoir, en envoyer dans les Pays étrangers, faire confire toutes sortes de fruits avec Eau-de-vie, avec défenses auxdits Vinaigriers & tous autres de les y troubler & entreprendre sur leurs fonctions, & pour l'avoir fait, qu'ils seroient condamnez en dix mille liv. de dommages & interêts & dépens; ladite demande reglée par Ordonnance de la Cour, étant au bas de ladite Requête, à fournir par lesdits Jurez & Communauté des Vinaigriers de défenses écrire & produire dans le tems de l'Ordonnance & joint, & Acte auxdits Diſtillateurs & Marchands d'Eau-de-Vie, de ce que pour écritures & production ſur ladite demande, ils employent le contenu en leur Requête les pieces y jointes, & ce qu'ils avoient écrit & produit en l'inſtance. Requête deſdits Jurez & Communauté des Vinaigriers, du 10 dudit mois de Juin employée pour défenſes, écritures & production ſur ladite demande, même pour contredits contre l'employ pour production deſdits Diſtillateurs. Requête deſdits Diſtillateurs & Marchands d'Eau-de-vie du 16. dudit mois de Juin, employée pour repliques aux défenſes deſd. Vinaigriers, & pour contredits contre leur employ pour production. Requête deſdits Vinaigriers du 21. dudit mois, employée pour ſalvations. La Requête & demande deſd. Diſtillateurs & Marchands d'Eau-de vie du 10. dudit mois de Juin, à ce qu'où les Vinaigriers voudroient prétendre que l'Arrêt du 10 Avril 1666. rendu entr'eux & les Epiciers, & celui du 18. Janvier 1674. leur attribue le droit de Negoce de l'Eau-de-vie des Provinces de France, & leur permet d'en acheter & d'en faire venir des Pays étrangers, d'en envoyer dans leſdits Pays étrangers, & d'en débiter, leſd. Diſtillateurs & Marchands d'Eau-de-vie ſeroient reçûs oppoſans à l'exécution deſdits Arrêts, faiſant droit ſur leur oppoſition, que les concluſions par eux priſes en l'inſtance leur ſeroient adjugées, leſd. Vinaigriers condamnez aux dépens; fins de non recevoir & défenſes deſd. Vinaigriers. Réponſes auxd. fins de non recevoir deſd. Diſtillateurs. Arrêt d'appointé en droit & joint, du 11. dudit mois de Juin. Production des parties ſuivant ledit Arrêt, par Requête d'employ des 16. & 26. dudit mois de Juin. Contredits & Salvations reſpectivement fournis par leſdites Requêtes dudit jour 26. Juin & 3. Juillet enſuivant. Production nouvelle deſdits Diſtillateurs, par Requête du 16. dudit mois de Juin. Contredits deſdits Vinaigriers, par Requête du 25. Juillet enſuivant. Production nouvelle deſdits Vinaigriers, par Requête du 27 dudit mois de Juin. Contredits deſdits Diſtillateurs, par Requête du 2. Juillet. Salvations deſd. Vinaigriers, par Requête du 7. dudit mois, ladite Requête du 2. Juillet, contenant demande, à ce que défenſes fuſſent faites auxd. Vinaigriers de prendre la qualité de Marchands, laquelle ſeroit rayée & biffée des Requêtes où ils avoient pris ladite qualité, avec défenſes de la prendre à l'avenir dans aucuns actes, & pour l'avoir fait qu'ils ſeroient condamnez aux dommages, interests & dépens, ladite demande reglée par Ordonnance de la Cour, étant au bas de ladite Requeste à fournir par les défendeurs de défenses, écrire & produire dans le tems de l'Ordonnance & joint; & acte auxdits Distillateurs de ce que pour écritures & productions ils employent le contenu en leur Requeste & les pieces y jointes, ce qu'ils avoient écrit & produit en l'instance. Requeste desdits Vinaigriers du 7. dudit mois de Juillet, employée pour défenses, écritures & production sur ladite demande, même pour contredits contre l'employ pour production desdits Distillateurs, des 7. & 24. dudit mois de Juillet, employée pour reponses à celle desd. Vinaigriers, & contredits contre leur employ pour production reponses & salvations, & tout ce qui avoit été dit, écrit & produit par les Vinaigriers. Factum imprimé desdits Distillateurs & Marchands d'Eau-de-vie, signifié au Procureur desdits Vinaigriers, le 18 dudit mois de Juillet; production nouvelle desdits Distillateurs & Marchands d'Eau-de-vie par Requeste dudit jour 24. Juillet & contredits desdits Jurés & Communauté des Vinaigriers du 26. dudit mois; ladite Requeste desdits Distillateurs dudit jour 24. Juillet, contenant demande à ce qu'attendu que les Vinaigriers vendoient encore actuellement des Liqueurs, il leur fût permis d'aller en visite chez eux, sans frais ni retribution, pour saisir lesdits fruits confits & liqueurs, pour être confisquez, lesdits Vinaigriers condamnez en telle amende qu'il plairoit à la Cour; ladite demande reglée par Ordonnance de la Cour, étant au bas de la Requeste, à fournir par lesdits Vinaigriers de défenses, écrire & produire dans le tems de l'Ordonnance, & joint. Et acte ausdits Limonadiers & Marchands d'Eau-de-vie, de ce que pour écritures & production ils employent le contenu en leur Requête, les piéces y jointes, & ce qu'ils auroient écrit & produit en l'Instance. Requête desdits Jurés & Communauté desdits Vinaigriers du 26 dudit mois de Juillet, employée pour défenses, écritures & production sur ladite demande, même pour contredits contre l'emploi pour production desdits Limonadiers. Requête desdits Limonadiers & Marchands d'Eau-de-vie du 31 dudit mois de Juillet, employée pour réponse, à celle desdits Vinaigriers, & pour contredits contre leur emploi pour production nouvelle desdits Distillateurs, par Requête du 23 dudit mois de Juillet. Contredits desdits Vinaigriers, par Requête du 24 dudit mois de Juillet. Arrêt rendu sur les contestations ci-dessus, & sur les Conclusions du Procureur Général du Roi, du dix-huit Août audit an 1692. par lequel, avant faire droit, auroit été ordonné au Lieutenant de Police & au Substitut du Procureur Général du Roi au Châtelet, pour leur avis rapporté être fait droit aux Parties, ainsi qu'il appartiendroit, cependant par provision fait défenses ausdits Vinaigriers de confire des fruits à l'Eau-de-vie, composer & vendre des Liqueurs, dépens réservez : Avis desdits Lieutenant Général de Police, & Substitut du Procureur Général du Roi au Châtelet, en exécution dudit Arrêt du 9. Décembre 1693. La Requête desdits Jurés & Communauté des Vinaigriers, dudit jour 23 dudit mois de Décembre, contenant leur demande, à ce qu'en adjugeant les fins & conclusions par eux prises en l'Instance, lesdits Limonadiers seroient condamnés en tous les dépens, même en ceux réservez par l'Arrêt du 18 Août 1692 : Ladite demande reglée par l'Ordonnance de la Cour, étant au bas de ladite Requête, à fournir par lesdits Défendeurs de défenses, écrire & produire dans le jour, & Acte ausdits Jurés & Communauté des Vinaigriers, de ce que pour écritures & production, ils employent le contenu en leur Requête, les piéces y jointes ; ce qu'ils auroient écrit & produit en l'Instance : Sommation faite ausdits Limonadiers de fournir des défenses, écrire & produire sur ladite demande, même de fournir de contredits contre l'emploi pour production desdits Vinaigriers. Production nouvelle desdits Vinaigriers par Requête du 29 dudit mois de Décembre. Contredits desdits Distillateurs & Marchands d'Eau-de-vie du 29 dudit mois de Janvier ; contredits desdits Jurés & Communauté desdits Vinaigriers du 5 Février audit an. Autre production nouvelle desdits Jurés & Communauté desdits Vinaigriers du 29 Janvier dernier : Contredits desdits Distillateurs & Marchands d'Eau-de-vie du 9 Mars ensuivant audit an : Requête desdits Distillateurs & Marchands d'Eau-de-vie & de toutes sortes de Liqueurs, dudit jour 1 Février 1694. contenant demande à ce qu'en leur adjugeant les conclusions par eux prises en l'Instance, lesdits Vinaigriers seroient condamnés aux dépens, même en ceux réservez par l'Arrêt du 18 Août 1692. ladite demande reglée par Ordonnance de la Cour, étant au bas de ladite Requête à fournir par lesdits Jurés & Communauté des Vinaigriers de défenses, écrire & produire dans le tems de l'Ordonnance & joint : & Acte ausdits Distillateurs & Marchands d'Eau-de-vie, de ce que pour écritures & production sur ladite demande ils employent le contenu en leur Requête, & ce qu'ils avoient écrit & produit en l'Instance ; Requête desdits Jurés & Communauté desdits Vinaigriers du 3 dudit mois de Février, employée pour défenses, écritures & production sur ladite demande, même pour contredits contre l'emploi pour production desdits Distillateurs & Marchands d'Eau de vie. Sommation à eux de fournir de contredits contre l'emploi pour production desdits Vinaigriers. Deux productions nouvelles desdits Jurés & Communauté des Vinaigriers, par Requête des 6 & 12 Février 1694. Contredits des Distillateurs & Marchands d'Eau de vie du neuf Mars ensuivant. La Requête desdits Distillateurs & Marchands d'Eau de vie, du deux dudit mois de Mars, contenant demande à ce que sans s'arrêter à l'avis donné par lesdits Sieurs Lieutenant Général de Police & Substitut du Procureur Général du Roi au Châtelet, en ce qu'il accorde le Négoce de l'Eau de vie, & le débit par pintes aux Vinaigriers dans leurs boutiques, défenses seroient faites ausdits Vinaigriers d'en donner à boire dans leurs Maisons & Boutiques, aux passans dans de petits verres ou tasses, & d'y faire des Cabarets directement ou indirectement, sous peine de cinq cens livres d'amende, ou telle autre qu'il plairoit à la Cour arbitrer ; enjoindre au Lieutenant de Police de tenir la main à l'exécution de l'Arrêt qui interviendroit, lesdits Vinaigriers condamnés aux dépens ; ladite demande réglée par Ordonnance de la Cour, étant au bas de ladite Requête, à fournir par lesdits Jurés & Communauté des Vinaigriers, de défenses, écrire & produire dans le tems de l'Ordonnance & joint ; & Acte ausdits Distillateurs & Marchands d'Eau-de-Vie, de ce que pour écritures & production sur ladite demande ils employent le contenu en leur Requête, les piéces y jointes, & ce qu'ils avoient écrit & produit en l'Instance. Requête desdits Jurés & Communauté des Vinaigriers du quatre dudit mois de Mars audit an 1694. employée pour défenses, écritures & production sur ladite demande, même pour contredits contre l'emploi pour production desdits Distillateurs & Marchands d'Eau-de-Vie : Sommation à eux faite de fournir de contredits contre l'emploi pour production desdits Vinaigriers, Conclusions du Procureur Général du Roi, & tout considéré. LA COUR, sans s'arrêter à l'opposition desdits Distillateurs & Marchands d'Eau-de-Vie, & autres Liqueurs, les maintient & garde dans la qualité de Marchands Distillateurs d'Eau-de-Vie, & de toutes sortes de Liqueurs, & dans le droit & possession de distiller, acheter, vendre & débiter toutes sortes d'Eau-de-Vie, d'en recevoir des Provinces & Pays étrangers, & d'y en envoyer, & de confire toutes sortes de Fruits à l'Eau-de-Vie. Fait défenses ausdits Vinaigriers de les y troubler, de confire aucuns Fruits avec de l'Eau-de-Vie, composer & vendre aucune Liqueur pour les débiter au Public, & de prendre la qualité de Marchand.

Maintient aussi lesdits Jurés, Maistres & Communauté desdits Vinaigriers en possession de distiller, faire & vendre de l'Eau-de-Vie en gros & en détail : Leur permet d'en acheter des Marchands Forains & autres, & d'en faire venir des Provinces ; fait défenses ausdits Distillateurs & Marchands d'Eau-de-Vie de les y troubler ; sur le surplus des demandes, met les Parties hors de Cour, dépens compensez. Fait en Parlement le 26 Mars 1694.

Collationné. *Signé*, DU TILLET.

Signifié le 8 Juin 1694. & baillé copie du présent Arrêt, à la Communauté des Limonadiers de cette Ville de Paris, en leur Bureau, rue de la Pelleterie, parlant à leurs personnes, par moi Huissier soussigné, Signé, MORTIER, *& controlé.*

ARREST DE LA COUR DU PARLEMENT,

Du 27 Mars 1696.

Qui confirme les Maiſtres de la Communauté des Vinaigriers, Diſtillateurs d'Eau-de-Vie & Eſprit de Vin, dans le Droit & Poſſeſſion de vendre & débiter de l'Eau-de-Vie en gros & en détail, & d'en donner à boire dans leurs Boutiques & Maiſons, dans de petits Verres ou Taſſes : Et qui juge que les Limonadiers ne peuvent ſous aucun prétexte, demander d'aller en Viſite dans les Maiſons des Maiſtres Vinaigriers.

LOUIS, PAR LA GRACE DE DIEU, ROI DE FRANCE ET DE NAVARRE : Au premier des Huiſſiers de notre Cour de Parlement, ou autre notre Huiſſier ou Sergent ſur ce requis, ſçavoir faiſons, que le jour des Préſentes, comparans en notredite Cour, les Jurés & Communauté des Vinaigriers, appellans des Ordonnances données par le Lieutenant Général de Police les 12 Mars & 4 May 1695. d'une part, & les Jurés, Corps & Communauté des Marchands d'Eau-de-Vie, Limonadiers, Diſtillateurs d'Eau de Vie, & de toutes ſortes de Liqueurs, Intimés d'autre. Vû par la Cour l'Ordonnance du 12 Mars 1695. par laquelle faiſant droit ſur le Requiſitoire du Procureur Général du Roi au Châtelet, auroit été ordonné qu'il ſeroit informé à ſa Requête des abus & contraventions qui ſe faiſoient & commettoient aux Réglemens de Police dans les maiſons d'aucuns des Maîtres de la Communauté des Limonadiers : cependant par proviſion, ayant aucunement égard à la Requête des Jurés Limonadiers, leur auroit été permis de tenir leurs boutiques ouvertes pendant les mois de Novembre, Février & Mars, juſqu'à ſept heures du ſoir, pendant les mois de Decembre & Janvier juſqu'à ſix heures ſeulement, & depuis le 1. Avril juſqu'au 1. Novembre juſqu'à dix heures du ſoir ſeulement. Défenſe auſdits Limonadiers paſſé leſdites heures, de XXII.

tenir leurs boutiques ouvertes ſous les peines portées par l'Ordonnance de Police du 16 Fevrier 1695. laquelle ſeroit au ſurplus exécutée ſelon ſa forme & teneur : Défenſes auroient auſſi été faites, ce requerant ledit Subſtitut Général du Roi, à tous Marchands Epiciers & autres Maiſtres ayant pouvoir de vendre de l'Eau-de-Vie d'en donner à boire dans leurs maiſons & boutiques, ni d'autres Liqueurs dépendantes de la profeſſion des Limonadiers, à quelques heures ou en quelque tems que ce fût, ni de vendre de l'Eau-de-Vie paſſé leſdites heures, & ſeroit ladite Ordonnance exécutée nonobſtant & ſans préjudice de l'appel, oppoſitions ou appellations quelconques, pour leſquelles ne ſeroit differé. Autre Ordonnance du Lieutenant de Police, donnée ſur la Requête deſdits Jurés de la Communauté des Marchands d'Eau-de-Vie, Diſtillateurs de toutes ſortes de Liqueurs, du 4 Mai 1695. par laquelle il auroit été permis ainſi qu'il auroit été requis par ladite Requête, de faire tranſporter les Commiſſaires des Quartiers dans les maiſons des nommés Caillard & Touzé, Maiſtres Vinaigriers, aſſiſtez de l'un deſdits Diſtillateurs Limonadiers, pour être par eux dreſſé procès-verbaux des contraventions faites par leſdits Caillard & Touzé, aux Ordonnances, Statuts, Arrêts & Réglemens donnez touchant leur Commerce, & leſdits procès-verbaux rapportés être ordonné ce qu'il appartiendroit. Arrêt d'appointé au Conſeil du 10 Juin 1695. Cauſes & moyens d'appel deſdits Jurés & Communauté des Maiſtres Vinaigriers, Diſtillateurs d'Eau de-Vie & Eſprit de vin, de la Ville, Fauxbourgs & Banlieue de Paris, du 23 Juin audit an 1695. contenant leurs concluſions, à ce qu'en émandant, il fût ordonné que l'Arrêt contradictoire du 26 Mars 1694. qui régloit les Parties dans leurs fonctions ſeroit exécuté ſelon ſa forme & teneur, & leſdits Limonadiers déboutés de leur demande, & condamnés ès dépens. Réponſes deſdits Limonadiers du 8. Août 1695. Salvations deſdits Syndic, Jurés Bacheliers, anciens de la Communauté des Vinaigriers, Diſtillateurs d'Eau-de-Vie du 17 dudit mois d'Août audit an 1695. Productions des Parties, contredits par elles reſpectivement fournis, les 3. Decembre audit an 1695. & 20. Janvier dernier : ceux deſdits Jurés & Gardes de la Communauté des Marchands d'Eau-de-Vie, Diſtillateurs de toutes ſortes de Liqueurs, ſervant de réponſes aux Salvations deſdits Vinaigriers. Salvations deſdits Vinaigriers du 24 dudit mois de Janvier dernier

nier aux Contredits desdits Limonadiers. Deux Productions nouvelles desdits Vinaigriers, Distillateurs d'Eau-de-Vie & Esprit de Vin, par Requête des 12 & 14 Janvier dernier. Sommation de contredire lesdites deux Productions nouvelles par lesdits Limonadiers. Conclusions du Procureur Général du Roi: Tout considéré, NOTREDITE COUR a mis & met les Appellations & ce dont a été appellé au néant, émandant, Ordonne que l'Arrêt du 26 Mars 1694. sera exécuté, déboute les Limonadiers de leurs demandes, & les condamne aux dépens des causes principales & d'appel, sans préjudice au Substitut du Procureur Général du Roi au Châtelet de requerir, & au Lieutenant de Police de faire défenses à toutes personnes lorsqu'ils le jugeront à propos de donner à boire de l'Eau-de-Vie pure, si ce n'est hors leurs boutiques, & aux passans seulement. Si te mandons faire pour l'exécution du présent Arrêt tous Exploits de Justice requis & nécessaires: De ce faire te donnons pouvoir. DONNE' à Paris en Notredite Cour de Parlement le 27 Mars, l'an de grace 1696. & de notre Régne le 58. Collationné, Fauvelay, *Signé*, par la Chambre, BERTHELOT.

Le sept Avril mil six cent quatre-vingt seize, signifié & baillé copie à Maistre Orry Procureur en son domicile, parlant à son Clerc, signé le Vieil. Et le 9 Avril audit an 1696. signifié & baillé copie à la Communauté des Limonadiers en leur Bureau rue de la Pelleterie, parlant à la femme de leur Concierge. Par moi Huissier en Parlement, soussigné, FAUVEL, *& contrôlé.*

ARREST DE LA COUR DU PARLEMENT,

Du 15 Janvier 1697.

Qui ordonne l'exécution des Arrêts contradictoires des 26 Mars 1694. & 27 Mars 1696. & qui déclare les Procès-verbaux faits par les Commissaires des quartiers dans les maisons des Vinaigriers à la Requête des Limonadiers, nuls, injurieux, tortionnaires & déraisonnables, & qui leur fait défenses de les troubler dans la vente & distribution de l'Eau-de-Vie dans de petits Verres ou Tasses à leurs comptoirs & tables, ni d'intenter pour raison de ce aucune action contre les Vinaigriers.

XXIII. LOUIS par la grace de Dieu, Roi de France & de Navarre : Au premier des Huissiers de notre Cour de Parlement, ou autre notre Huissier ou Sergent sur ce requis : Sçavoir faisons que les jours & datte des Présentes, comparant en notre Cour les Syndics, Jurés, anciens & Maistres de la Communauté des Vinaigriers, Distillateurs & vendeurs d'Eau-de-Vie & Esprit de vin de la Ville, Fauxbourgs & Banlieue de Paris, Appellans, d'une Ordonnance rendue par le Lieutenant de Police de cette Ville de Paris, sur Requête le 6. Novembre 1696. Procès verbaux faits en conséquence à la Requête des Intimés ci-après nommés, par les Commissaires le Maistre, Bizoton & Marié, & tout ce qui s'en est ensuivi, par laquelle Ordonnance il est permis ausdits Intimés, ainsi qu'il est par eux requis, de faire transporter les Commissaires des quartiers dans les maisons des Maistres Vinaigriers, pour connoître s'ils vendent de l'Eau-de-Vie à petites mesures & à des tables, pour en dresser des Procès verbaux, pour sur les rapports être fait droit sur la Requête des Intimés, afin de défenses du débit de l'Eau-de-Vie à petites mesures & à des tables, ainsi qu'il appartiendra, par raison lesdits Procès verbaux, contenant le requisitoire fait par lesdits Intimés ausdits Commissaires le Maistre, le Marié & Bizoton; de se transporter en exécution de ladite Ordonnance dans les maisons d'aucuns des Maistres de ladite Communauté des Vinaigriers, sur l'avis certain que lesdits Intimés avoient que les Appellans vendoient de l'Eau-de-Vie à petites mesures, tant à leur comptoir, qu'à gens qui s'atablent à des tables qu'ils ont pour cet effet dans leurs arrieres-boutiques, pour dresser des procès verbaux de ce qu'ils y trouveront, d'une part, & les Jurés, anciens & Maistres de la Communauté des Distillateurs d'Eau-de-Vie & autres Liqueurs de la Ville de Paris, Intimés d'autre part: Et entre lesdits Syndic, Jurés, anciens & Maistres de la Communauté des Vinaigriers, Distillateurs d'Eau-de-Vie & Esprit de vin de la Ville, Fauxbourgs & Banlieue de Paris, Demandeurs en deux Requêtes par eux présentées à la Cour les 19 & 20 Decembre 1696. La premiere, tendante à ce qu'il plût à la Cour en mettant l'appellation, & ce dont a été appellé au néant, déboutant lesdits Limonadiers de leurs demandes, & ordonnant l'exécution des Arrêts contradictoires de la Cour des 26 Mars 1694. & 27 Mars 1696. déclarer lesdits procès verbaux du 29 Novembre audit an 1696. nuls, injurieux, tortionnaires & déraisonnables, condamner lesdits Limonadiers défendeurs, aux dommages interêts des Demandeurs, pour lesquels ils se restraignent à la somme de 3000 livres, si mieux ils n'aiment suivant la liquidation qui en sera faite en la maniere accoutumée; ce faisant, faire défenses ausdits Limonadiers Défendeurs, de plus à l'avenir faire aucunes visites ni procès verbaux dans les maisons d'aucuns des Maistres Vinaigriers, à peine de 1000 livres d'amende, & de tous dépens, dommages & interêts, & condamner lesdits Limonadiers Défendeurs, en tous les dépens, le tout sans préjudice aux Demandeurs de leurs droits, actions & prétentions. Et la deuxiéme, à ce qu'il plût à la Cour en mettant les appellations & ce dont a été appellé au néant, ordonnant l'exécution des Arrêts contradictoires de la Cour des 26 Mars 1694. & 27 Mars 1696. déboutant lesdits Limonadiers de leur demande, & déclarant les procès verbaux faits à la Requête desdits Limonadiers, en exécution & en vertu d'Ordonnance du sieur Lieutenant Général de Police, nuls, injurieux, tortionnaires & déraisonnables, avec dépens, dommages & interêts; & leur adjugeant leurs fins & conclusions avec dépens, faire défenses à l'avenir ausdits Limonadiers Défendeurs, de former aucunes demandes ni contestations contre les Demandeurs, pour raison de la vente & débit de l'Eau-de-Vie en gros & en détail par petites mesures & dans de petits verres ou tasses, dans lesquels les Demandeurs sont maintenus par lesdits Arrêts desdits jours 26 Mars 1694. & 27 Mars 1696. que par l'avis par écrit d'un ancien Avocat, tel qu'il plaira à la Cour nommer, & condamner lesdits Limonadiers en tous les dépens, tant des causes principales, d'appel, que demandes & incidens encore d'une part; & lesdits Jurés & Communauté des Limonadiers, défendeurs d'autre, sans que les qualités puissent nuire ni préjudicier; après que Goguet Avocat de la Communauté des Maistres Vinaigriers, & Desrues Avocat de la Communauté des Limonadiers, ont dit qu'en communiquant de la cause au Parquet des Gens du Roi, ils sont demeurés d'accord de l'appointement récité par l'un d'eux. Oui Daguesseau pour le Procureur Général du Roi. La Cour a mis & met les appellations & ce dont a été appellé au néant, émandant, déboute les Parties de Desrues de leur demande; ce faisant, ordonne que les Arrêts contradictoires des 26 Mars 1694. & 27. Mars dernier, seront exécutés selon leur forme & teneur; & en conséquence déclare les procès verbaux en question nuls, injurieux, tortionnaires & déraisonnables; fait défenses aux Parties de Desrues de plus à l'avenir faire aucunes visites ni procès verbaux dans les maisons & boutiques des Parties de Goguet, ni de les troubler dans la vente & distribution de l'Eau-de-Vie en gros & détail & dans de petits verres ou tasses, ni d'intenter pour raison de ce aucune action contr'eux, à peine de tous dépens, dommages & interêts; condamne les Parties de Desrues en tous les dépens, tant de cause principale, d'appel, que demande. Fait en Parlement le quinziéme Janvier mil six cent quatre-vingt-dix sept. Collationné. *Signé*, DU TILLET.

Le 21 Janvier 1697. signifié & baillé copie à Me. Orry, Procureur des Limonadiers, en son domicile, en parlant à son Clerc.
CHOLX. PETIT JEAN, Proc.

ARREST NOTABLE
DE LA COUR DE PARLEMENT,

Du 7. Septembre 1744.

Rendu en faveur des Corps & Communauté des Maiſtres *Vinaigriers*, *Verjutiers*, *Moutardiers*, *Premiers Inventeurs*, *Diſtillateurs*, *& Vendeurs d'Eau-de-Vie*, *& Eſprit de Vin*, de la Ville, Fauxbourgs & Banlieue de Paris.

CONTRE LA COMMUNAUTE' DES LIMONADIERS.

XXIV.

LOUIS, par la grace de Dieu, Roi de France & de Navarre; au premier Huiſſier de notre Cour de Parlement, ou autre Huiſſier ou Sergent ſur ce requis; ſçavoir faiſons, que entre les Jurés Gardes & Communauté des Limonadiers, Diſtillateurs, Marchands d'Eau-de-vie, & de toutes ſortes de Liqueurs à Paris, Demandeurs ſuivant la Requeſte & Exploit du 29. Novembre 1735. & Défendeurs d'une part; & les Syndic & Jurés de la Communauté des Maiſtres Vinaigriers, Verjutiers, Moutardiers & Diſtillateurs d'Eau de vie de la Ville, Fauxbourgs de Paris, Défendeurs & Demandeurs en trois Requêtes des 20, 22 Decembre 1735. & 20 Decembre 1736. la ſeconde deſquelles afin d'intervention & autres concluſions portées par icelle d'autre part; & entre Jean Labours & Charles Faburel Maiſtres Vinaigriers à Paris, appellans de l'Ordonnance du Sieur Lieutenant Général de Police du Châtelet de Paris du 23. Janvier 1737. ſaiſies faites en conſéquence le 13. Mars ſuivant, & de ce qui a ſuivi, d'une part; & les Jurés & Communauté des Limonadiers, Intimez, d'autre part. Et entre les Maiſtres, Corps & Communauté des Vinaigriers, Demandeurs en Requeſte du 8. Avril 1737. à fin d'intervention & autres concluſions, & Défendeurs d'une part, & leſdits Jurés,

Gardes & Communauté des Limonadiers, Défendeurs & Demandeurs en Requête du quinziéme jour d'Avril 1737. d'autre part; & entre lesdits Jurés, Gardes & Communauté des Limonadiers, Demandeurs en Requête du 14. Mars 1739. d'une part; & les Syndic & Jurés de la Communauté des Maîtres Vinaigriers de la Ville & Fauxbourgs de Paris, & lesdits Labours & Faburel Défendeurs, d'autre part; & entre lesdits Labours & Faburel, & la Communauté des Vinaigriers de Paris, & encore des Maistres & Gardes & Corps de la même Communauté des Vinaigriers, Demandeurs en Requête du 13. jour d'Aoust 1742. d'une part; & lesdits Jurés & Communauté des Limonadiers, Défendeurs d'autre part; & entre lesdits Labours & Faburel, les Syndic, Jurés en charge, Anciens, Modernes, & Jeunes Maîtres de la Communauté des Vinaigriers, Demandeurs en Requête du 24. Juillet 1744. d'une part; & lesdits Jurés & Communauté des Limonadiers, Défendeurs d'autre part. Vû par la Cour la Requête des Jurés, Gardes & Communauté des Limonadiers du 29. Novembre 1735. tendante à ce qu'attendu qu'il s'agit de l'enregistrement des Lettres Patentes adressées en la Cour, il leur fût permis d'y faire assigner les Jurez, Gardes, & Communauté des Vinaigriers de cette Ville, pour voir dire qu'il sera passé outre à l'enregistrement des Lettres Patentes par eux obtenues le 2. Novembre 1727. sur deux Arrests du Conseil du deuxieme jour de Septembre précedent, sauf l'exécution de l'Arrest de la Cour rendu entre lesdits Jurez, Gardes, & Communauté des Limonadiers, & lesdits Jurez, Gardes & Communauté des Vinaigriers le 22. Aoust 1731. & conformément à l'Edit de 1705. Déclaration du Roi du 24. Novembre suivant, l'Edit de Novembre 1713. Arrest du Conseil du même jour 2. Septembre 1727. & Lettres Patentes du 7. Novembre suivant, que les Particuliers à qui les Vinaigriers donneront à boire de l'Eau de vie dans leurs Boutiques, ne pourront s'attabler sous les peines portées par lesdits Edits, Déclarations, & Arrests & Lettres Patentes, & en cas de contestation, condamner la Communauté des Vinaigriers aux dépens. Exploit d'assignation donnée à la requeste des Limonadiers, aux Vinaigriers le même jour 19. Novembre 1735. pour proceder en la Cour aux fins de ladite Requeste. Requêtes des Syndic, Jurez, &

Communauté des Vinaigriers du 20. Decembre 1735. employée pour fins de non recevoir, & défenses contre la demande des Limonadiers portée par leurdite Requeste & Exploit du 29. Novembre 1735. & contenant demande, tendante à ce qu'en ordonnant l'exécution des Arrests contradictoires rendus entre les Parties, les 26. Mars 1694. 27. Mars 1696. & 15. Janvier 1697. lesdits Jurez Limonadiers fussent déclarés non-recevables dans leurs nouvelles demandes portées par leur Requeste & Exploit du vingt-neuf Novembre 1735. & en conséquence, attendu la contravention faite par lesdits Jurez de la Communauté de Limonadiers, à l'Arrest du 15. Janvier 1697. qui leur fait défenses de troubler lesdits Vinaigriers, dans la vente & distribution de l'Eau de vie en gros & en détail, ou dans de petits verres ou tasses, ni intenter pour raison de ce aucune action contre lesdits Vinaigriers à peine de tous dépens, dommages & intérêts, & que lesdits Jurez de la Communauté des Limonadiers fussent condamnés en mille livres de dommages & interêts. Qu'itératives défenses leur fussent faites d'intenter à l'avenir aucune action contre les Vinaigriers à ce sujet, à peine de 3000. livres d'amende & de dommages & intérêts, qui demeureront encourus en cas de contravention, & que lesdits Jurez de la Communauté des Limonadiers fussent condamnez en tous les dépens. Autre Requeste présentée par lesdits Maîtres, Corps & Communauté des Vinaigriers le 22. Decembre 1735. tendante à ce qu'ils fussent reçus en tant que besoin est ou seroit, parties intervenantes dans la cause d'entre les Jurez & Communauté des Maistres Vinaigriers sur la demande formée par les Limonadiers par leur Requête & Exploit du vingt-neuviéme jour de Novembre 1735. il leur fut donné acte de ce que pour moyens d'intervention, ils employoient le contenu en leur Requête, il leur fut pareillement donné acte de ce qu'ils adhéroient aux conclusions prises par lesdits Jurez de ladite Communauté des Vinaigriers, & en conséquence, en declarant les Limonadiers non-recevables dans leurs demandes, les fins & conclusions prises par les Jurez de ladite Communauté des Vinaigriers fussent adjugées ausdits Maistres & Corps de la même Communauté avec dépens. Requeste desdits Maitres, Corps, & Communauté, Syndic & Jurez des Vinaigriers du vingtiéme

Decembre 1736. tendante à ce qu'il leur fût donné acte de la déclaration faite par la Communauté des Limonadiers, par acte du vingt-deuxiéme Decembre 1735. qu'ils entendent plaider sous le nom collectif de ladite Communauté, sur la demande formée par Requête & Exploit du vingt-neuf Novembre 1735. Et en conséquence en les déboutant de leur demande, & ordonnant l'exécution des Arrests de la Cour des 26. Mars 1694. 27. Mars 1696. & 15. Janvier 1697. défenses fussent faites à ladite Communauté des Limonadiers de plus à l'avenir les troubler dans le droit & possession dans lesquels ils sont, & ont été maintenus par lesdits trois Arrests, & pour l'avoir fait au préjudice de l'Arrest du 15. Janvier 1697. ils fussent condamnez en 2000. livres de dommages & intérêts, itératives défenses fussent faites ausdits Limonadiers, de plus à l'avenir former pareilles demandes, ni contestations à peine de 3000. liv. d'amende, des dommages & intérêts, qui demeureront encourus en cas de contravention, & les Limonadiers fussent condamnez en tous les dépens faits, tant par lesdits Maîtres, Corps, & Communauté & Jurez des Vinaigriers, que par les Syndic & Jurez de ladite Communauté. Requête présentée au Lieutenant Général de Police au Châtelet de Paris, par les Jurez & Gardes en charge de la Communauté des Limonadiers du vingt-troisiéme jour de Janvier 1737. au bas de laquelle est l'Ordonnance dudit Juge dont est appel, par laquelle il auroit été permis aux Limonadiers de se transporter, assistez du premier Commissaire par eux requis ès lieux, maisons & boutiques qui lui seront indiquez à l'effet de saisir les Marchandises dépendantes de leur profession, icelles mettre en bonne & sûre garde, dont seront dressez Procès-verbaux avec assignation aux contrevenans pardevant ledit Juge en la Chambre de Police, aux fins de ladite Requeste, & en cas de refus d'ouvertures de portes, coffres & armoires, permis de les faire ouvrir par un Serrurier en présence dudit Commissaire, & de deux voisins, en la maniere accoûtumée. Procès-verbaux de saisie dont est question, fait le treiziéme Mars 1737. en vertu de ladite Ordonnance à la requeste des Limonadiers, chez Jean Labours & Charles Faburel, Maistres Vinaigriers, de plusieurs verres & mesures pleines d'Eau-de-vie que bûvoient plusieurs particuliers, qui étoient assis autour des tables qui étoient dans les maisons

maiſons deſdits Labours & Faburel, avec aſſignation en la Chambre de Police aux fins de la ſuſdite Requête. Requête préſentée à la Cour par leſdits Labours & Faburel le 29. Mars 1737. tendante à ce que faiſant droit ſur l'appel deſdites Ordonnances & ſaiſies des 23. Janvier & 13. Mars 1737. L'appellation, & ce dont a été appellé fuſſent mis au néant, émandant, leſdits Limonadiers fuſſent déboutez de leur Demande, ce faiſant, il fut ordonné que les Arrêts contradictoires de la Cour des 26. Mars 1694. 27. Mars 1696. & 15. Janvier 1697. ſeront exécutés ſelon leur forme & teneur, ce faiſant les Procès-verbaux de ſaiſies faites ſur eux, en vertu de ladite Ordonnance fuſſent déclarez nuls, injurieux, tortionnaires & déraiſonnables; qu'itératives défenſes fuſſent faites aux Limonadiers de plus faire à l'avenir aucunes Viſites, ni Procès-verbaux de ſaiſies dans les maiſons & boutiques des Vinaigriers, ni de les troubler dans la vente & diſtribution de l'Eau de vie, en gros & en détail, ou par petites meſures, ainſi & de la maniere qu'ils ont été maintenus & gardez par leſdits trois Arrêts, à peine de 1000. livres d'amende pour chacune contravention qui demeurera encourue en vertu de l'Arrêt qui interviendra, & pour l'avoir fait au mépris & au préjudice deſdits Arreſts, qui leur font défenſes de faire aucun Procès-verbaux de ſaiſie, ils fuſſent condamnez en 3000. liv. de dommages & intérêts, ou tel autre ſomme qu'il plaira à la Cour arbitrer, & en tous les dépens, tant des cauſes principales que d'appel & demande. Autre Requête deſdits Maiſtres, Corps & Communauté des Vinaigriers du 8. Avril 1737. tendante à ce qu'ils fuſſent reçus parties intervenantes en la cauſe d'entre leſdits Labours & Faburel, Maîtres Vinaigriers, & les Syndic & Jurez de la Communauté des Limonadiers, ſur l'Appel interjetté par leſdits Labours & Faburel de l'Ordonnance du Lieutenant Général de Police du 23. Janvier 1737. Procès-verbaux de ſaiſies faites en conſéquence le 13. Mars audit an 1737. & de tout ce qui a ſuivi, il leur fut donné acte de ce que pour moyens d'interventions, ils employoient le contenu en leur Requête, il leur fut pareillement donné acte de ce qu'ils adhéroient aux concluſions priſes par leſdits Labours & Faburel Maiſtres de la Communauté des Vinaigriers, portées par leur Requête du 29. Mars 1737. En conſéquence qu'il fut ordonné que leſdits Arrêts de la Cour contradictoirement rendus avec les Limonadiers les 26. Mars 1694. 27. Mars 1696. & 15. Janvier 1697. seront exécutés selon leur forme & teneur, ce faisant les Procès-verbaux & saisies faites en vertu de l'Ordonnance du Lieutenant Général de Police du 13. Mars 1737. fussent déclarez nuls, injurieux, tortionnaires & déraisonnables ; qu'itératives défenses fussent faites aux Limonadiers de plus à l'avenir faire aucunes visites, ni Procès-verbaux de saisies dans les maisons & boutiques des Vinaigriers, ni de les troubler dans la vente & distribution de l'Eau-de-vie en gros & en détail, & par petites mesures, ainsi & de la maniere que les Vinaigriers y sont maintenus par lesdits Arrêts contradictoires à peine de 1000. livres d'amende, par chacune contravention qui demeurera encourue en vertu de l'Arrêt qui interviendra, & pour l'avoir fait au mépris & au préjudice desd. Arrêts des 26. Mars 1694, 27. Mars 1696. & 15. Janvier 1697. qui leur fait défenses de faire aucunes visites, ni Procès-verbaux dans les maisons & boutiques des Vinaigriers, ni d'intenter pour raison de la vente de l'Eau-de-vie, en gros & en détail, aucune action contre eux, les Limonadiers fussent condamnez en 3000. livres de dommages & intérêts, ou telle autre somme qu'il plaira à la Cour arbitrer, & les Limonadiers fussent condamnez en tous les dépens, il leur fut permis de faire imprimer l'Arrêt qui interviendra pour être lû, publié & affiché par tout où besoin sera. Requête desdits Jurez, Gardes, & Communauté des Limonadiers du 15. Avril 1737. employée pour défenses à ladite intervention des Maîtres & Communauté des Vinaigriers du 8. desdits mois & an, & tendante à ce que lesdits Maîtres Vinaigriers fussent déclarez purement & simplement non-recevables dans lesdites interventions & demandes, sauf à eux à se pourvoir devant le Lieutenant Général de Police, pour être statué sur le droit par eux reclamé par leurdite Requête, & qu'ils fussent condamnez aux dépens. Arrêt de la Cour de 17. Février 1739. par lequel lesdits Syndic & Communauté des Vinaigriers auroient été reçus parties intervenantes, il leur est donné acte de l'emploi porté par leur Requête pour moyen d'interventions, sur l'appel desdits Labours & Fabuiel les parties ont été appointées au Conseil, & sur l'intervention & demandes respectives en droit & joint. Requête desdits Jurez & Communauté des Limonadiers du 14. Mars 1739. employée pour avertissement ; Requête desdits Labours & Faburel, & desdits Syndic, Corps, Maîtres & Communauté des Vinaigriers du 25. Février audit an 1739, aussi employée pour causes & moyens d'appel, & avertissement. Requête des Limonadiers du 18. Avril suivant, employée pour réponses ausdites causes & moyens d'Appel desdits Labours & Faburel, production respectives des parties, en exécution dudit Arrêt; addition de réponse desdits Jurez & Communauté des Limonadiers du 17. jour d'Août 1741. ausdites causes & moyens d'Appel, servant de contredits contre la production des Vinaigriers. Addition de causes d'Appel desd. Labours & Faburel & Communauté des Vinaigriers du 12. Juin 1741. servant d'avertissement & de contredits contre la production des Limonadiers. Addition de contredits desdits Labours & Faburel, & Syndic, Jurez & Communauté des Vinaigriers du 3. Avril 1743. servant de salvation. Salvation des Limonadiers du 26. Avril 1743. servant d'addition de contredits. Requête desdits Jurez & Communauté des Limonadiers du 14. Mars 1739. tendante à ce qu'en reprenant les conclusions par eux prises, & y augmentant, sans s'arrêter aux différentes interventions & demandes desd. Jurez & Communauté des Vinaigriers, & desdits Labours & Faburel, dans lesquelles ils seront déclarez non recevables, ou dont en tout cas il seront déboutez, il fut ordonné qu'il sera passé outre à l'enregistrement des Lettres Patentes, obtenues par lesdits Limonadiers le 7. Novembre 1727. sur deux Arrests du Conseil du 2. Septembre précédent, sauf l'exécution de l'Arrêt de la Cour, rendu entre lesdits Jurez & Communauté des Limonadiers, & lesdits Jurez & Communauté des Vinaigriers le 20. Décembre 1731. Ce faisant & conformement à l'Edit de Novembre 1713. Arrêt du Conseil du 2. Septembre 1727. & Lettres Patentes du 7. Novembre suivant, il fut ordonné que les particuliers à qui les Vinaigriers donneront à boire de l'Eau de vie dans leurs boutiques, ne pourront s'attabler à peine de confiscation & de trois cens livres d'amende, conformément à l'Edit du mois de Juillet mil sept cens cinq, & à la Déclaration du 24. Novembre suivant, il fut ordonné que l'Arrêt, qui interviendra sur ladite instance sera lû, publié, imprimé & affiché par tout où besoin sera, à la poursuite & diligence desdits Limonadiers, entant que touche l'Appel interjetté par lesdits Labours & Faburel, de l'Ordonnance du Lieutenant Général de Police du 23. Janvier 1737. & saisies du 13.

Mars suivant, l'Appellation fut mise au néant, qu'il fut ordonné que ce dont est Appel sortira son plein & entier effet, & qu'ils fussent condamnés en l'amende, & attendu leur contravention, les choses saisies fussent déclarées acquises & confisquées au profit de la Communauté des Limonadiers, l'amende de 300. liv. prononcée par la déclaration du 24. Novembre 1705. fut déclarée encourue contre lesdits Labours & Faburel, défenses leur fussent faites & à tous autres de récidiver sous plus grande peine, & lesdits Labours & Faburel & lesdits Jurés & Communauté des Vinaigriers fussent condamnés en tous les dépens. Arrêt du 23. Décembre 1740. par lequel, sur ladite demande, les parties ont été appointées en droit & joint à ladite instance. Requête de la Communauté des Limonadiers du 2. Janvier 1741. employée pour écritures & production en exécution dudit Arrêt. Requête des Vinaigriers du 10. Juillet 1742. employée pour avertissement, écritures & production en exécution dudit Arrêt. Production nouvelle desdits Labours & Faburel, & desdits Jurés & Communauté des Vinaigriers, par Requête du 11. Juillet 1741. contenant demande, tendante à ce qu'en leur adjugeant les fins & conclusions par eux prises, la Communauté des Limonadiers fut condamnée en tous les dépens, même en ceux qui ont été réservés par l'Arrêt de la Cour du 19. Décembre 1740. au bas de laquelle Requête est l'Ordonnance de notredite Cour qui auroit reçû ladite production nouvelle, & au surplus réservé à y faire droit en jugeant. Requête des Limonadiers du 19. Août 1741. employée pour contredits contre ladite production nouvelle; autre Requête desdits Jurés & Communauté des Limonadiers du 19. Août 1741. employée pour défenses contre ladite demande du 11. Juillet audit an, des Maistres & Communauté des Vinaigriers, & tendante à ce qu'en adjugeant auxdits Limonadiers leurs conclusions, les Vinaigriers & lesdits Labours & Faburel fussent condamnés en tous les dépens, même en ceux reservés par l'Arrêt du 7. Décembre 1740. au bas de laquelle Requête est l'Ordonnance de la Cour qui auroit reservé à y faire droit en jugeant. Requête des Vinaigriers du 30. Août 1742. employée pour défenses contre ladite demande. Requête & demande desdits Labours & Faburel de la Communauté des Maîtres, Corps, des Vinaigriers de Paris du treiziéme jour d'Août 1742. tendante à ce qu'en augmentant aux conclusions par eux prises au cours de l'instance d'entr'eux & la Communauté des

Limonadiers, lesdits Labours & Faburel & la Communauté des Vinaigriers fussent reçûs en tant que besoin est ou seroit, opposans aux Arrêts d'enregistrement des Edits du mois de Juillet 1705. & du mois de Novembre 1713. surpris par la Communauté des Limonadiers de la religion de la Cour au préjudice de l'opposition formée par lesdits Maistres Vinaigriers à cet enregistrement, opposition actuellement subsistante & sur laquelle on n'a point prononcé, ensemble à tous autres Arrêts d'enregistrement qui pourroient avoir été surpris de la même maniere, & qui ne seroient point venu à la connoissance des Maistres Vinaigriers, ce faisant il fut ordonné qu'il ne sera passé outre à l'enregistrement, tant de l'Edit du mois de Juillet 1705. que de la déclaration du 24. Novembre de la même année, de l'Edit du mois de Novembre 1713. & des Lettres-Patentes du 2. Novembre 1727. qu'à la charge que l'enregistrement d'Edits, Déclarations & Lettres-Patentes ne pourront nuire ni préjudicier aux droits que lesdits Labours, Faburel & Communauté des Vinaigriers ont depuis plus de deux siécles entiers, dans lesquels ils seront maintenus de distribuer, faire, & vendre de l'Eau de-Vie en gros, & en détail, dans leurs Boutiques, dans de petits verres ou tasses, & de faire attabler ceux ausquels ils en donneront à boire, & ladite Communauté des Limonadiers fut condamnée en tous les dépens tant des causes principales que d'appel, au bas de laquelle Requête aussi employée pour écritures & productions sur ladite demande est l'Ordonnance de la Cour qui l'auroit réglé en droit & joint à ladite instance & donné acte de l'employ. Avertissement des Limonadiers du 31. Décembre 1742. & leur Requête du 26. Avril 1743. employée pour écritures & production en exécution de la précédente Ordonnance. Production nouvelle des Limonadiers par Requête du 27. Novembre 1742. contredits desdits Labours & Faburel, & Communauté des Vinaigriers contre icelle du huitiéme jour de Juillet 1743. autre Requête de production nouvelle des Limonadiers, par Requête du 30. Avril 1743. Requête des Vinaigriers du 14. Janvier 1744. employée pour contredits contre icelle addition de contredits des Vinaigriers du 17. Avril dernier contre lesdites productions nouvelles. Requête desdits Labours & Faburel, & des Jurés & Communauté des Vinaigriers du 17. Janvier dernier, tendante à ce qu'il leur fut donné Acte de la Déclaration faite par la Communauté des Limonadiers par leur Requête de production nouvelle du 27. Novembre 1742. au fol. 14. R°. que lesdits Vinaigriers avant 1704. avoient le droit, & étoient en possession de donner à boire dans leurs boutiques de l'Eau de-vie à des tables, en conséquence attendu que par l'Edit de 1713. la Communauté des Limonadiers n'est rétablie que sur le même pied qu'elle étoit en 1704. les fins & conclusions prises par lesdits Vinaigriers leur fussent adjugées avec dépens, au bas de laquelle Requête est l'Ordonnance de la Cour, qui auroit réservé à y faire droit, en jugeant. Contredits des Limonadiers du 27. Février dernier, servant de réponses aux Requêtes du 14. Janvier précédent. Production nouvelle desdits Labours & Faburel & des Jurés & Communauté des Vinaigriers, par Requête du 13. jour d'Avril 1744. contredits des Limonadiers du premier jour de Juin audit an contre ladite production nouvelle. Autre production nouvelle desdits Labours & Faburel, & de la Communauté des Vinaigriers par Requête du 5. Mai dernier. Salvations des Limonadiers du premier jour de Juin suivant, servant de contredits contre ladite production nouvelle. Requête desdits Labours & Faburel, & desdits Vinaigriers du 25. jour de Juin dernier employée pour salvations, & tendante à ce qu'il leur fut donné Acte de la déclaration faite par les Limonadiers au fol°. 68. v°. de leurs contredits de production nouvelle du premier jour de Juin 1744. que l'Edit de 1713. ne contient que tous les droits accordés aux Limonadiers par leurs Statuts, ce faisant, attendu que les Statuts des Limonadiers, & l'Arrêt d'enregistrement portent une confirmation des droits accordés aux Vinaigriers, de l'aveu même des Limonadiers, les fins & conclusions prises par les Vinaigriers leur fussent adjugées avec dépens, au bas de laquelle Requête est l'Ordonnance de la Cour qui auroit reservé à y faire droit en jugeant. Requête & demande desdits Labours & Faburel des Jurés, Maîtres, & Communauté des Vinaigriers du 4 Juillet 1744. tendente à ce que, sans aucunement par eux reconnoître que l'Arrêt du 5. jour de Juillet 1738. puisse les regarder directement ni indirectement, ils fussent reçus, en tant que besoin est ou seroit, opposans à l'Arrêt de la Cour dudit jour 5. Juillet 1738. rendu entre les Epiciers & les Limonadiers, ce faisant les conclusions prises par les Vinaigriers dans le cours de l'instance leur fussent adjugées avec dépens, au bas de laquelle Requête aussi employée pour écritures & productions sur ladite demande est l'Ordonnance de la Cour, qui l'auroit reglé en droit & joint à ladite instance & donné acte de l'emploi, fins de non-recevoir servant d'avertissement des Limonadiers du 20. Juillet 1744. & leur Requête du 21. dudit mois, employée pour écritures & productions en exécution de ladite Ordonnance du 4. Juillet dernier. Requête desdits Labours & Faburel & desdits Syndic, Jurés & Communauté des Vinaigriers du 11. Août audit an 1744. employée pour repliques à fins de non-recevoir, & tendante à ce qu'il fut donné acte aux Vinaigriers de la déclaration faite par les Limonadiers au fol°. 15. v°. de leurs fins de non-recevoir du 20. Juillet audit an, qu'ils ont bien voulu rendre aux Vinaigriers la faculté d'attabler leurs Buveurs, il leur fut pareillement donné acte du consentement, renfermé dans cette déclaration, ce faisant, attendu que les Vinaigriers ont par le titre & par l'autorité de la chose jugée, & par une possession immémoriale le droit d'attabler leurs Buveurs, les fins & conclusions par eux prises leur fussent adjugées par dépens, au bas de laquelle Requête est l'Ordonnance de la Cour, qui auroit reservé à y faire droit, en jugeant, contredits des Limonadiers du 29. jour d'Août 1744. Requête des Vinaigriers du 5. Septembre présent mois, employée pour salvations auxdits contredits. Mémoires imprimés pour les Vinaigriers, signifiés le 5e. jour de Septembre présent mois, sommation générale de satisfaire à tous les Réglemens de l'instance, conclusions du Procureur Général du Roi, tout joint & considéré.

NOTRE DITE COUR, faisant Droit sur le tout, déboute les Jurés, Gardes & Communauté des Limonadiers de leur demande, à ce que les particuliers à qui les Vinaigriers donneront à boire de l'Eau-de-vie dans leurs boutiques, ne puissent s'attabler, en conséquence sur l'Appel desdits Labours & Faburel, Maîtres Vinaigriers, de l'Ordonnance du Lieutenant Général de Police du vingt-trois Janvier mil sept cent trente-sept, & saisies faites en conséquence, ayant égard à l'intervention des Maîtres, Corps & Communauté des Vinaigriers, a mis & met l'Appellation, & ce dont a été appellé, au néant, émendant, déclare nulles lesdites saisies, ordonne que les Arrêts des vingt-ſix Mars mil ſix cens quatre-vingt-quatorze, ving-ſept Mars mil ſix cens quatre-vingt-ſeize & quinze Janvier mil ſix cens quatre-vingt-dix-ſept, ſeront exécutés ſelon leur forme & teneur; en conſéquence fait défenſe auxdits Maiſtres & Gardes des Limonadiers, de troubler leſdits Vinaigriers dans la vente & diſtribution de l'Eau-de vie en gros & en détail, & par petites meſures, dans leurs boutiques, dans de petits verres ou taſſes, & dans le droit d'attabler ceux à qui ils en donneront à boire: ſur le ſurplus de toutes les autres demandes, fins & concluſions des parties, les met hors de Cour; condamne leſdits Jurés, Gardes & Communauté des Limonadiers en tous les dépens des cauſes d'appel, intervention & demandes envers leſdits Labours & Faburel, & ladite Communauté des Maîtres Vinaigriers, même en ceux réſervés par l'Arrêt; ordonne que le préſent Arrêt ſera imprimé & affiché aux frais de ladite Communauté des Limonadiers. SI TE MANDONS mettre le préſent Arrêt à dûe & entiere exécution en tout ſon contenu, ſelon ſa forme & teneur, de ce faire te donnons pouvoir. Donné en Parlement le ſeptiéme jour de Septembre l'an de grace mil ſept cens quarante-quatre, & de notre Régne le trentiéme. Collationné. *Signé* BARON, avec paraphe. Par la Chambre. *Signé* POISSON avec grille & paraphe. Signifié & ſcellé le 17. & 19. Septembre 1744.

Monſieur BOCHARD, *Rapporteur.*

DELISLE, Procureur.

Le préſent Arrêt obtenu par les ſoins & diligence de Meſſieurs

CHARLES-FRANÇOIS DAUTRAY, Syndic.
CHARLES FABUREL,
SEBASTIEN DEDRON,
JEAN-FRANÇOIS DAVID,
JEAN-CLAUDE LEFEVRE, } Jurez en Charge.

Le ſieur DOUCET, Huiſſier de la Communauté.

JEAN-FRANÇOIS DELAUNAY, Clerc de la Communauté

PLAIDOYER

PLAIDOYER
ET CONCLUSIONS

De Monsieur de Fontanieux, Avocat du Roi au Chastelet, dans la contestation jugée en faveur de la Communauté des Maistres Vinaigriers de Paris, contre les Epiciers, par Sentence de Police de 1717. en forme de Reglement, qui défend entr'autres à ces derniers d'aller en visite chez les Maistres Vinaigriers. Dans ces conclusions Monsieur de Fontanieux appuya fortement sur l'obligation qu'on avoit à la Communauté des Maistres Vinaigriers qui avoient perfectionnés la distillation de l'Eau-de-Vie, & qui méritant d'en être regardés à juste titre comme les premiers Inventeurs & Distillateurs, ils devoient jouir de toutes les prérogatives qui leur facilitoient le débit de l'Eau-de-vie en gros & en détail.

MONSIEUR,

CEtte Cause est plus simple dans son objet, qu'elle ne l'est dans la Procedure. Les Maistres & Gardes de la Communauté des Epiciers-Apotiquaires de cette Ville, ont saisi sur le Port en vertu de votre Ordonnance, plusieurs pieces d'Eau-de-vie appartenantes aux nommés Gambier & Chahau, Maistres Vinaigriers. Le motif de cette saisie a été, que ces Eaux-de-vie n'avoient point été conduites en leur Bureau pour être visitées; & en conséquence vous avez rendu, Monsieur, une premiere Sentence par laquelle vous avez ordonné, que les Epiciers seroient tenus de justifier des Titres par lesquels ils prétendent établir le droit de visite en leur faveur, & que cependant les Eaux-de-vie saisies seroient goûtées par les deux anciens Gardes en charge de la Communauté des Distillateurs que vous avez nommé d'office par une seconde Sentence, la visite a été faite en con- XXV.

ſéquence par les Experts nommés en préſence d'un Commiſſaire de cette Cour. Les Eaux-de-vie ſe ſont trouvées de qualité bonnes & valables ; & au bas du Procès-verbal vous en avez fait main-levée proviſoire par une Ordonnance. En cet état, Monſieur, les Parties de Me Pilon ont interjetté Appel de toute la Procedure qui avoit été faite en cette Cour. La Communauté des Maiſtres Vinaigriers eſt intervenue au contraire, en prenant le fait & cauſe des nommés Gambier & Chahau, & par l'Arrêt, les Parties ont été renvoyées pardevant vous, pour être réglées ſur leurs conteſtations.

La ſeule choſe que vous ayez donc à décider préſentement, c'eſt de ſçavoir, ſi les Parties de Me. Pilon en leur qualité peuvent prétendre un droit de viſite ſur les Eaux-de-vie appartenantes aux Vinaigriers. Vous avez entendu les moyens qui vous ont été allegués pour appuyer, ou pour détruire cette propoſition. Elles ſe ſont toutes réduites à des autorités que nous ne rappellerons point ici en particulier : pour nous réduire autant qu'il nous eſt poſſible, nous allons les reprendre en général dans un moment.

A notre égard, le droit de débiter des Eaux-de-vie ne peut être raiſonnablement conteſté aux Parties de Me. Foreſtier ; & quoiqu'il ait paru d'abord l'être dans le commencement de la Procédure, néanmoins les Parties de Me. Pilon n'entreprennent point aujourd'hui de leur diſputer un Privilege qui leur a été accordé par les diſpoſitions unanimes de toutes les Sentences & de tous les Arrêts. La viſite ſeule peut donc faire ici l'objet de la difficulté ; en effet, Monſieur, il faut en convenir, les Titres ſur leſquels les Parties de Me. Pilon prétendent l'établir ſont aſſez ſpécieux en apparence ; outre que l'intérêt public exige cette ſage précaution pour ne point commettre au peu d'expérience, ou même quelquefois à l'avarice des Marchands & Fabriquans, la vie ou la ſanté des Citoyens ; il eſt certain auſſi Monſieur, que par pluſieurs Arrêts & Reglemens qui nous ont été remis entre les mains, il a été ordonné que toutes Marchandiſes d'Eau-de-vie qui ſeront menées en cette Ville, ſeroient conduites au Bureau des Parties de Me. Pilon pour y être viſitées dans les vingt-quatre heures, & que tous les Marchands & Fabriquans de cette Ville, tant en gros qu'en détail, ſeront tenus de ſouffrir leur viſite, & de leur payer les droits.

Tel eſt, Monſieur, en général l'eſprit de toutes les autorités dont les Parties de Me Pilon prétendent tirer des avantages ; les Vinaigriers, vous-a-t-il dit, fabriquent de l'Eau-de-vie, & l'on ne peut diſconvenir, que l'injonction faite par les Arrêts, de ſouffrir la viſite des Epiciers les regarde comme les autres : mais quelques ſpécieux que puiſſent être en apparence ces moyens, l'examen des Titres contradictoires, & la réfléxion aide bien-tôt à les détruire. Deux mots ſuffiront pour vous le faire connoître. En effet, Monſieur, quelques préciſes que ſoient les autorités donr nous venons de parler, elles n'ont aucun objet général dans lequel les Parties de Me. Foreſtier ne peuvent être compriſes.

Les Arrêts & vos Jugemens ont établi une exception en leur faveur ; ce n'eſt point aujourd'hui une prétention nouvelle qui paroît devant vous, mais une queſtion jugée & renouvellée, & d'autant moins ſoutenable, qu'elle eſt décidée. L'Arrêt de Tretot du 10. Avril *1666.* confirmatif d'une Sentence rendue en ce Tribunal, a levé juſqu'à l'ombre des difficultés dans une eſpece parfaitement ſemblable. La main-levée de la ſaiſie a non ſeulement été accordée, mais il a encore été fait défenſes aux Parties de M. Pilon de faire ni d'entreprendre aucune viſite ſur les Eaux-de-vie & Vinaigres appartenans aux Maiſtres Vinaigriers. Il ſeroit preſqu'inutile d'en dire d'avantage après une autorité ſi formelle ; & ſi les Parties de Me. Pilon peuvent objecter que les Titres ſur leſquels ils ſe fondent ſont poſterieurs, la réponſe en même tems ſaiſit.

Jamais les Vinaigriers ne paroiſſent avoir été Parties dans tous les Arreſts & Reglemens qu'on rapporte aujourd'hui contr'eux ; qu'on ne diſe point qu'ils ſont compris dans la jonction générale faite à tous les Marchands & Vendeurs d'Eau-de-vie, de ſouffrir les viſites des Epiciers-Apoticaires, l'exception eſt préciſe en leur faveur, & la diſpoſition de quelques Reglemens auſquels ils n'ont point été appellés ne peur leur porter aucun préjudice. L'intérêt public n'a point été bleſſé par une pareille exception, il n'excepte pas les Parties de Me. Foreſtier d'une viſite qui le rend abſolument néceſſaire, & ſi le ſoin n'en a pas été déféré aux Parties de Me. Pilon, les Jurés de la Communauté des Maiſtres Vinaigriers ne peuvent point en même tems s'en diſpenſer, ſous prétexte d'un devoir que nous ne ſçaurions aſſez leur recommander.

Vous n'ignorez pas au reſte, Monſieur, quels ont été les motifs de l'Arrêt qui décide aujourd'hui en faveur des Parties de Me. Foreſtier ; c'eſt à eux les premiers que l'invention de l'Eau-de-vie eſt dûe.

Le Public leur en a la premiere obligation; & c'étoit la moindre récompenſe qu'on pût accorder à leur induſtrie que de les exempter, & rendre libre en leurs mains l'exercice d'un Art dont ils étoient les auteurs.

Tout concourt donc ici en leur faveur ; le Privilege & l'exemption dans leſquels ils prétendent aujourd'hui ſe maintenir, ſe trouvent également fondés, & ſur l'équité naturelle, & ſur la jurisprudence des Jugemens. Nous croyons inutile après cela, Monſieur, d'en dire davantage, il ne nous reſte plus qu'à conclure.

Dans ces circonſtances nous eſtimons qu'il y a lieu d'ordonner que les Sentences, Arrêts & Reglemens ſeront exécutés ſelon leur forme & teneur, en conſéquence faire défenſes aux Parties de Me. Pilon de faire aucune viſite ſur les Eaux-de-vie appartenantes à celles de Me. Foreſtier : Ordonner que la main-levée proviſoire demeurera définitive.

SENTENCE DE REGLEMENT DE Monsieur le Lieutenant-Général de Police

Du Mardy 20. Juillet 1717.

Rendue en faveur de la Communauté des Maîtres Vinaigriers, Verjutiers, Moutardiers, Distillateurs, & Vendeurs d'Eau-de-Vie & Esprit-de-Vin de la Ville, Fauxbourgs & Banlieue de Paris. Prenant fait & cause pour les sieurs Martin Gambier, & Charles Chahau, Maître & Anciens de ladite Communauté.

Contre les Maitres & Gardes & Communauté des Marchands Epiciers, Apoticaires-Epiciers de la Ville de Paris.

A TOUS ceux qui ces présentes Lettres verront, Charles-Denis de Bullion, Chevalier, Marquis de Gallardon, Seigneur de Bonnelles, Bullion, Esclimont, Montlouet, & autres lieux, Conseiller du Roi en ses Conseils, Prevôt de la Ville, Prevôté & Vicomté de Paris. SALUT, sçavoir faisons : Que sur la Requête faite en Jugement devant nous en la Chambre de Police du Châtelet de Paris, par Maître René-Paul Bailly, Procureur de Martin Gambier, & de Charles Chahau Maîtres Vinaigriers, Verjutiers, Moutardiers, Distillateurs & Vendeurs d'Eau-de-vie & Esprit-de-vin de cette Ville de Paris, Défendeurs, à la Requete à nous présentée le quinze Mai mil sept cent quatorze, & à l'exploit de saisie faite en conséquence le seize, par Girardot, Huissier en cette Cour, en présence de Maître Aubert Commissaire, ledit jour à la Requête des Maîtres & Gardes des Marchands Epiciers, ci-après nommés, de la quantité de vingt-six Busses, & un poinçon d'Eau-de-vie qui avoient été déchargés sur le port public de Saint Paul de cette Ville, que lesdits Gambier & Chahau avoient fait venir du Village de saint Thy près XXVI.

d'Orléans, pour la provision de cette Ville, pour vendre & débiter, ainsi qu'ils avoient droit de le faire, suivant les Statuts, Ordonnances, Sentences, Arrests & Réglemens rendus en faveur de leur commerce, par lesquels ils ont été de tout tems immémorial confirmés dans le droit & la faculté de vendre & débiter lesdites Marchandises d'Eau-de-vie, sans être sujets à les faire voir & visiter suivant le Réglement du onze Avril mil six cens trente-quatre, & les Arrêts rendus entre les Epiciers, les Distillateurs & les Vinaigriers, le dix Avril mil six cens soixante-six, & dix huit Janvier mil six cens soixante-quatorze, & autres rendus en conséquence, lesdits Gambier, Chahau, Demandeurs en main-levée desdites Eaux-de-vie saisies, avec dépens, dommages & intérêts, & que défenses soient faites ausdits Maîtres & Gardes Epiciers de récidiver & de les troubler à l'avenir dans la liberté qu'ils ont toujours eue, d'acheter & de vendre de l'Eau-de-vie en gros & en détail suivant leur Requête à nous présentée le dix-sept Mai audit an mil sept cens quatorze, & exploit fait en conséquence par Marchand Huissier en cette Cour, & le dix-sept dudit mois, controllé à Paris le dix-huit par Piton, présenté au Greffe, & encore ledit Gambier & Chahau Défendeurs, à la Requête & demande contre eux formée par lesdits Maîtres & Gardes Epiciers, par leur Requête à nous présentée le dix-neuf dudit mois de Mai, & de l'Exploit fait en conséquence le même jour par Blanchamp Huissier en cette Cour, présentée au Greffe, tendante à ce que lesdites Eaux-de-vie saisies fussent portées à leur Bureau pour y être vûes & visitées suivant les Arrests & Réglement par eux obtenus; & lesdits Gambier & Chahau, Demandeurs en exécution de notre Sentenèe & Ordonnance des vingt-six Juin, & trois Juillet mil sept cens quatorze, confirmée par Arrest contradictoire du vingt Mars mil sept cens quinze, qui a fait main-levée par provision ausdits Gambier & Chahau desdites Eaux-de-vie saisies avec dépens: Et encore lesdits Gambier & Chahau, & les Jurez & Syndic en charge de ladite Communauté des Maîtres Vinaigriers à Paris Intervenans, Demandeurs aux fins de leur Requeste à nous présentée le trente Avril mil sept cent quinze, & de l'Exploit en conséquence par ledit Marchand le deux Mai audit an, controllé à Paris le trois par de la Roque, tendante à fin de procéder en exécution dudit Arrest, ce faisant, voir déclarer la saisie desdits Eaux de vie, nulle, injurieuse, tortionnaire, & déraisonnable, que la main-levée provisoire seroit ordonnée définitive, & lesdits Maîtres & Gardes Epiciers, condamnés à payer ausdits Gambier & Chahau la somme de huit cens quarante-cinq livres à quoi ils se sont restraints pour la mévente desdites Eaux-de-vie, si mieux ils n'aimoient suivant l'estimation, aux dépens, dommages & intérêts; ce faisant qu'ils seroient maintenus & conservez dans le droit & la possession immémoriale qu'ils ont eu de faire venir en cette Ville des Eaux-de-vie des Provinces étrangeres pour les vendre & débiter en gros & en détail, avec défenses de les y troubler & faire pareilles saisies, à peine de trois mille livres d'amende avec dépens, assistez de Maître Forestier leur Avocat, contre Maître Pothouin Procureur des Maîtres & Gardes des Marchands Epiciers & Apoticaires de Paris, Demandeurs aux fins de leur Requête & exploits ci-devant dattez & Défendeurs aux demandes & interventions aussi susdattées, assistez de Maître Pillon leur Avocat: PARTIES OUYES, ensemble Noble homme de Fontanieu, Avocat du Roi en ses conclusions, lecture faite des Statuts, Ordonnance, Sentence, Arrêts & Réglemens respectivement rendus en faveur desdites Communautez desdits Maîtres Vinaigriers & desdits Maîtres & Gardes Epiciers à Paris, des Avis, Sentences & Arrests entre les Communautez desdits Vinaigriers & Epiciers les neuf Février mil six cens soixante-quatre dix Avril mil six cens soixante-six, dix-huit Janvier mil six cens soixante-quatorze, dix Avril mil six cens quatre-vingt-treize, douze Mars mil six cens quatre-vingt-dix neuf, ensemble des Sentences, Arrêts & Réglemens rendus entre ladite Communauté des Maistres Vinaigriers, & celle des Limonadiers, Distillateurs & Vendeurs d'Eaux-de-vie à Paris le quinze Mai, deux & vingt-trois Juin, trois, six, sept Juillet mil six cens soixante six, neuf Décembre mil six cens quatre-vingt-treize, & vingt-six Mars mil six cent quatre-vingt-quatorze, par lesquels lesdits Maistres Vinaigriers ont été maintenus & confirmez en tous leurs droits & privilèges de vendre & débiter de l'Eau-de-vie, sans être tenus & sujets à aucunes visites, & de l'Edit du Roi portant renvoy à la Communauté des Jaugeurs de Vin à Paris, des vingt nouvelles Charges de Jaugeurs, créées par Edit du mois de Janvier mil sept cens treize, donné au mois de Décembre audit an, par lequel lesdits Jaugeurs ont été conservés dans la fonction de faire seuls privativement & à l'exclusion de toutes autres personnes, l'essai, visite & controlle des Eaux-de-vies, d'Esprit de vin, conformément à l'Edit du mois d'Avril mil sept cens huit & autres pieces, sans que les qualités puissent nuire ni préjudicier aux parties, Nous ordonnons que les Sentences de Police & Arrêts confirmatifs d'icelles, & notamment celui de l'année mil six cens soixante-six, seront exécutés suivant leur forme & teneur & en conséquence avons maintenu & gardé les parties de Forestier, dans le droit de fabriquer des Eaux-de-vie, & d'en faire venir pour leur compte, même de les vendre : Faisons défenses aux parties de Pillon, de faire aucune visite des Marchandises appartenantes ausdites parties de Forestier, tant dans leurs maisons que sur les ports, conformément audit Arrêt du Parlement de l'année mil six cens soixante-six, auquel toutes les parties seront tenues de se conformer; faisons main-levée diffinitive aux parties de Forestier de la saisie sur eux faite par les parties de Pillon, que nous condamnons en cent livres de dommages & intérêts envers les parties de Forestier, si mieux n'aiment lesdites parties de Pillon & de Forestier au dire d'Experts, dont les parties conviendront, sinon en sera par nous nommé d'Office, les parties de Pillon condamnées aux dépens; ce qui sera exécuté nonobstant & sans préjudice de l'Appel : En témoin de ce nous avons fait sceller ces présentes. Donné au Châtelet de Paris, par Messire Marc-René de Voyer de Paulmy, Chevalier Marquis d'Argenson, Conseiller d'Etat ordinaire, & Lieutenant-Général de Police de la Ville, Prevôté & Vicomté de Paris, tenant le siége le Mardi vingtiéme jour de Juillet mil sept cens dix-sept. Collationné. GUIRET. Scellé le 11. Août 1717. DECHAMBAULT.

Signifié & baillé copie audit Pothouin, à domicile le 13 Août 1717. LAVOBEL.

SENTENCE

SENTENCE DE MONSIEUR LE LIEUTENANT GENERAL DE POLICE.

Confirmée par Arrêt du Parlement du 27 Août 1740. intervenu sur productions respectives des Parties.

Rendue en faveur des Maistres de la Communauté des Vinaigriers de la Ville de Paris.

CONTRE LOUIS-MATHIEU ADELINE, Marchand de Vin à Paris.

Du premier Juin 1736.

A TOUS ceux qui ces présentes Lettres verront, Gabriel-Jérôme de Bullion, Chevalier Comte d'Esclimont, Conseiller du Roi en tous ses Conseils, Prevôt de Paris; SALUT, sçavoir faisons, que sur la Requête faite en Jugement devant Nous à l'Audience de la Chambre de Police du Châtelet de Paris, Bailly Procureur des Syndic & Jurés de la Communauté des Maîtres Vinaigriers à Paris, Demandeurs en exécution des Statuts, Ordonnances, Sentences & Arrêts de Réglemens rendus en faveur de leur Communauté, & aux fins de la Requête à Nous présentée le trois Juin mil sept cent trente-cinq, & l'Exploit de saisie faite en conséquence d'une piéce à guelbé nommée Barbantale ou Languedoc, dans laquelle s'est trouvé vingt-un moules ou sacs remplis de lie blanche pressée, ladite piéce garnie d'une fontaine de potain, les côtés d'une broche de bois, un pressoir à sous-tirage, une piece de bois servant à passer la lie, un baquet avec des cordes servant à mettre des pierres pour presser la lie, environ quinze blots de bois de sapin, deux demi-queues de lie, appellée jauge Orleans, & un demi-muid ou quart empillé de la rouge ou environ, quatorze demi-queues & un demi-muid de la liquide & prête à presser, & une demi- XXVII queue un demi-muid en vuidange liquide & prête à presser ; le tout trouvé en contravention chez le Deffendeur ci-après nommé, suivant qu'il est porté audit Procés-verbal de saisie faite par Roussel Huissier à cheval en cette Cour, le quatorze Juillet de ladite année mil sept cent trente-cinq, controllé à Paris le quinze par Blondelu, présentée au Greffe, ladite saisie faite en présence de Me. Cadot, Commissaire, suivant son Procès-verbal du même jour & Deffendeurs à la demande en main-levée de ladite saisie, & incidemment Demandeurs suivant leurs défenses signifiée le trois Août ensuivant, & encore demandeurs en exécution de notre Sentence du dix Février dernier, & Défenseurs à l'opposition formée à l'excution d'icelle, assistez de Maistre Duret leur Avocat, contre Maistre le Fort, Procureur du sieur Louis-Matthieu Adeline, Marchand de Vin à Paris, Défendeur aux saisies & demandes incidentes susdattée, & incidemment Demandeur en main-levée de ladite saisie, avec dommages, intérêts & dépens, suivant ses défenses signifiées le dix-neuf dudit mois de Juillet, & opposant suivant sa Requête verbale signifiée le six Mars aussi dernier, assisté de Maître de la Brosse, Avocat: Parties ouies, Nous ordonnons que les Statuts, Arrêts & Réglemens de la Communauté des Maîtres Vinaigriers seront exécutés selon leur forme & teneur, en conséquence, avons la saisie faite sur la Partie de de la Brosse des Marchandises & Ustenciles dont est question, trouvés en contravention, déclarée bonne & valable ; Ordonnons que les choses saisies demeureront confisquées au profit des Parties de Duret, à la réprésentation d'iceux, les Gardiens contraints comme dépositaires ; Faisons défenses à la Partie de de la Brosse de récidiver, & attendu la contravention par elle commise, la condamnons en vingt livres de dommages intérêts envers les Parties de Duret, en cinq livres d'amende, & en tous les dépens ; & la présente Sentence sera imprimée, lûe, publiée & affichée par tout où besoin sera, ce qui sera exécuté sans préjudice de l'appel, & soit signifié ; en témoin de quoi nous avons fait sceller ces présentes ; ce fut fait & donné par Messire René Hérault, Chevalier, Conseiller d'Etat, Lieutenant Général de Police de la Ville, Prévôté & Vicomté de Paris, tenant le Siége ce Vendredi premier Juin mil sept cent trente-six. Collationné *Signé* TARDIVEAU. Scellé le 19. Juin 1736. *Signé* SAUVAGE.

ARREST DE LA COUR DU PARLEMENT.

Du 27 Août 1740.

RENDU en faveur de la Communauté des Maîtres Vinaigriers de la Ville de Paris.

PORTANT confirmation d'une Sentence du Châtelet du premier Juin 1736.

CONTRE LOUIS-MATHIEU ADELINE, *Marchand de Vin à Paris.*

ET contre la Communauté des Marchands de Vin de la même Ville.

LOUIS PAR LA GRACE DE DIEU, ROI DE FRANCE ET DE NAVARRE: Au premier des Huissiers de notre Cour de Parlement de Paris, ou autre notre Huissier ou Sergent sur ce requis: sçavoir faisons, Qu'entre Louis-Mathieu Adeline, Marchand de vin à Paris, Appellant d'une Sentence rendue par le Lieutenant Général de Police au Châtelet de Paris le 1. Juin 1736. Défendeur & Demandeur en Requête du 12 Juillet 1736. d'une part, & les Syndics & Jurés de la Communauté des Maistres Vinaigriers, Verjutiers, Moutardiers & Distillateurs d'Eau-de-vie & d'Esprit de vin de la Ville, Fauxbourgs & Banlieue de Paris, Intimés, Demandeurs en Requête du 4 Juillet 1736. & Défendeurs d'autre part; & entre lesdits Syndics, Jurés, Corps & Communauté des Maistres Vinaigriers, Verjutiers, Moutardiers, Distillateurs d'Eau-de-vie & Esprit de vin de la Ville, Fauxbourgs & Banlieue de Paris, Demandeurs aux fins de la Requête & exploit du quatre Octobre 1738. d'une part, & les Maistres & Gardes de la Communauté des Marchands de vin XXVIII.

de cette Ville de Paris, Défendeurs d'autre part, & entre lesdits Syndic, Jurés, Corps & Communauté des Vinaigriers, Demandeurs en Requête du 22 Janvier 1739. d'une part, & ledit Mathieu Adeline Défendeur d'autre part, & entre lesdits Jurés & Communauté des Vinaigriers, Demandeurs en Requête du 4 Octobre 1738. d'une part, & ledit Adeline Défendeur d'autre part, & entre ledit Mathieu Adeline Marchand de vin, Demandeur aux fins des Requêtes & exploit du 26 Septembre 1738. d'une part, & les Maistres & Gardes du Corps des Marchands de Vin de cette Ville de Paris, Défendeurs d'autre part, & entre lesdits Maistres & Gardes des Marchands de vin Demandeurs en Requête du 6 Mars 1739. d'une part, & les Syndics & Jurés de la Communauté des Maistres Vinaigriers de cette Ville, & ledit Adeline Défendeurs d'autre part, & entre les Maistres, Corps & Communauté des Maistres Vinaigriers, Verjutiers, Moutardiers, Distillateurs d'Eau-de-vie & d'Esprit de vin de la Ville, Fauxbourgs & Banlieue de Paris, Demandeurs en Requête du 28 Août 1738. d'une part, & ledit Adeline & lesdits Syndic & Jurés de ladite Communauté des Vinaigriers Défendeurs d'autre part, & entre lesdits Maistres & Gardes du Corps des Marchands de vin de cette Ville de Paris, Demandeurs en Requête du 26 Mars 1740. d'une part, & lesdits Jurés, Corps & Communauté des Vinaigriers, & ledit Adeline Défendeurs d'autre part, & entre ledit Mathieu Adeline Demandeur en Requeste du 9 Mai 1740. d'une part & les Maistres & Gardes des Marchands, & lesdits Syndic, Corps & Communauté des Maistres Vinaigriers Défendeurs d'autre part. VU PAR NOTREDITE COUR la Sentence dont est appel, contradictoirement rendue entre lesdits Syndic & Jurés des Maistres Vinaigriers de la Ville, Fauxbourgs & Banlieue de Paris & ledit Adeline Marchand de vin à Paris, par le Lieutenant Général de Police au Châtelet de Paris le 1. Juin 1736. par laquelle il auroit été ordonné que les Statuts, Arrêts & Reglemens de la Communauté des Maistres Vinaigriers de Paris, seront exécutés selon leur forme & teneur, & en conséquence la saisie faite sur ledit Adeline des Marchandises & ustanciles dont est question trouvés en contravention a été déclarée bonne & valable, ordonné que les choses saisies demeureront confisquées au profit de ladite Communauté des Vinaigriers; à la répresentation d'icelles les Gardiens contraints comme dépositaires, est fait défenses audit Adeline de récidiver ; & attendu la contravention commise, ledit Adeline est condamné en 20 livres de dommages & interêts envers ladite Communauté des Vinaigriers, & en cinq liv. d'amende & en tous les dépens ; & ladite Sentence sera imprimée, lûe, publiée & affichée par tout où besoin sera ; ce qui sera exécuté sans préjudice de l'appel. Requête des Syndic & Jurés de la Communauté des Vinaigriers du 4 Juillet 1736. tendante à ce qu'en mettant l'appellation au néant avec amende & dépens, ledit Adeline soit condamné aux frais & mises d'exécution faits en vertu de ladite Sentence & aux dépens de l'incident, qui seront taxés par une seule & même déclaration. Requête dudit Adeline du 12 Juillet 1736. tendante à ce que sans s'arrêter à la Requête des Vinaigriers du 4 Juillet 1736. dont ils seront déboutés, l'appellation & ce dont est appel soient mis au néant ; émandant, qu'il soit ordonné que les Statuts & Reglemens de la Communauté des Marchands de vin, & notamment l'Edit ou Lettres-Patentes d'Henri III. du mois de Décembre 1585. ensemble l'Arrêt de notredite Cour portant enregistrement desdites Lettres du 28 Juin 1587. contradictoirement rendu avec les Jurés Vinaigriers sur les conclusions de notre Procureur Général, seront exécutés selon leur forme & teneur, en conséquence attendu que par lesdites Lettres-Patentes & Arrêt d'enregistrement d'icelles, portant confirmation des anciens Priviléges des Marchands de vin, il est dit qu'il leur sera loisible de convertir en Vinaigre tous les Vins ameres, poussés & étonnés, & les Lies procédantes des vins qu'ils auront achetés, vendus ou débités, & pour cet effet qu'ils auront en leurs maisons des Pressoirs tant à vis qu'à bascules, & des sacs & ustanciles pour ce nécessaires, à la charge de vendre lesdits Vinaigres en gros aux Forains seulement, la saisie faite sur ledit Adeline par lesdits Vinaigriers le 14 Juillet 1735. des Lies & ustanciles dont est question, soit déclarée nulle, injurieuse, tortionnaire & déraisonnable, il soit ordonné que main levée lui sera faite desdites choses saisies, à les lui rendre & restituer, tous gardiens & dépositaires contraints, même par corps, quoi faisant déchargés, défenses soient faites ausdits Vinaigriers de plus à l'avenir faire de pareilles saisies, & de troubler les Marchands de vin dans les droits & Priviléges qui leur sont accordés par lesdites Lettres-Patentes, Statuts, Arrests & Réglemens, sous telles peines qu'il plaira à notredite Cour; & pour l'avoir fait ils soient condamnés en tels dommages & interêts qu'il plaira à notredite Cour arbitrer, vû le tort notable que ladite saisie cause audit Adeline par le dépérissement desdites Lies saisies, & lesdits Vinaigriers soient condamnés en tous les dépens, frais & mises d'exécution, lesquels seront taxés par une seule & même déclaration; & attendu qu'il s'agit d'un réglement entre les Parties, il soit ordonné que l'Arrest qui interviendra entre ledit Adeline & les Jurés Vinaigriers, sera imprimé, lû, publié & affiché par tout où besoin sera aux frais & dépens desdits Vinaigriers. Arrêt de notredite Cour du 28 Août 1738. par lequel sur l'appel les Parties ont été appointées au Conseil, & sur les demandes en droit & joint. Requête des Syndic & Jurés des Vinaigriers du premier Septembre 1738. employée pour avertissement, causes & moyens d'appel dudit Adeline du 19 Janvier 1739. servant d'avertissement. Requête des Syndic & Jurés Vinaigriers du 26 Janvier 1739. employée pour réponses aux causes & moyens d'appel dudit Adeline. Production des Parties en exécution dudit Arrest; addition de Réponses desdits Syndic & Jurés Vinaigriers du 25 Février 1739. aux causes & moyens d'appel dudit Adeline, servans de contredits contre sa production. Contredits dudit Adeline du 15 Avril 1739. contre la production des Syndics & Jurés Vinaigriers. Production nouvelle des Syndic & Jurés Vinaigriers par Requête du 19. Janvier 1739. Sommation de la contredire par ledit Adeline. Requête des Syndics, Jurés, Corps & Communauté des Maistres Vinaigriers de la Ville & Fauxbourgs de Paris, du 4 Octobre 1738. tendante à ce qu'il leur fût permis de faire assigner en notredite Cour les Maistres & Gardes de la Communauté des Marchands de vin de Paris, pour voir dire & ordonner en premier lieu qu'il sera donné acte ausdits Vinaigriers de ce qu'aux risques, périls & fortunes dudit Adeline de la demande qu'il a formée contre ladite Communauté des Marchands de vin, par Requête & exploit du 26 Septembre 1738. dénoncée aux Vinaigriers à la Requeste dudit Adeline le 30 dudit mois de Septembre, ce faisant voir déclarer l'Arrest qui interviendra entre les Vinaigriers & ledit Adeline, sur l'appel par lui interjetté de la Sentence du Lieutenant Général de Police du premier Juin 1736 commun avec les Maiſtres & Gardes des Marchands de vin, & en conſéquence qu'ils ſeront tenus & condamnés de faire ceſſer l'appel interjetté par ledit Adeline, & le faire débouter de la demande qu'il a formée contr'eux; comme auſſi pour voir dire & ordonner qu'en confirmant ladite Sentence, les Statuts des Maiſtres Vinaigriers, Sentences & Arreſts de Réglemens rendus entre les deux Communautés, enſemble la Sentence en forme de Réglement du 20 Juin 1698. & Arreſt confirmatif du 31 Juillet 1699. ſeront exécutés ſelon leur forme & teneur; ce faiſant que conformément auſdits Statuts, Sentence & Arreſt de Reglemens, déſenſes ſeront faites à tous Taverniers, Cabaretiers & Marchands de vin de faire du Vinaigre, Verjus & autres Marchandiſes dépendantes du Métier des Maiſtres Vinaigriers, de preſſurer aucunes Lies pour faire du Vinaigre, & avoir en leurs maiſons, Celliers, Caves, Magazins & autres lieux Baſſecules ni Preſſoir, & même d'expoſer en vente du Vinaigre & du Verjus en gros ou en détail, à peine de confiſcation deſdites Marchandiſes & uſtanciles à preſſurer, moulins, alembics, ſerpentins & autres choſes ſervant audit Métier de Vinaigrier, Verjutier à peine de cinq cens livres d'amende qui demeurera encourue en cas de contravention en vertu de l'Arrêt qui interviendra, lequel il ſera permis auſdits Vinaigriers de faire imprimer, & lequel ſera lû, publié & affiché par tout où beſoin ſera aux frais & dépens de ceux qui ſuccomberont; il ſoit pareillement donné acte auſdits Vinaigriers de ce qu'ils contre-ſomment & dénoncent audit Adeline, aux riſques, périls & fortunes de qui il appartiendra ladite demande; ce faiſant attendu que c'eſt ledit Adeline qui a donné lieu à toutes les conteſtations par les appellations & demandes qu'il a interjettées & formées, & pour les contraventions formelles qu'il a faites aux Statuts de la Communauté des Vinaigriers, Sentence & Arreſt de Réglemens dans leſquelles il perſiſte, il ſoit condamné en tous les dépens faits & à faire par les Vinaigriers, contre toutes les Parties, & que ceux qui ſuccomberont ſoit dudit Adeline ou de la Communauté des Marchands de vin, ſeront condamnés en tous les dépens faits & à faire par les Vinaigriers, tant en demandant, défendant, que de la ſommation & contre ſommation. Exploit d'aſſignation donnée à la Requeſte des Jurés & Communauté des Vinaigriers, aux Maiſtres & Gardes de la Communauté des Marchands de vin le 4 Octobre 1738. pour proceder en notredite Cour aux fins de ladite Requête. Fins de non-recevoir & défenses des Maîtres & Gardes des Marchands de vin du 2 Janvier 1739. contre ladite demande. Repliques des Syndic, Jurés, Corps & Communauté des Maîtres Vinaigriers du 5 Janvier 1739. ausdites défenses Arrêt de notredite Cour du 19 Janvier, par lequel sur lesdites demandes & défenses les Parties ont été appointées en droit & joint à l'instance, Requête des Syndics, Jurés, Corps & Communauté des Maîtres Vinaigriers du 23 Janvier 1739. employée pour avertissement. Productions des Parties en exécution dudit Arrest. Contredits des Maistres & Gardes du Corps des Marchands de vin du 1. Juin 1739. contre la production desdits Vinaigriers. Requête & demande desdits Syndic, Jurés, Corps & Communauté des Maistres Vinaigriers du 22 Janvier 1739. tendante à ce qu'en mettant l'appellation au néant, avec amende & dépens, ledit Adeline soit condamné solidairement avec Nicolas Davot gardien solidaire des choses saisies, par exploit du 14 Juillet 1735. à representer desdites choses saisies, à quoi faire il sera contraint comme dépositaire de biens de justice, ce faisant déchargé, si lesdites saisies sont encore en nature, & si elles ne sont pas en nature, suivant l'estimation qui en sera faite par Experts & gens à ce connoissans, dont les Parties conviendront, pardevant tel Juge qu'il plaira à notredite Cour commettre, sinon par lui pris & nommés d'office, aux interêts de la somme à laquelle se trouvera monter ladite estimation & aux dépens; au bas de laquelle Requeste aussi employée pour écritures & production sur ladite demande est l'Ordonnance de notredite Cour qui l'auroit reglée en droit & joint à l'instance, & donné acte de l'emploi. Requête dudit Adeline du 19 Avril 1739. employée pour défenses contre ladite demande, écritures & production suivant l'Ordonnance au bas d'icelle. Requête desdits Jurés & Maistres Vinaigriers du 11 Avril audit an, employée pour contredits contre ladite production. Autre Arrest de notredite Cour du 26 Janvier 1739. par laquelle sur la demande desdits Vinaigriers du 4 Octobre 1738. à l'égard dudit Adeline, les Parties ont été appointées en droit & joint à l'instance. Requête desdits Syndic, Jurés, Corps & Communauté des Vinaigriers du 29 Janvier audit an 1739. employée pour écritures & production en exécution dudit

dudit Arrêt. Requête dudit Adeline du 11. Avril 1739. aussi employée pour défenses, écritures & production en exécution dudit Arrest. Requeste des Vinaigriers du 13. dudit mois d'Avril 1739. employée pour contredits contre ladite production. Requête dudit Louis-Mathieu Adeline du 26 Septembre 1738. tendente à ce qu'il lui fût permis de faire assigner en notredite Cour les Maistres & Gardes de la Communauté des Marchands de vin de Paris, pour voir dire que l'Arrest qui interviendra sur l'appel interjetté par ledit Adeline de la Sentence de Police du Châtelet du premier Juin 1736. sera déclarée commune avec eux, ce faisant qu'attendu qu'il s'agit d'un Réglement qui concerne & interesse toute la Communauté des Marchands de vin, qu'ils seront tenus d'intervenir en l'instance & prendre par ledit Adeline telles fins & conclusions qu'il avisera bon être, & en cas de contestation condamner les contestans aux dépens, le tout sans préjudice audit Adeline de ses autres dûs, droits, noms, raisons, actions & prétentions qu'il se réserve à exercer en tems & lieu, ainsi qu'il avisera bon être. Exploit d'assignation donnée à la Requeste dudit Adeline ausdits Maîtres & Gardes des Marchands de vin le 26 Septembre 1738. pour proceder en notredite Cour aux fins de ladite Requête. Requête desdits Maîtres & Gardes de la Communauté des Marchands de vin de Paris du 6 Mars 1739. tendante à ce qu'ils soient reçus parties intervenantes en l'instance, il leur soit donné acte de ce que pour moyens d'intervention & défenses à la précedente demande dudit Adeline du 26 Septembre 1738. ils employoient le contenu en leur Requête, ce faisant procedant au jugement de l'instance, il soit ordonné que les Lettres-Patentes, les Ordonnances, Statuts & Réglemens faits & rendus en faveur du Corps des Marchands de vin ès années 1564. 1567. & 1585. vérifiés en notredite Cour les 8 Janvier 1569. & 27 Juin 1587. confirmés par les Déclarations des Rois nos prédecesseurs des années 1587. 1611. & 1615. & 1647. seront exécutées selon leur forme & teneur, en conséquence que sans s'arrêter ni avoir égard aux Requêtes & demandes de la Communauté des Maîtres Vinaigriers, dans lesquelles ils seront déclarés non-recevables, ou dont en tout cas ils seront déboutés, lesdits Marchands de vin jouiront conformément à leurs Lettres-Patentes, Ordonnances, Statuts & Réglemens, du droit & liberté de pouvoir convertir en Vinaigre tous les vins ameres, pouſſez & étonnés, comme auſſi les Lies procedantes des vins qu'ils auront achetés, vendus & débités, & à cet effet avoir en leurs maiſons des Preſſoirs tant à vis que baſſecules, & des ſacs & uſtanciles pour ce néceſſaires autant qu'ils en auront beſoin, & du gros qui en proviendra faire cendres, gravelles, ou autrement employer ſelon qu'ils aviſeront pour leur profit & utilité, pour vendre leſdits Vinaigres, cendres & autres choſes ſuſdites en gros aux Forains ſeulement & non en détail en cette Ville & Fauxbourgs de Paris, défenſes ſoient faites à ladite Communauté des Maîtres Vinaigriers de troubler les Maîtres & Gardes des Marchands de vin dans l'exercice & liberté d'uſer des droits & facultés qui leur ſont accordez, à peine de toutes pertes, dépens, dommages & interêts; il leur ſoit permis de faire imprimer afficher l'Arrêt qui interviendra, ſauf à prendre de nouvelles concluſions dans la ſuite, & en outre ſoit ladite Communauté des Maîtres Vinaigriers, ſoit ledit Adeline condamné aux dépens; Arrêt de notredite Cour du 7 Mars 1739. par lequel les Maîtres & Gardes du Corps des Marchands de vin ont été reçus Parties intervenantes en l'inſtance leur eſt donné acte de l'emploi porté par leur Requête pour moyens d'intervention, & pour faire droit ſur icelle & ſur les demandes & défenſes des Parties, elles ont été appointées en droit & joint à l'inſtance, dépens réſervés; Requête deſdits Maîtres & Gardes des Marchands de vin de Paris du 18 Mars 1739. employée pour écritures & production en exécution deſdits Arreſts des 19 Janvier & 7 Mars audit an; Requeſte deſdits Syndic, Jurés, Corps & Communauté des Vinaigriers, du 19 dudit mois de Mars audit an 1739. employée pour écritures & production, en exécution dudit Arreſt du 7 Mars audit an; Requeſte dudit Adeline du 7 Avril 1739. auſſi employée pour défenſes, écritures & production, en exécution dudit Arrêt; autre Requête des Maiſtres Vinaigriers du 9 Avril 1739. employée pour contredits contre la production dudit Adeline; Requête dudit Adeline du 25 Avril employée pour contredits contre celle deſdits Vinaigriers; Requête deſdits Vinaigriers du 27 dudit mois d'Avril employée pour ſalvations; Requête des Maiſtres & Gardes des Marchands de vin du premier Juin 1739. employée pour contredits contre la production dudit Adeline; addition d'avertiſſement des Syndic, Jurés,

Corps & Communauté des Maiſtres Vinaigriers du 21 Août 1739. ſervant de contredits contre la production des Maîtres & Gardes des Marchands de vin ; production nouvelle dudit Adeline par Requête du 16. Avril 1739. Requête des Jurés & Communauté des Vinaigriers du 22 dudit mois, employée pour contredits contre icelle ; Additions de contredits deſdits Vinaigriers du 8 Juin 1739. contredits de production nouvelle ſervant de ſalvations ; autre Requête deſdits Vinaigriers du vingt Juin audit an, employée pour additions & plus amples contredits ; Requête dudit Adeline du 23 Avril 1739. tendante à ce qu'il lui ſoit donné Acte de la ſommation & dénonciation par lui faite par ladite Requête auſdits Maîtres Vinaigriers de la Requête d'intervention deſdits Maiſtres & Gardes des Marchands de Vin, en datte du 6. Mars 1739. & autres pourſuites faites en conſéquence, à ce qu'ils ayent à y défendre, ſi bon leur ſemble, en conſéquence en procédant au Jugement de l'Inſtance, & adjugeant audit Adeline les fins & concluſions qu'il a priſes, avec dommages, intérêts & dépens, leſdits Vinaigriers ſoient pareillement condamnés aux dépens, qu'il a été & ſera obligé de faire ſur l'Intervention des Marchands de Vin, & en ceux de la demande ; au bas de laquelle Requête eſt l'Ordonnance de notredite Cour, qui auroit réſervé à y faire droit en jugeant. Requête des Syndic, Jurés & Communauté des Vinaigriers du 25. Avril 1739. employée pour défenſes contre ladite demande ; Requête dudit Adeline du 20. dudit mois, employée pour réponſes à la précédente ; Requête deſdits Vinaigriers du 30. Avril, employée pour plus amples défenſes à celle du 23. dudit mois ; Requête dudit Adeline du 27. dudit mois d'Avril employée pour ſalvations & contredits à celle du 22. dudit mois ; Requête des Jurés & Communauté des Vinaigriers du 29. Avril 1739. employée pour Additions de contredits ; Requête dudit Adeline du 6. Mai 1739. employée pour défenſes contre celle des Vinaigriers des 29. & 30. Avril précédent ; Requête deſdits Vinaigriers du 8. Mai employée pour réponſes & repliques contre la précédente ; Requête dudit Adeline du 25. dudit mois de Mai employée pour repliques à toutes les précedentes Requêtes. Requête des Vinaigriers du 26. Mai audit an 1739. employée pour plus amples défenſes & réponſes contre les précédentes ; Production nouvelle des Syndic, Jurés, Corps & Communauté des Maiſtres Vinaigriers, par Requête du 5. Juin 1739; Contredits dudit Adeline contre icelle du 25. dudit mois; Requeſte deſdits Maiſtres Vinaigriers du 30. Juin 1739. employée pour plus amples contredits contre les productions deſdits Vinaigriers, & ſalvations à leurs précedens contredits; Production nouvelle des Vinaigriers par Requête du 18. Juin 1739. Requête dudit Adeline du 11. Juillet ſuivant, employée pour contredits contre icelle; Requête des Vinaigriers du 13. dudit mois, employée pour ſalvations auſdits contredits; autre Requête deſdits Vinaigriers du 18. Juillet, employée pour plus amples ſalvations; Requête dudit Adeline du 22. dudit mois de Juillet employée pour réponſes aux précedentes. Requête des Vinaigriers du 24. Juillet employée pour réponſe à la précédente. Production nouvelle des Jurés & Communauté des Vinaigriers par Requête du 2. Juillet 1739. Requête dudit Adeline du 14. dudit mois de Juillet employée pour contredits contre icelle, & tendante à ce qu'il lui ſoit donné acte de ce que les Vinaigriers conviennent dans leurs Ecritures que dans les nouveaux Statuts des Marchands de Vin; il n'y a point de clauſe dérogatoire aux anciens comme dans les leurs, en conſéquence les concluſions priſes par ledit Adeline lui ſoient adjugées avec dépens, au bas de laquelle Requeſte eſt l'Ordonnance de notredite Cour qui auroit réſervé à y faire droit en jugeant; Requête des Jurés & Communauté des Maiſtres Vinaigriers du 15. Juillet 1739. employée pour défenſes contre la précédente; Production nouvelle des Jurés & Communauté des Maiſtres Vinaigriers par Requête du premier Février 1740. Requête dudit Adeline du 6. dudit mois employée pour contredits contre icelle; Requête deſd. Maîtres, Corps & Communauté des Maiſtres Vinaigriers de la Ville, Fauxbourgs & Banlieue de Paris du 28. Août 1738. tendante à ce qu'ils ſoient reçus Parties intervenantes en la Cauſe & Inſtance d'entre ledit Adeline Marchand de vin, & leſdits Jurés & Syndic de la Communauté des Vinaigriers ſur l'appel dudit Adeline de ladite Sentence de Police du Châtelet de Paris du 1er. Juin 1736. il leur ſoit donné acte de ce que pour moyens d'intervention ils employoient le contenu en leur Requeſte, faiſant droit ſur icelle, ſans s'arrêter à la Demande dudit Adeline du 12. Juillet 1736. dans laquelle il ſera déclaré non recevable, ou dont en tout cas il sera débouté sur l'appel interjetté par ledit Adeline l'appellation fût mise au néant, il soit ordonné que ce dont a été appellé sortiroit son plein & entier effet, ledit Adeline soit condamné en l'amende ordinaire de douze livres & aux dépens : ce faisant, il soit ordonné qne les Statuts de la Communauté des Maistres Vinaigriers, Arrêts & Réglemens rendus en conséquence, & notamment la Sentence de Reglement du 20. Juin 1698. & Arrêt confirmatif d'icelle du 12. Juillet 1799. rendu entre ladite Communauté desdits Maistres Vinaigriers & celle des Marchands de Vin seront exécutés selon leur forme & teneur, défenses soient faites audit Adeline de plus à l'avenir entreprendre sur la Communauté desdits Vinaigriers à peine de cinq cens livres d'amende, & aux dommages & intérêts, & il soit ordonné que l'Arrêt qui interviendra sera lû, publié & affiché par tout où besoin sera ; Arrêt de notredite Cour du 23. Mars 1740. par lequel la Communauté des Marchands de Vin de Paris auroit été reçue partie intervenante en l'Instance, il lui est donné acte de ce que pour moyens d'intervention ils employent le contenu en leur Requête, & pour y faire droit les parties auroient été appointées en droit & joint à l'Instance ; Requête desdits Maistres, Corps & Communauté des Vinaigriers du 7 Avril dernier employée pour écritures & production en exécution dudit Arrêt ; Sommation faite audit Adeline & ausdits Maistres & Gardes des Marchands de vin de produire & satisfaire audit Arrêt. Requête & Demande des Maîtres & Gardes du Corps des Marchands de vin du 26. Mars 1740. tendante à ce qu'il leur soit donné acte de ce qu'ils se sont désistés & se désistent par ladite Requête de l'intervention qu'ils ont ci-devant formée, & des fins & conclusions qu'ils ont prises en conséquence de ladite intervention contre la Communauté des Maistres Vinaigriers de cette Ville de Paris, dans l'Instance dont il s'agit du droit qui étoit prétendu par lesdits Maistres & Gardes des Marchands de vin de convertir ou faire convertir eux-mêmes en vinaigre les vins qui se trouvent gâtés dans leurs caves, & n'entendent plus contester à ladite Communauté des Vinaigriers le droit exclusif qui leur est accordé par leurs Statuts de faire seuls la conversion en vinaigre de tous les vins gâtés ou autres liqueurs propres à faire vinaigre, & de vendre & débiter lesdits Vinaigres qu'ils font en gros & en détail, suivant & ainsi qu'ils en ont usé ci-devant & conformément à leurs Satuts, & de ce que lesdits Maistres & Gardes des Marchands de vin offrent de payer à ladite Communauté des Vinaigriers tous les dépens qu'ils ont faits jusqu'à présent, ausquels l'intervention desdits Maistres & Gardes peut avoir donné lieu jusqu'au jour de ladite Requête, sauf audit Adeline à se pourvoir & à se défendre de sa part s'il croit avoir droit de faire ainsi qu'il avisera contre lesdits Vinaigriers à ses frais, risques, périls & fortunes, & en cas de contestation sur ladite Demande, les contestans soient condamnés aux dépens de ladite Demande, & de tout ce qui sera fait depuis & au préjudice d'icelle; au bas de laquelle Requête aussi employée pour écritures, & production sur ladite Demande, est l'Ordonnance de notredite Cour qui l'auroit reglée en droit & joint à l'Instance & donne acte de l'emploi. Requête des Syndic, Jurés, Corps & Communauté des Vinaigriers du 5. Avril dernier, employée pour défenses contre ladite demande, écritures & production, suivant l'Ordonnance au bas d'icelle, & contenant Demande tendante à ce qu'il leur soit donné acte de la déclaration desdits Maistres & Gardes du Corps des Marchands de vin porté en leur Requête du 26. Mars dernier qu'ils se désistoient de l'intervention par eux ci-devant formée aux fins & conclusions par eux prises en ladite intervention contre la Communauté des Vinaigriers dans l'Instance d'entr'eux & ledit Adeline; qu'ils n'entendent plus contester ausdits Maistres Vinaigriers le droit exclusif qui leur est accordé par leurs Statuts de faire seuls la conversion en vinaigre de tous les vins gâtés ou autres ligueurs propres à faire du vinaigre, & débiter ledit vinaigre en gros & en détail, ainsi qu'ils en ont usé cidevant, & conformément à leurs Statuts, & qu'ils offrent de payer ausdits Vinaigriers les dépens qu'ils ont faits jusqu'alors, & ausquels leur intervention peut avoir donné lieu, en conséquence sans s'arrêter ni avoir égard à leur intervention & demande dont ils seront déboutés, les fins & conclusions que lesdits Maistres Vinaigriers ont prises leur soient adjugées, lesdits Maistres & Gardes du Corps des Marchands de vin soient condamnés aux dépens; au bas de laquelle Requête est l'Ordonnance de notredite Cour qui auroit réservé à y faire droit en jugeant; Production nouvelle des Syndic, Corps & Communauté des Maistres Vinaigriers par Requête du 6. Avril dernier, sommation de la contredire; Requête des Vinaigriers du 27. Avril dernier, employée pour contredits contre la production dudit Adeline du 9. Mai dernier employée pour contredits contre la production nouvelle du 6. Avril dernier, écritures & production en exécution de l'Ordonnance du 26. Mars précédent, & pour satisfaire à tous les Reglemens de l'Instance; & contenant demande, tendante à ce que sans s'arrêter à la Requête en désistement desdits Maîtres & Gardes des Marchands de vin du 26. Mars dernier dont ils seront déboutés, & infirmant la Sentence dont est appel, il soit ordonné que les Lettres Patentes & Statuts des Marchands de vin en datte des mois de Décembre 1585. & 28. Juin 1587. seront exécuté selon leur forme & teneur, & ceux qui succomberont soient condamnés en tous les dépens; au bas de laquelle Requête aussi employée pour écritures & production sur ladite demande est l'Ordonnance de notredite Cour qui l'auroit reglée en droit & joint à l'Instance, & donné acte de l'emploi. Requête des Syndic & Communauté des Vinaigriers du 10. Mai dernier, employée pour écritures & production en exécution de la précédente Ordonnance. Requête dudit Adeline du 27. Juin dernier, tendante à ce qu'en conséquence du désistement desdits Maistres & Gardes des Marchands de vin de Paris, duquel sera donné acte audit Adeline, il soit ordonné que ledit Adeline demeurera autorisé à suivre l'instance contre la Communauté des Vinaigriers, attendu qu'ils s'agit uniquement de l'exécution des Statuts & Reglement dans lesquels ledit Adeline s'est toujours renfermé; le tout sauf & sans préjudice, en cas d'évenement, son recours contre lesdits Marchands de vin; au bas de laquelle Requête est l'Ordonnance de notredite Cour, qui auroit réservé à y faire droit en jugeant. Requête des Syndic & Communauté des Maîtres Vinaigriers du 14. Juillet dernier, employée pour défenses contre la précédente, & tendante à ce que les conclusions que lesd. Vinaigriers ont prises leur soient adjugées avec dépens; au bas de laquelle Requête est l'Ordonnance de notredite Cour, qui auroit réservé à y faire droit en jugeant. Requête dud. Adeline du 19. Juillet dernier, tendante à ce qu'il lui soit donné acte de la déclaration par lui ci-devant faite dans toutes les écritures, & qu'il n'a jamais contesté ausdits Vinaigriers le droit de vendre du Vinaigre, ni prétendu l'avoir, & qu'il consent même l'exécution des Articles 20. & 37. de leurs nouveaux Statuts; en conséquence sans s'arrêter au désistement desdits marchands de vin, les fins & conclusions prises par ledit Adeline, lui soient adjugées avec dommages & intérêts & dépens ; & ceux qui succomberont soient condamnés en tous les dépens ; au bas de laquelle Requête est l'Ordonnance de notredite Cour, qui auroit réservé à y faire droit en jugeant. Requête dudit Adeline du 26. Juillet dernier, employée pour défenses à celle desdits Vinaigriers du 21. dudit mois : autre Requête dudit Adeline du cinq Août présent mois, employée pour réponses au Mémoire imprimé des Maistres Vinaigriers ; Mémoire imprimé pour les Jurés, Syndic & Communauté des Vinaigriers, signifié le 18. Mai dernier; autre Mémoire imprimé des Vinaigriers, signifié le 18. Juin suivant. Mémoire imprimé pour ledit Adeline, signifié le 18. Juillet dernier ; autre Mémoire imprimé pour lesdits Vinaigriers, signifié le 2. Août présent mois. Sommations générales de satisfaire à tous les Arrêts & Reglemens intervenus en l'Instance. Conclusions de nôtre Procureur Général; tout joint & considéré. NOTREDITE COUR, faisant droit sur le tout, donne acte ausdits Syndic & Jurez de la Communauté des Maîtres Vinaigriers, du désistement des Maîtres & Gardes du Corps des Marchands de Vin de Paris, porté par leur Requête du 26. Mars 1740. de leur intervention en l'Instance au sujet du droit par eux prétendu, de convertir ou faire convertir eux-mêmes en vinaigre les vins qui se trouvent gâtés dans leurs caves, & de leur déclaration qu'ils n'entendent point contester à ladite Communauté des Vinaigriers le droit exclusif qui leur a été accordé par leurs Statuts de faire seuls la conversion en vinaigre de tous les vins gâtés ou autres liqueurs propres à faire vinaigre, & de vendre & débiter lesdits vinaigres qu'ils font en gros & en détail, suivant & ainsi qu'ils en ont usé ci-devant, & conformément à leurs Statuts, & de leurs offres de payer à ladite Communauté tous les dépens qu'ils ont faits jusqu'audit jour 26. Mars 1740. En conséquence sans avoir égard aux Demandes dudit Adeline, dont il est débouté, a mis & met l'appellation au néant, ordonne que ce dont a été appellé sortira son plein & entier effet. Ordonne que l'Arrêt du trente-unième Juillet 1699. sera exécuté. Fait défenses à tous Marchands de Vin, Cabaretiers & Taverniers de

faire

faire du Vinaigre, Verjus & autres Marchandises dépendantes du métier de Vinaigrier ; de pressurer aucunes Lies pour faire du vinaigre, & d'avoir en leurs maisons, celliers, caves, magasins & autres lieux, bascules ni pressoirs, même d'exposer en vente du Vinaigre ou du Verjus en gros & en détail, à peine de confiscation des marchandises, & de deux cens livres d'amende, à la représentation des choses saisies ; sera Nicolas Danet Gardien, contraint comme depositaire, quoi faisant déchargé. Déclare le présent Arrêt commun avec lesdits Maîtres & Gardes du Corps des Marchands de Vin, sur le surplus des autres Demandes, fins & conclusions des parties, les a mis hors de Cour. Condamne ledit Adeline en l'amende de douze livres & en tous les dépens des causes d'appel & demandes, & lesdits Maîtres & Gardes des Marchands de Vin aussi aux dépens envers lesdits Syndic & Jurés de la Communauté des Maîtres Vinaigriers, jusqu'au jour de leur désistement. Condamne en outre ledit Adeline en tous les dépens faits par ladite Communauté des Maîtres Vinaigriers, contre lesd. Maistres & Gardes des Marchands de Vin, depuis ledit désistement & des sommations ; ceux faits entre ledit Adeline & lesdits Maîtres & Gardes des Marchands de Vin, compensés. MANDONS mettre le présent Arrêt à dûe & entiere exécution, selon sa forme & teneur ; de ce faire te donnons pouvoir. DONNE' en notredite Cour de Parlement, le vingt-septiéme jour du mois d'Août, l'an de grace mil sept cens quarante ; & de Notre Regne le vingt-cinq. Collationné. *Signé*, GUENARD, avec paraphe. Par la Chambre. DU FRANC.

EXTRAIT DES REGISTRES du Conseil d'Etat.

Du 12. Juillet 1695.

SUR la Requête présentée au Roi en son Conseil par Pierre Pointeau, Fermier Général des Fermes unies : Contenant, que par l'Article II. du titre premier des Droits d'Entrées dans la Ville & Fauxbourgs de Paris, il est dit qu'il sera XXIX.

levé trois livres fur chacun Muid de vin gâté, entrant par eau & fept fols par terre : Et par l'Article III. du titre 7. des Déclarations & du payement des Droits, que le Fermier pourra faire mener au Bureau général le vin qui aura été déclaré gâté, pour y repofer pendant fix jours, après lefquels le vin qui fera trouvé bon & potable fera confifqué; & à l'égard de celui qui fera trouvé gâté, qu'il fera mis dans les Vaiffeaux quatre peintes de vinaigre, aux frais des Vinaigriers ou autres aufquels le vin appartient, fauf au Fermier d'en verfer telle autre quantité qu'il jugera à propos à fes dépens, & d'en retirer autant de vin dont il pourra difpofer. En exécution de ces Articles, le Suppliant a toujours fait amener les vins gâtés qui font entrés en cette Ville de Paris, au Bureau général des Aydes, & s'eft particuliérement appliqué à remedier au mauvais ufage qu'on en pouvoit faire : Mais quelque foin qu'il aye pris il n'a pû empêcher non-feulement que les Vinaigriers n'en ayent fait arriver une quantité beaucoup plus forte qu'à l'ordinaire, mais même qu'ils n'en ayent autrement abufé, y en ayant qui au lieu de vins gâtés en ont acheté & fait arriver de bons & potables, lefquels ayans été faifis comme tels en ont payé les Droits en entier fur le pied de dix-huit livres par muid, par des accommodemens faits avec eux, & d'autres qui les achetans bons jettent dans les tonneaux du Poivre ou autre pareils ingrédiens qu'ils enferment dans un petit fac, en forte que par le mauvais goût que cela leur donne ils paroiffent gâtés : & cependant quand ces vins font en leurs maifons ils ôtent ces ingrédiens, & en les laiffant repofer quelque tems ils reprennent leur premiere qualité, & au lieu d'en faire du vinaigre, ils le boivent à leur ordinaire, & quelques-uns même le vendent & débitent en détail à leurs voifins & autres perfonnes, en fraude des Droits de Huitiéme, & par ce moyen ceux d'Entrée & de Huitiéme font fraudés, & le Suppliant en fouffre notablement, cet abus ayant augmenté jufques au point que depuis le premier Mars dernier jufques au 26. Juin enfuivant, il eft entré fix mil vingt-deux piéces de ces prétendus vins gâtés : Et parce que le Suppliant n'a pas fuffifamment de lieu pour les mettre, il a été obligé d'en louer en plufieurs endroits, & de faire faifir quantité de vins; pour raifon defquels il y a actuellement des Procès qui font pendans & indécis en l'Election, où il efpere que lefdits vins feront confisqués & lesdits Vinaigriers condamnés aux amendes portées par l'Ordonnance : Mais comme cela ne remedie pas assez aux fraudes qu'ils commettent en leurs maisons ; lorsqu'ils sont en possession de leurs vins, & que le Suppliant a un intérêt sensible d'en arrêter le cours, parce que cela cause une diminution considérable aux Droits d'Entrées & de Huitiéme, il est obligé de se pourvoir directement au Conseil. A CES CAUSES, Requéroit qu'il plût à Sa Majesté ordonner que les Maistres Vinaigriers & autres qui font commerce de vinaigres & vins gâtés en la Ville & Fauxbourgs de Paris, seront tenus de souffrir journellement les visites & exercices des Commis du Suppliant, & la marque des vinaigres, vins gâtés & autres boissons & liqueurs qui se trouveront en leurs maisons, caves & celliers; & en cas qu'il s'y trouve des vins bons & potables qui soient arrivés, entrés & ayent été déclarés comme vins gâtés, qu'il sera permis ausdits Commis de les saisir & enlever si besoin est, & qu'ils seront déclarés acquis & confisqués au profit du Suppliant, & ceux sur qui ils auront été saisis condamnés en cent livres d'amende. Vû ladite Requête, signée Bory Avocat du Suppliant; l'Ordonnance de 1680. plusieurs Arrêts du Conseil qui ordonnent que les Vinaigriers souffriront les visites, & autres piéces attachées à ladite Requête : Oui le rapport du Sieur Phélypeaux de Pontchartrain, Conseiller ordinaire au Conseil Royal, Contrôleur Général des Finances. LE ROY EN SON CONSEIL, avant faire droit, a ordonné & ordonne que ladite Requête sera communiquée aux Maîtres Vinaigriers de la Ville & Fauxbourgs de Paris, pour eux oui & leur réponse vûe dans la huitaine de la signification qui leur sera faite dudit Arrêt être ordonné par Sa Majesté ce qu'il appartiendra. FAIT au Conseil d'Etat du Roi, tenu à Versailles le douziéme jour de Juillet mil six cent quatre-vingt-quinze. Collationné avec paraphe. Signé, RANCHIN.

ARREST DU CONSEIL D'ETAT DU ROY.

Du 24. Janvier 1696.

DONNE' en faveur de la Communauté des Maîtres Vinaigriers de la Ville, Fauxbourgs & Banlieue de Paris.

CONTRE *Maistre Pierre Pointeau Fermier Général, qui le déboute de sa prétention, d'envoyer ses Commis en exercice chez lesdits Maistres Vinaigriers. Et qui fait Réglement pour la quantité de Vinaigre que l'on mettra dans chaque Vaisseau qu'ils feront entrer en la Ville de Paris, comme Vins gâtés, & qui veut au surplus que l'Ordonnance de* 1680. *soit exécutée, & que lesdits Vins gâtés soient menés en droiture au grand Bureau des Aydes.*

XXX. VEU au Conseil d'Etat du Roi l'Arrêt du 21. Juillet 1695. rendu sur la Requête présentée à Sa Majesté par Maître Pierre Pointeau, Fermier Général des Fermes unies; tendante à ce que pour les causes y contenues, il plût à Sa Majesté ordonner que les Maîtres Vinaigriers & autres qui font commerce de vinaigres & vins gâtés en la Ville & Fauxbourgs de Paris seront tenus de souffrir journellement les visites & exercices de ses Commis, & la marque des vinaigres, vins gâtés, & autres boissons & liqueurs qui se trouveront en leurs maisons, caves & celliers; & en cas qu'il s'y trouvât des vins bons & potables qui soient arrivés, entrés & déclarés vins gâtés, qu'il sera permis ausdits Commis de les saisir & enlever si besoin est, & qu'ils seront déclarés acquis & confisqués au profit dudit Pointeau; & ceux sur qui ils auront été saisis condamnés en cent livres d'amende; par lequel Arrêt il auroit été ordonné qu'avant faire droit, ladite Requête feroit communiquée aux Maîtres Vinaigriers de la Ville & Fauxbourgs de Paris, pour eux ouis, & leur réponse vûe, être ordonné par Sa Majesté ce qu'il appartiendra, ensuite est l'Exploit de signification dudit Arrêt fait aufdits Maîtres Vinaigriers en la personne de leur Syndic le 13. du mois d'Aoust dernier. La Requête présentée au Conseil par lesdits Maîtres Vinaigriers, signifiée audit Pointeau au domicile de Me Bory son Avocat au Conseil le 29. dudit mois, servant de réponse à sa Requête inserée audit Arrêt du Conseil du 12. Juillet précédent ; contenant entr'autres choses, que le Fermier n'a aucun prétexte d'innover à la disposition des Ordonnances, qu'elles ont prévû les fraudes & les abus qu'on pourroit commettre, que lesdits Vinaigriers n'en commettent point ; & s'il y a des Procès en l'Election c'est par la mauvaise humeur des Commis qui cherchent à leur faire de la peine & à les fatiguer : Que les visites & exercice ausquels on voudroit les assujettir sont absolument impossibles, qu'elle ne rapporteroient aucun avantage au Fermier, seroient très-préjudiciables au public, & ruineroient entierement leur art & profession : que la nécessité dans laquelle ils sont de faire venir de dehors quantité de petits vins dont ils ont besoin pour faire leur vinaigre procede de ce que ne trouvant plus chez les Cabaretiers la grande quantité de lie qu'ils y trouvoient autrefois, parce que depuis quatre ou cinq années ils ont trouvé moyen de sous-tirer le vin, & de le faire entrer à Paris tout clair & sans lie. Il se trouvoit encore dans Paris quantité de vins gâtés qui se corrompoient sur la lie, comme il se peut justifier par les Registres de la Ferme Générale ; présentement il ne s'en trouve presque plus. Ils avoient encore toutes les baissieres des vins provenans des provisions des Princes & personnes de qualité, ce qui n'est plus à présent, parce qu'ils donnent l'argent à dépenser à leurs domestiques ; ce qui oblige les Vinaigriers d'aller chercher en Brie, & autres petits vignobles de petits vins gâtés non propres à boire ; étant à remarquer que les vins qui entrent dans Paris, & qui sont déclarés pour faire du vinaigre ne vont point directement chez les Vinaigriers, ils sont conduits au grand Bureau des Aydes, pour y reposer six à sept jours, après lesquels ils sont goûté par plusieurs Commis à ce préposés, qui mettent dans chaque piéce une quantité de vinaigre pour le gâter absolument ; il en peut être mis suivant l'Ordonnance, quatre pintes aux frais des Vinaigriers, & le Fermier en peut verser telle autre quantité qu'il trouvera à propos à ses dépens, & en tirer autant de vin: si cela ne l'accommode pas, les Vinaigriers offrent d'en mettre huit pintes au lieu de quatre, pour faire voir qu'ils n'ont point dessein d'user d'aucune fraude, étant impossible qu'ils puissent faire du vinaigre qu'avec du vin, le cidre ni la bierre n'y sont pas propres, & le vin dont ils se servent n'est pas propre à boire, & quelque bonne qualité qu'il pût avoir, il ne pourroit jamais servir à boire après avoir été aigri par les Fermiers: ainsi puisqu'ils font la visite, & qu'ils ont le vin en leur possession pendant six à sept jours, il seroit inutile de leur permettre des visites subsequentes dans les maisons des Vinaigriers: Car de dire que par des ingrédiens ils font paroître le vin de méchant goût dont ils rétablissent ensuite la qualité, c'est une pure illusion, étant impossible que les vins une fois gâtés par la quantité de vinaigre qu'on y mêle puissent reprendre leur premiere qualité, ni être propre à boire: Le Fermier Général seroit fort en peine de rapporter un seul procès-verbal qu'il justifie que les Vinaigriers ayent été trouvez en contravention, & vendant du vin réputé propre à boire; ils ont plûtôt lieu de se plaindre qu'au lieu de leur délivrer leur vin après les six jours portés par l'Ordonnance, on les laisse quelquefois deux mois aux Barrieres, exposés en pleine rue à l'injure du tems, ce qui leur cause un très-grand préjudice, tant à cause que le vin coule, & se perd faute de soin, que parce que ne pouvant l'avoir en tems propre & nécessaire, leurs vaisseaux à vinaigre ont été gâtés & les Marchandises jettées, n'y ayant rien de si facile à corrompre que le vinaigre dans son travail s'il n'est pas bien entretenu. Et si d'ailleurs le Fermier a lieu de se plaindre de quelques contraventions aux Ordonnances, Sa Majesté a préposé les Officiers de l'Election & de la Cour des Aydes pour y faire droit; & c'est où le Fermier doit se pourvoir, & non pas venir au Conseil faire des demandes nouvelles ausquelles il n'y a pas de raison, & qui tendent à la ruine entiere des Vinaigriers; au moyen de quoi ils auroient conclud à ce qu'il plût à Sa Majesté leur donner acte de ce que pour réponse à la Requête dudit Fermier Général ils employent le contenu ci-dessus, & en conséquence le débouter des fins & conclusions par lui prises, & que les Parties procederoient en l'Election de Paris, sur leurs Procès & Differens, ainsi qu'il appartiendra, & condamner ledit Fermier en tous les dépens, dommages & intérêts; vû aussi les autres Mémoires & Piéces attachées ausdites Requêtes: Oui le rapport du Sieur Phelippeaux de Pontchartrain, Conseiller ordinaire au Conseil Royal, Contrôleur Général des Finances LE ROY EN SON CONSEIL, faisant droit sur lesdites Requêtes respectives, a ordonné & ordonne, qu'après le séjour que les vins déclarés gâtés auront fait aux Bureaux de la Ferme Générale, conformément à l'Ordonnance du mois de Juin 1680. il sera mis dans chacun des vaisseaux dix pintes de vinaigre aux frais des Vinaigriers, ou autres ausquels ils appartiendront, au lieu des quatre pintes portées par l'Article III. du titre des Declarations & du payement des droits de ladite Ordonnance, auquel Sa Majesté a dérogé & déroge par le présent Arrêt à cet égard seulement sans tirer à conséquence, & au surplus S. M. a débouté ledit Pointeau des fins de sa Requête. FAIT au Conseil d'Etat du Roi, tenu à Versailles le vingt-quatriéme jour de Janvier 1696. Collationné. *Signé*, GOUJON.

A La requeste des Jurés, Syndic & Communauté des Maîtres Vinaigriers de cette Ville de Paris, soit signifié & baillé copie à Maître Pierre Pointeau, Fermier Général, de l'Arrêt contradictoire rendu au Conseil d'Etat le 24. *Janvier* 1696. *à ce que du contenu en icelui il n'en ignore, le sommant & interpellant de rendre dans hui tous les vins appartenans ausdits Maîtres Vinaigriers, que ledit Pointeau fait retenir dans plusieurs de ses Barrieres, attendu que le tems porté par l'Ordonnance est expiré: sinon & à faute de ce faire, protestent lesdits Maitres Vinaigriers de donner leur Requête en l'Election, & de répeter contre ledit Pointeau toutes pertes, dépens, dommages & intérêts, le sommant en outre de ne plus retenir les vins gâtés dans lesdites Barrieres, mais de les faire conduire au Bureau général, ainsi qu'il est porté par l'Ordonnance de* 1680. *aux protestations ci-dessus, ont élû leur domicile en la maison de maistre Nicolas-Charles Clement leur Procureur en l'Election, sise rue de la Calandre, dont Acte.*

Le sixiéme Février 1696. *signifié, baillé copie du présent Acte, ensemble de l'Arrêt y mentionné audit sieur Pointeau en son Bureau à*

Paris, parlant au Portier dudit Bureau, à ce qu'il n'en ignore. Par moi Huissier ordinaire du Roi en ses Conseils, BARANION.

SENTENCE DE L'ELECTION DE PARIS,

AU profit de la Communauté des Maîtres Vinaigriers, Verjutiers, Moutardiers, Distillateurs & Vendeurs d'Eau-de-Vie & Esprit de Vin de la Ville, Fauxbourgs & Banlieue de Paris.

CONTRE *les Fermiers Généraux, qui ordonne que tous les Vins destinés pour Vinaigre, seront directement conduits au Bureau Général de la Ferme des Aydes, pour y séjourner & être vinaigrés, s'il y a lieu, conformément à l'Ordonnance, & à l'Arrêt du Conseil du 24. Janvier 1696. sans qu'ils puissent être arrêtés aux Bureaux des Entrées, & que les vins arrêtés ausdits Bureaux, seroient amenés au Bureau Général dans le jour, pour être à l'instant vinaigrés, & sur le champ rendus.*

Du 22. Février 1696.

XXXI. A TOUS ceux qui ces présentes Lettres verront. Les Président, Lieutenant, Asseseur, Elûs & Contrôleurs Elûs. Conseillers du Roi notre Sire, sur le fait de ses Aydes & Tailles, ès Ville, Cité & Election de Paris, Salut : sçavoir faisons, qu'entre Me Nicolas-Charles Clement, Procureur des Jurez, Syndic & Communauté des Maistres Vinaigriers à Paris, Demandeurs en Requête du 21. Février présent mois, signifiée ledit jour par Delaistre Huissier Audiencier, tendante à ce qu'il plaise à la Cour ordonner que la Sentence du 13. dudit mois de Février, sera exécutée selon sa forme & teneur, & qu'il sera permis aux Demandeurs de prendre main forte pour enlever lesdits vins gatés, que le Défendeur ci-après nommé retient aux Bureaux des Barrieres depuis deux mois, & que pour cet effet la Sentence qui interviendra vaudra Congé à la représentation desdits Vins, ledit

dit Défendeur & ses Commis contraints par corps, & pour la détention d'iceux condamner ledit Défendeur & ses cautions en cinq cens livres de dommages & intérêts & aux dépens ; d'une part ; & Me Henry Charlier, Procureur de Me Pierre Pointeau Fermier Général des Fermes Royales unies de France, Défendeur d'autre, sans que les qualités puissent préjudicier. Parties ouies en leurs Plaidoyers : NOUS avons donné & donnons acte du consentement de Charlier pour le Fermier, le Commis à la poursuite des affaires présent : Que les Vins destinés pour Vinaigre soient conduits au Bureau général de la Ferme, conformément à l'Ordonnance, pour y séjourner le tems y porté, & être vinaigrés, conformément à l'Arrêt du Conseil du 24. Janvier dernier, s'il y échet, & que tous les Vins qui sont présentement arrêtés aux Bureaux des Entrées, appartenans aux Parties de Clement, soient amenés au Bureau général pour y être vinaigrés. Ce fait rendus, & en conséquence ordonne qu'à l'avenir tous les Vins destinés pour Vinaigre seront directement conduit au Bureau général de la Ferme des Aydes pour y séjourner & être vinaigrés, s'il y a lieu, conformément à l'Ordonnance & à l'Arrest du Conseil du 24. Janvier dernier, sans qu'ils puissent être arrêtés aux Bureaux des Entrées ; & à l'égard des Vins de cette qualité, qui sont présentement ausdits Bureaux des Entrées, ordonnons qu'ils seront dans le jour amenés audit Bureau général des Aydes, pour être ceux qui ont séjourné ausdits Bureaux le tems porté par l'Ordonnance, à l'instant vinaigrés, & sur le champ rendus : Et ceux de nouvelle venue qui n'ont pas restés ausdits Bureaux le tems de l'Ordonnance, séjourner audit Bureau général ledit tems, & ensuite être vinaigrés & rendus, le tout conformément à l'Ordonnance & audit Arrêt du Conseil, à la délivrance desdits Vins, pour être conduits audit Bureau général ; les Commis desdits Bureaux des Entrées contraints par corps, nonobstant oppositions ou appellations quelconques faites ou à faire, & sans préjudice d'icelles, par notre Jugement : Mandons au premier des Huissiers Audienciers de cette Election, ou autre Huissier ou Sergent sur ce requis, de mettre ces Présentes à dûe & entiere exécution selon leur forme & teneur. De ce faire lui donnons pouvoir ; en témoin de quoi avons à cesdites Présentes fait mettre & apposer le Scel ordinaire de cette Election. Ce fut fait & donné l'Audience tenante en l'Election de Paris, le Mercredi vingt-deux Février mil six cens quatre-vingt-seize. Collationné. *Signé*, MACE'.

LE vingt-deuxiéme Février 1696. fut la présente signifiée, & baillé copie à Me Charlier, Procureur, en son domicile parlant à son Clerc.

Et ledit jour vingt-deuxiéme Février audit an 1696. la présente Sentence a été montrée, signifiée, & icelle baillé copie audit M. Pointeau y dénommé, en son domicile & Bureau de l'Hostel de Charny, parlant à Me Alexis Panneau, Directeur Général des Aydes, par moi François Gasse, Huissier Audiencier en l'Election de Paris, y demeurant audit Cloistre saint Julien le Pauvre, soussigné, à ce qu'il n'en ignore, & l'ai sommé d'y satisfaire, & déclaré que pour l'exécution de ladite Sentence lesdits Vinaigriers qui ont des Vins aux Bureaux des Entrées, se pourvoiront ainsi qu'ils aviseront bon être, & laissé copie tant de ladite Sentence, signification dicelle, que du présent six heures du soir. Signé, GASSE.

XXXII. A TOUS ceux qui ces presentes Lettres verront, Charles-Denis de Bullion, Chevalier, Marquis de Gallardon & autres lieux, Conseiller du Roi en ses Conseils, & Garde de la Prevôté & Vicomté de Paris; SALUT, sçavoir faisons, que sur la Requête faite en Jugement devant Nous en la Chambre Civile du Châtelet de Paris, par Maître Philippes Damonville; Procureur des Jurés & Syndic de la Communauté des Maistres Vinaigriers & Verjutiers, Moutardiers, Distillateurs & Vendeurs d'Eau-de-vie & d'Esprit de vin de cette Ville, Demandeurs aux fins de l'Exploit fait par Sallard, Huissier en cette Cour, le 31. dernier, en vertu de nôtre Ordonnance, étant au bas de la Requête à Nous présentée, en datte du 26. dudit mois d'Août, ledit Exploit controllé à Paris le même jour 30. Août, par Brodard présenté; & encore Demandeurs en exécution de notre Ordonnance du 31. dudit mois d'Août dernier, qui a renvoyé les Parties à l'Audience, concluans à ce qu'attendu la contravention faite par le Défendeur aux Statuts de ladite Communauté, & à notre Sentence du 12. Février dernier, & que ledit Défendeur vend & débite du Verjus en gros & en détail aux

Preſſoirs qu'il exploite & fait exploiter, Cloiſtre ſainte Opportune & Cimetiere ſaint Jean, il ſoit condamné en telle amende qu'il Nous plaira, & aux dommages & intérêts des Demandeurs, & qu'il leur ſera permis de faire ſaiſir les Pots, Vaiſſeaux & Meſures dont il ſe ſert pour vendre ledit Verjus auſdits Preſſoirs pour ſon compte, avec dépens, aſſiſtez de Maiſtre Foreſtier leur Avocat; contre Maiſtre du Four, Procureur d'Antoine Gagnard, auſſi Maiſtre dudit Métier, Défendeur, aſſiſté de Maiſtre Pillon ſon Avocat. Parties ouies: Nous avons la cauſe continué à Vendredi prochain, & cependant faiſons défenſes à la Partie de Pillon de vendre du Verjus au Preſſoir, ni autres endroits d'entrepos, pourra en vendre dans ſa Boutique comme les autres Maiſtres; & en cas de contravention, avons permis aux Parties de Foreſtier de ſaiſir, dépens réſervés; ce qui ſera exécuté ſans préjudice de l'appel. En témoin de ce Nous avons fait ſceller ces Préſentes, faites & données par Meſſire Marc-René de Voyer d'Argenſon, Chevalier Conſeiller du Roi en ſes Conſeils. Lieutenant-Général de Police, tenant Siége le Vendredi troiſiéme Septembre mil ſept cens ſix. Collationnée, & ſcellée.

Signé, COMMEAU.

Signifié & baillé Copie de la préſente Sentence à Maitre du Four Procureur, à domicile, le quatriéme Septembre mil ſept cens ſix. Signé, *MANDIN.*

A TOUS ceux qui ces préſentes Lettres verront: Charles-Denis de Bullion, Chevalier Marquis de Gallardon, & autres lieux Conſeiller du Roi en ſes Conſeils, & Garde de la Prevôté & Vicomté de Paris; Salut. Sçavoir faiſons, que ſur la Requête faite en jugement devant Nous en la Chambre de Police du Châtelet de Paris, par Maiſtre Philippes Damonville, Procureur des Jurés & Syndic de la Communauté des Maiſtres Vinaigriers & Verjutiers, Moutardiers, Diſtillateurs & Vendeurs d'Eau de vie & d'Eſprit de vin de cette Ville, Demandeurs ſuivant l'Exploit du 30. Août dernier, aux concluſions expliquées en notre Sentence du 3. du préſent mois, & encore Demandeur XXXIII.

en exécution de notre Ordonnance du 31. dudit mois d'Août, qui a renvoyé les Parties à l'Audience, & de notredite Sentence du 3 du présent mois, qui a continué la cause à ce jourd'hui, & cependant fait défenses au ci-après nommé, de vendre du Verjus aux Pressoirs qu'il exploite & fait exploiter en Cloistre saint Opportune, Cimmetiere saint Jean, & autres endroits d'entrepos, & permet aux Demandeurs en tant de contravention de saisir, assistez de Maistre Forestier leur Avocat; contre Maistre du Four, Procureur d'Antoine Cagnard, Maistre dudit Métier, Défendeur, assisté de Maistre Pillon, son Avocat. Parties ouies, lecture faite des Statuts de ladite Communauté, & notamment de l'article 20. & autres Pieces: Oui noble homme Maistre Claude Thomas Dupuis, Conseiller du Roi, & son Avocat, en ses conclusions. Nous disons que nos Sentences & Réglemens seront exécutez, & sans préjudice à l'exploitation du Pressoir, & aux Droits du Domaine, & en cas que le pressoirage soit payé en Verjus, disons que la Partie de Pillon ne pourra vendre qu'à des Maistres Vinaigriers, ou dans sa Boutique; ce qui sera exécuté sans préjudice de l'appel. En témoin de ce Nous avons fait sceller ces Présentes, faites & données par Messire Marc le Voyer d'Argenson, Chevalier, Conseiller du Roi en ses Conseils, Lieutenant-Général de Police au Châtelet de Paris, tenant le Siege, Vendredi dixiéme jour de Septembre mil sept cens six. Collationné, & scellée.

Signé, COMMEAU.

Signifié & baillé Copie audit Maitre du Four, à domicile, le vingtiéme Septembre mil sept cens six. Signé, *VOISIN.*

SENTENCE DE MONSIEUR LE LIEUTENANT GÉNÉRAL DE POLICE.

EN FAVEUR DE LA COMMUNAUTÉ des Maistres Vinaigriers de Paris.

CONTRE les nommés Lucien, Voiturier par Terre, demeurant au Village de Quinsy en Brie.

Et le nommé Comtois aussi Voiturier, demeurant au Village de Moutreuil-sur-Vincennes.

Qui déclare les saisies sur eux faites de Vins corrompus & gâtés, & par eux amenés à l'Hôtel de Bretonvilliers, bonnes & valables, & leur fait défenses de récidiver, avec dépens.

Du 31. *Aout* 1742.

A Tous ceux qui ces présentes Lettres verront. Gabriel-Jerôme de Bullion, Chevalier, Comte d'Esclimont, Conseiller du Roi en ses Conseils, Prevôt de Paris, Salut: sçavoir faisons. Que sur la Requête faite en jugement devant Nous à l'Audience de la Chambre de Police du Châtelet de Paris par Me Bailly, Procureur des Syndic & Jurés de la Communauté des Maistres Vinaigriers, Verjutiers, Moutardiers, Vendeurs & Distilateurs d'Eau-de-Vie & Esprit de Vin à Paris, Demandeurs en validité des saisies faites à leur Requête de deux demi-queues de Vin gâté, saisies sur le nommé Lucien ci-après nommé, de trois autres demi-Queues Orléans, saisies sur le nommé Comtois, d'une autre demi-Queue Orleans sur le nommé Milon, & de deux autres demi-Queues sur le nommé la Vaquerie, par Exploit du 14. Avril dernier, suivant & aux fins des Exploits faits par Morel Guesdon & Doucet, Huissier à Cheval en cet Cour le 27. Avril, 5. & 12. Mai dernier, controllé à Paris & XXXIV.

à Lagny les mêmes jours par Guillot & Legrand, présentés au Greffe, le tout tendant afin de défenses à tous particuliers d'amener en cette Ville de Paris des Vins gâtez, puans & corrompus, avec amende, dommages, intérêts & dépens, & Défendeur à la demande incidente contr'eux formée, assistez de Maistre Duret leur Avocat: contre Maistre Douceur Procureur de Thomas le Doux, Maistre Vinaigrier à Paris, & d'André de la Vacquerie & Compagnie Défendeur, assisté de Maistre Thiebart leur Avocat, Maistre Perrot l'aisné Procureur dudit Lucien, Voiturier par Terre, Défendeur & incidemment Demandeur afin de nullité de ladite saisie, & en condamnation de la somme de soixante livres pour la valeur des Vins sur lui saisis jettez à l'eau, & afin de défenses, dommages, intérêts & dépens, suivant les défenses signifiées le 22. Juin dernier, assisté de Maistre de la Brosse son Avocat; & encore contre le nommé Comtois Voiturier, Défendeur & défaillant. Parties ouies entre lesdits Maistres Duret, Thiebart & de la Brosse; & par vertu du défaut de Nous donné contre ledit Comtois, Défendeur non comparant ni Procureur pour lui dûement appellé : Nous avons les saisies faites sur la Partie de la Brosse & ledit Comtois Defendeur, des Marchandises de Vins corrompus dont est question, déclarées bonnes & valables. Faisons défenses audit Lucien partie de Delabrosse & audit Comtois de plus récidiver & amener de pareils Vins au Bureau des Aydes, & les condamnons aux dépens. Déchargeons les Parties de Thiebart de la demande des Parties de Duret avec dépens, dont les Parties de Duret seront acquittées par lesdits Lucien & Comtois; & la présente Sentence imprimée, lûe, publiée & affichée à leurs frais; ce qui sera exécuté nonobstant & sans préjudice de l'appel, & soit signifié au Défendeur; en témoin de ce Nous avons fait sceller ces présentes; ce fut fait & donné par Messire Claude-Henri Feydeau de Marville, Chevalier, Conseiller du Roi en ses Conseils, Maistre des Requêtes ordinaire de son Hôtel, Lieutenant-Général de Police, de la Ville, Prevôté & Vicomté de Paris, y tenant le Siége, le Vendredi trente-un Août 1742. Collationné. *Signé*, DE BEAUVAIS. Scellé le six Septembre 1742. *Signé*, SAUVAGE.

SENTENCE

DE MONSIEUR

LE LIEUTENANT GE'NE'RAL DE POLICE,

PORTANT Reglement & l'execution des Statuts de la Communauté des Maîtres Vinaigriers ; & ordonne que Pierre Lardin Apprentif du sieur Huet, sera tenu de rentrer à son service dans le jour, sinon le Brevet & le transport remis dans les coffres de la Communauté comme nul ; condamne ledit Lardin aux dépens envers toutes les Parties.

Du 3. Aoust. 1742.

A TOUS ceux qui ces presentes Lettres verront : Gabriel Jerôme de Bullion, Chevalier, Comte d'Esclimont, Seigneur de Wideville, Cresperes, Macis, Montainville & autres lieux, Conseiller du Roy en ses Conseils, Prevôt de la Ville Prevôté & Vicomté de Paris. Salut : sçavoir faisons. Que sur la Requeste faite en jugement devant Nous à l'audience de la Chambre de Police du Châtelet de Paris, par Maistre René-Paul Bailly, Procureur d'André Huet Maistre Vinaigrier à Paris, Demandeur en confirmation de l'avis de Monsieur le Procureur du Roy rendu en cette Cour le vingt-deux Juin dernier, par lequel il a été ordonné que le Brevet d'apprentissage de Pierre Lardin fait avec Pierre-Laurent Maloin aussi Maistre Vinaigrier, passé devant de Saint-Georges & son confrere Notaires, le vingt-un Septembre mil sept cent trente-neuf, & le transport d'icelui fait au profit dudit Huet le 15. Octobre dernier, seront exécutés ; & en consequence que ledit Apprentif seroit tenu dans ce jour de rentrer chez son Maistre, à l'effet de quoi Pierre Tauzin ci-après nommé seroit de renvoyer ledit Apprentif hors de son XXXV.

service, avec dépens, & aux fins de sa Requête verbale signifiée par Picque Huissier Audiencier en cette Cour, tendante à ce que faute par les Défendeurs d'avoir satisfait audit avis, ledit Tauzin soit condamné aux amendes de quatre livres & de dix livres portées par les Articles quatre & vingt-cinq des Statuts de leur Communauté, avec dommages & interêts, & Défendeur, assisté de Maistre Thiebart son Avocat; & encore ledit Maistre Bailly Procureur des Syndic & Jurés de la Communauté des Maistres Vinaigriers, intervenans, Demandeurs en exécution des Statuts & Reglemens ~~de leur~~ Communauté, suivant & aux fins de leur Requête verbale signifiée le seize Juillet dernier par Boyer audiencier en cette Cour, & Défendeurs, assistez des Maistre Duret leur Avocat, contre Maistre Sanctus Procureur de Jacques Vitry Vigneron à Vincennes, au nom & comme caution & Tuteur de Pierre Lardin Apprentif Vinaigrier, Défendeur aux Requêtes verbales susdattées, Demandeurs aux fins des exceptions signifiées le dix-neuf Juillet dernier, & incidemment Demandeur suivant ses défenses signifiées les deux & vingt-six dudit mois, assisté de Maistre Bajou son Avocat; & encore contre Maistre Guestard Procureur de Pierre Tauzin aussi Maistre Vinaigrier à Paris, aussi Defendeur aux demandes & intervention susdattées, & incidemment Demandeur suivant ses défenses signifiées le 27. Juin dernier, assisté de Maistre Demoulins son Avocat. Parties oüies, sans que les qualités puissent nuire ni préjudicier: Nous recevons les Parties de Duret Parties intervenantes; faisant droit sur leur intervention & sur les demandes respectives des parties, ordonnons que l'Avis du Procureur du Roy sera exécuté, & suivant icelui que le Brevet d'apprentissage & transport d'icelui, dont est question seront exécutez selon leur forme & teneur, & en consequence la Partie de Bajou sera tenue de ramener l'Apprentif dans le jour chez la Partie de Thiebart son Maistre pour y parachever son tems, sinon & à faute de ce faire à la premiere sommation qui lui en sera faite, ledit Brevet d'apprentissage & transport d'icelui demeureront nuls, & seront remis au coffre de la Communauté des Parties de Duret, à l'effet de quoi la Partie de Demoulins sera tenuë de renvoyer ledit Apprentif & le mettre hors de son service; & attendu les con-

travenrion

traventions par elles commises aux Statuts de leur Communauté, condamnons les Parties de Demoulins & Bajou aux dépens envers les parties de Thiebart & Duret ; & sur le surplus des demandes & contestations des Parties les avons mises hors de Cour ; ce qui sera exécuté nonobstant & sans préjudice de l'appel. En témoin de quoi Nous avons fait sceller ces présentes, qui furent faites & donnée par Messire Claude-Henry Feydeau de Marville, Chevalier, Conseiller du Roy en ses Conseils, Lieutenant General de Police du Châtelet de Paris, y tenant le Siege, le Vendredy trois Aoust mil sept cent quarante-deux. Collationné, Signé, DE BEAUVAIS. Scellé le neuf Aoust 1742. Signé, SAUVAGE.

SENTENCE

DE MONSIEUR

LE LIEUTENANT GENERAL DE POLICE ;

Concernant la Communauté des Maîtres & Marchands Vinaigriers de la Ville, Fauxbourgs & Banlieues de Paris.

Du 15 *Novembre* 1743.

A TOUS ceux qui verront ces Presentes. Gabriel-Jerôme de Bullion, Chevalier, Comte d'Esclimont, Maréchal des Camps & Armées du Roy, Prevost de Paris : Salut, sçavoir faisons. Que vû la Requeste à Nous présentée par les Syndic & Jurez des Maistres Vinaigriers à Paris, tendante à ce qu'il Nous plût homologuer la Déliberation prise en l'Assemblée desdits Maistres, tenue en leur Bureau le 23. Fevrier 1743. controllé à Paris le 25. dudit mois par la Croix, à l'occasion du renvoy fait à leur Communauté de la permission à Nous demandée par Charles-François Dautray, l'un desdits Maistres, & ancien de ladite Communauté, de vendre de XXXVI.

la Gravelée & de la Cendre de la Gravelée, même d'en faire imprimer, débiter, & de les faire afficher par tout où besoin seroit, par laquelle Déliberation ils ont arresté que ladite permission seroit demandée pour tous les Maistres de ladite Communauté, comme ne pouvant qu'estre utile au Pubic; ladite Requeste signée Bailly, au bas de laquelle est notre Ordonnance de soit communiquée au Procureur du Roy. Vû aussi une copie de ladite Déliberation collationné par Lecourt & Guerin Notaires au Châtelet de Paris le 27. dudit mois de Fevrier, ensemble les conclusions du Procureur du Roy. TOUT consideré. NOUS avons homologué & homologuons ladite Déliberation du 23. Fevrier dernier, pour être exécutée selon sa forme & teneur, & en conséquence disons qu'il est permis à tous les Maistres de la Communauté des Maistres Vinaigriers de la Ville & Fauxbourgs de Paris, de vendre & débiter de la Gravelée & de la Cendre de Gravelée, & de faire imprimer, débiter pour servir d'avertissement au Public, & iceux faire afficher par tout où besoin sera: ce qui sera exécuté nonobstant & sans préjudice de l'appel: en témoin de quoi Nous avons fait sceller ces Presentes, qui furent faites & données par Messire Claude-Henry Feydeau de Marville, Chevalier, Conseiller du Roy en ses Conseils, Maistre des Requestes ordinaires de son Hôtel, Lieutenant General de Police des Ville, Prévosté, Vicomté & Châtelet de Paris, le Vendredy quinze Novembre mil sept cent quarante-trois. Signé, DE BEAUVAIS. Collationné. Signé, VIMONT. Scellé le 19 Novembre 1743. Signé, SAUVAGE.

Obtenu & imprimé par les soins & diligences des Syndic & Jurez en Charge de ladite Communauté l'année 1743. *qui sont Messieurs,*

Syndic en Charge,

Charles-François Dautray.

Jurez en Charge.

Charles Faburel.

Sebastien Dedron.

Jean-François David.

Jean Claude le Févre.

Jean-François Delauney, *Clerc de la Communauté.*

SENTENCE RENDUE

Par Monſieur le Lieutenant Général de Police, ſur les Concluſions de Monſieur le Procureur du Roy, portant Reglement pour la Communauté des Maîtres Vinaigriers.

CONTRE les Commiſſionaires & Courtiers de Vins, qui leur fait défenſes d'amener à l'Hôtel de Bretonvilliers des Vins autrement qu'à la deſtination des Maiſtres & Veuves de ladite Communauté, ſans pouvoir les faire amener ſous le nom d'un Maiſtre & Compagnie, à peine de 50. livres d'amende, de ſaiſie, confiſcation deſdits Vins. Fait pareillement défenſes aux Maiſtres & Veuves de prêter leurs noms directement ni indirectement auſdits Commiſſionaires, Courtiers, à peine, &c.

Du 30. Avril 1744.

A TOUS ceux qui ces preſentes Lettres verront : Gabriel-Jerôme de Bullion, Chevalier, Comte d'Eſclimont, Seigneur de Wedeville & autres lieux, Maréchal des Camps & Armées du Roy, ſon Conſeiller en ſes Conſeils, Prevoſt de Paris, Salut, ſçavoir faiſons. Que vû par Nous Claude-Henry Feydeau de Marville, Chevalier, Seigneur de Fontaine-Labbé, Conſeiller du Roy en ſes Conſeils, Maiſtre des Requeſtes ordinaire de ſon Hôtel, Lieutenant Général de Police de la Ville, Prévoſté & Vicomté de Paris l'Acte de déliberation de la Communauté des Maiſtres Vinaigriers de cette Ville de Paris du 23. de preſent mois d'Avril, dûëment controllé à Paris le 24. par la Croix, dont copie collationnée par Mes. Gouvion & ſon Confrere Notaires au Châtelet de Paris ledit jour 24. dudit preſent mois, & annexée à la minute des pre- XXXVII.

ſentes, & la Requeſte à Nous preſentée par les Syndic & Jurez de la Communauté deſdits Maiſtres Vinaigriers, à ce qu'il Nous plût homologuer ledit Acte de déliberation pour être exécutée ſelon ſa forme & teneur, & ſuivant icelle ordonner que tous les Vins propres à faire Vinaigre qui arriveront à l'Hôtel de Bretonvilliers ſous le nom d'un Maiſtre Vinaigrier & Compagnie, ſeront ſaiſis & confiſqués; au contraire que dorénavant leſdits Vins arriveront à la deſtination & ſous les noms deſdits Maiſtres Vinaigriers, & que la quantité & leur noms ſoient écrit ſur les Congez, à peine d'être ſaiſis & confiſquez, ſçavoir un tiers au profit de Sa Majeſté un autre tiers pour l'Hôpital General, & l'autre tiers au benefice des Jurez, ſauf plus grande peine s'il y échoit; faire défenſes à toutes perſonnes faiſant la profeſſion de Commiſſionnaire & Courtier & autre d'amener ou faire amener par aucun Voiturier des Vins ſervans à faire Vinaigre, que dans les cas & ainſi qu'il eſt ci-deſſus expliqué, à peine de confiſcation d'iceux, & de trois cens livres d'amende; faire pareillement expreſſes inhibitions & défenſes à tous Maiſtres & Veuves de ladite Communauté des Vinaigriers de prêter leurs noms directement ni indirectement à aucuns deſdits Commiſſionnaires, Courtiers & autres, à peine de cent livres d'amende, & en cas de récidive de déchéance de leur Maiſtriſe, que les Syndic & Jurez continueront de faire leurs viſites dans l'Hôtel de Bretonvilliers à l'uſage ordinaire, pour empêcher les abus qui pourroient ſe commettre. Ordonner pareillement que la Sentence qui interviendroit ſeroit imprimée & affichée dans les endroits néceſſaires & accoûtumés, même dans les Villages voiſins, & qu'il en ſeroit donné des Exemplaires à tous les Maiſtres & Veuves de ladite Communauté, les frais de laquelle Sentence, que ceux ainſi que les Supplians ſeront obligez de faire ſur leſdits procès verbaux de ſaiſie, & qu'ils ſeront obligez de débourſer leur ſeront allouez & paſſez dans leur compte, le tout conformément à ladite Délibération, ladite Requête ſignée Bailly Procureur, au bas de laquelle eſt & notre Ordonnance du 25. dudit mois d'Avril de ſoit communiqué au Procureur du Roy, ſes concluſious étant enſuite & le tout vû & conſideré: *Nous* oui ſur ce le Procureur du Roy, ordonnons que ladite Déliberation eſt, & demeurera homologuée pour être exécutée ſelon ſa forme & teneur,& en conséquence faisons défensesà tous Commissionnaires, Courtiers & autres,d'amener ou faire amener par aucun Voiturier dans cette Ville de Paris à l'Hôtel de Bretonvilliers, des Vins propres à faire le Vinaigre autrement qu'à la destination & pour les Maistres de la Communauté, dont ils seront tenus de prendre des Congez sur les lieux, dans lesquels il sera fait mention des noms des Maistres Vinaigriers, & de la quantité de Vin qu'ils ameneront, sans pouvoir déclarer lesdits Vins sous le nom des Maistres & Compagnie, à peine de saisie & de confiscation d'iceux, & de cinquante livres d'amende contre chaque contrevenant. Faisons pareillement défenses à tous les Maistres & Veuves des Maistres de ladite Communauté, de prêter leurs noms auxdits Commissionnaires, Courtiers & autres à peine de pareille amende contre chacun d'eux, & même en cas de récidive de déchéance de leur Maistrise, & ordonnons que les Syndic & Jurez continueront de faire leurs visites audit Hôtel de Bretonvilliers, & par tout où besoin sera, pour empêcher les abus qui pourroient se commettre & saisir les contrevenans; & que notre présente Sentence sera à la diligence des Supplians enregistrée sur le Registres de la Communauté, imprimée, lûe, publiée & affichée dans les Bureaux d'icelle, & dans tous les lieux & Carrefours accoûtumez de la Ville, Fauxbourgs, Villages circonvoisins de la Banlieue de Paris, & par tout où besoin sera, & qu'il en sera délivré un exemplaire imprimé à tous les Maistres & Veuves de Maîtres de ladite Communauté, & pour qu'ils ayent à s'y conformer sous les peines y portées: Et témoin de ce Nous avons fait sceller ces présentes, faites & données par Nous Juge susdit le trente Avril mil sept cent quarante-quatre. *Signé*, MENARD. Collationné. *Signé*, SAUVAGE & LAMBERT.

Ladite Sentence obtenue par les soins & diligence des sieurs

Syndic en charge,
Charles-François Dautray.
Jurés en charge,
Charles Faburel.
Sebastien Dedron.
Jean-François David.
Jean-Claude Le Févre.
Jean-François Delaunay, Clerc de la Communauté.

SENTENCE DE MONSIEUR LE LIEUTENANT GENERAL DE POLICE.

Du 19. Juin 1744.

XXXVIII. A TOUS ceux qui ces présentes Lettres verront, Gabriel-Jerôme de Bullion, Chevalier, Comte d'Esclimont, Prévôt de Paris. SALUT, sçavoir faisons, que sur la Requête faite en Jugement devant Nous à l'Audience de la Chambre de Police du Châtelet de Paris par Me. Bailly, Procureur des Syndic & Jurés de la Communauté des Maîtres Vinaigriers à Paris, demandeurs en exécution des Statuts, Sentences, Arrêts & Reglemens rendus au profit de leur Communauté, & en validité de la saisie par eux faite le vingt-un Avril dernier, sur le nommé Duret & sa femme, Commissionnaires de Vins propres à faire Vinaigres, de trente-trois demie queuës de Vin trouvées en contravention, suivant & aux fins de l'Exploit fait par Doucet Huissier, le vingt-trois Avril dernier, duement contrôlé & scellé, tendant à fin de confiscation des choses saisies; défenses de rescidiver, amende, dommages, interêts & dépens; demandeurs aux fins de leur Requête d'icelle, signifiée le treize May dernier, & deffendeurs à la demande incidente ci-après dattée, assistés de Me. Duret leur Avocat; contre Me. Maubert Procureur de Jacques Duret & Marie-Jeanne Lucas sa femme, Commissionnaires de Vins à Argenteuil, partie saisie, deffendeurs aux Exploits & Requêtes d'icelle susdattés, & incidamment demandeurs, suivant leurs défenses signifiées le treize May dernier; oui ledit Me. Duret Avocat en son plaidoyer, & pour recette du deffaut de Nous donné contre ledit Me. Maubert, non comparant, ni autre pour lui, dûement appellé: vû l'avenir, pour plaider à ce jour: Nous ordonnons que les Statuts, Ordonnances, Sentences & Arrêts de Reglemens rendus au profit de la Communauté desdits Maîtres Vinaigriers seront exécutés; & attendu la contravention formée par la Partie de Maubert, avons la saisie des trente-trois demie queues de Vins dont est question déclarée bonne & valable; ordonnons que les deniers provenus de la vente des choses saisies sur la Partie de Maubert, demeureront confisqués au profit des Parties de Duret: faisons défenses aux Parties de Maubert de récidiver, & pour la contravention par eux commise, les condamnons en quinze livres de dommages, interêts & aux dépens; & sera notre présente Sentence imprimée, lûe, publiée & affichée par tout où besoin sera, aux frais & dépens desdites Parties de Maubert, ce qui sera exécuté nonobstant & sans préjudice de l'appel, & soit signifié: en témoin de ce Nous avons fait sceller ces présentes. Fait & donné par Monsieur de Marville, Lieutenant Général de Police de la Ville de Paris, y tenant le siége, le Vendredy dix-neuf Juin mil sept cent quarante-quatre. Collationné, signé **LAMBERT.** Scellé le 25. Juin 1744. SAUVAGE.

Signifié & baillé copie à Me. Maubert Procureur à domicile le 27. Juin 1744. **FIRMAIN.**

SENTENCE DE MONSIEUR LE LIEUTENANT GENERAL DE POLICE.

Du 17. Juillet 1744.

A TOUS ceux qui ces présentes Lettres verront, Gabriel-Jerôme de Bullion, Chevalier, Comte d'Esclimont, Prévôt de Paris. SALUT, sçavoir, faisons, que sur la Requête faite en Jugement devant Nous à l'Audience de la Chambre de Police du Châtelet de Paris, par Me. Leger, Procureur des Syndic & Jurés en Charge de la Communauté des Maîtres Vinaigriers, & en vertu de notre Ordonnance du vingt-huit Avril dernier, dûement scellée, étant au bas de la Requête à Nous présentée le même jour par procès-verbal fait par Doucet, Huissier à Cheval, du dix-huit May aussi dernier, accompagnée du Commissaire Merlin, fait saisir sur lui après nommé, plusieurs barils, mesures & marchandises d'Eau-de-vie, & De- XXXIX.

mandeurs aux fins de l'assignation portée audit procès-verbal, dûement contrôlé & présenté, tendant à fin de validité de saisie, confiscation des effets & marchandises saisies, dommages, interêts, amendes & dépens, contre Me. Galtray, Procureur de Thomas Perret, faisant la profession de Vinaigrier, partie saisie & défendeur, Parties ouies, lecture faite des Statuts de la Communauté des Maîtres Vinaigriers, & du procès-verbal de saisie & autres pieces : Nous disons que les Statuts, Arrêts & Reglemens de la Communauté des Parties de Leger seront exécutés selon leur forme & teneur ; en conséquence faisons défenses à la Partie de Galtray, de plus entreprendre sur la profession des Parties de Leger, déclarons bonne & valable la saisie sur lui faite à la Requête des Parties de Leger, disons que les marchandises & ustanciles saisies demeureront confisquées au profit des Parties de Leger, & pour la contravention commise par la Partie de Galtray, la condamnons en trois livres de dommages & interêts, & aux dépens, ce qui sera exécuté nonobstant & sans préjudice de l'appel, en témoin de ce Nous avons fait sceller ces présentes, qui furent faites & données par Messire Claude-Henry Feydeau de Marville, Chevalier, Conseiller du Roy en ses Conseils, Maître des Requêtes ordinaire de son Hôtel, Lieutenant-Général de Police de la Ville, Prévôté & Vicomté de Paris, y tenant le Siége, le Vendredy dix-sept Juillet mil sept cent quarante-quatre. Collationné, LAMBERT. Scellé le vingt deux Juillet 1744. SAUVAGE.

Signifié & baillé copie à Me. Gelhay Procureur à domicile le 24. Juillet 1744. FIRMAIN.

SENTENCE DE MONSIEUR LE LIEUTENANT GENERAL DE POLICE,

Du 21. Août 1744.

XL. HTOUS ceux qui ces présentes Lettres verront, Gabriel-Jerôme de Bullion, Chevalier, Comte d'Esclimont, Prévôt de Paris. SALUT, sçavoir faisons, que sur la Requête faite

faite en Jugement devant Nous à l'Audience de la Chambre de Police du Châtelet de Paris, par Me. Leger, Procureur des Syndic & Jurés en Charge de la Communauté des Maîtres Vinaigriers à Paris saisissant, par procès-verbal fait par Doucet Huissier, le dix-huit May dernier, en vertu de notre Ordonnance du vingt-huit Avril dernier, duement scellée, étant au bas de la Requête à Nous présentée le même jour, & demandeurs aux fins de l'assignation portée audit procès-verbal duement contrôlée & présenté tendante à fin de validité de saisie, d'une pinte, une chopine, trois demi septiers, autres effets & marchandises saisies sur les ci-après nommés, confiscation des marchandises, dommages, interêts, amande & dépens contre Maître Gicquel, Procureur de Louis Rouillier, faisant la profession de Vinaigrier sans qualité, deffendeur, Parties ouies, lecture faite des piéces & dudit procès-verbal : Nous disons que les Statuts, Arrêts & Reglemens de la Communauté des Parties de Leger, seront exécuté selon leur forme & teneur, en conséquence, faisons défenses à la Partie de Gicquel de plus entreprendre sur la profession des Parties de Leger, déclarons bonne & valable la saisie faite sur la Partie de Gicquel, à la Requête de celles de Leger : disons que les marchandises, & ustanciles saisis demeureront confisqué au profit desdites Parties de Leger ; & pour la contravention commise par la Partie de Gicquel, la condamnons en trois livres de dommages, interêts & aux dépens ; ce qui sera exécuté nonobstant & sans préjudice de l'appel, en témoin de ce Nous avons fait sceller ces Présentes, qui furent faites & données par Messire Claude-Henry Feydeau de Marville, Chevalier, Conseiller du Roy en ses Conseils, Maître des Requêtes ordinaire de son Hôtel, Lieutenant-General de Police de la Ville de Paris, y tenant le Siege le Vendredy vingt-un Août mil sept cent quarante-quatre. Collationné DE BEAUVAIS. Scellé le vingt-huit Août 1744. SAUVAGE.

Signifié & baillé copie à Me. Gicquel Procureur à domicile le 29. Août 1744. SIVOLET.

SENTENCE DE MONSIEUR LE LIEUTENANT GENERAL DE POLICE.

Du 21. Aout 1744.

XLI. A TOUS ceux qui ces présentes Lettres verront : Gabriel-Jérôme de Bullion, Chevalier, Comte d'Esclimont, Prevôt de Paris ; Salut, Sçavoir faisons, que sur la Requête faite en Jugement devant Nous à l'Audience de la Chambre de Police du Châtelet de Paris, par Maistre Leger, Procureur desdits Jurés & Syndic de la Communauté de Maistres Vinaigriers à Paris, saisissant par Procès-verbal de Doucet, Huissier à Cheval en cette Cour du dix-huit Mai dernier, en vertu de notre Ordonnance du vingt-huit Avril dernier, dûement scellé étant au bas de la Requête à Nous présentée le même jour, & Demandeurs aux fins de l'assignation portée audit Procès-verbal, contrôlé & présenté, tendant afin de validité de saisie d'une pinte, une chopine, trois demi-septiers, autres effets & Marchandises saisis sur lui après nommé confiscation de Marchandises, dommages, intérêts, amende & dépens contre Maistre Merlin, Procureur de Bénoist Noiron, faisant la profession de Vinaigrier sans qualité, Défendeur. Parties ouies, Lettres faite desdites pieces, Nous disons que les Statuts, Arrêts & Réglemens de la Communauté des Parties de Leger seront exécutées selon leur forme & teneur, en conséquence, faisons défenses à la Partie de Merlin, de plus entreprendre sur la profession desdites Parties de Leger, déclarons bonne & valable la saisie sur lui faite à la Requête desdites Parties de Leger ; Disons que les Marchandises & Ustanciles saisies demeureront confisquées au profit desdites Parties de Leger, & pour la contravention commise par la Partie de Merlin, la condamnons en trois livres de dommages, intérêts, & aux dépens, ce qui sera exécuté nonobstant & sans préjudice de l'Appel : en témoin de ce Nous avons fait sceller ces présentes qui furent faites & ordonnées par Messire Claude-Henri Feydeau de Marville, Chevalier,

Conseiller du Roi en ses Conseils, Maistre des Requêtes Ordinaire de son Hôtel, Lieutenant-Général de Police de la Ville de Paris, y tenant le Siége, le Vendredi vingt-un Août mil sept cens quarante-quatre. DE BEAUVAIS. Scellé ce 28. Août 1744. SAUVAGE.

Signifié & baillé copie à Me. Merlin, Procureur à domicile le 29. Aout 1744. SIVOLET.

DE'LIBE'RATION

DE LA COMMUNAUTE' DES Maîtres Vinaigriers de la Ville, Fauxbourgs & Banlieues de Paris.

CE Jourd'hui vingt-neuf Janvier mil sept cent trente-neuf, neuf heures du matin en l'Assemblée générale convoquée par billets en la maniere accoutumée, pour ce dit jour & heure au Bureau de notre Communauté, sis rue saint Denis, Cloître du Saint Sépulchre : Sur ce qui a été représenté par les Syndic & Jurés actuellement en charge, que sous prétexte qu'aux termes du premier Article des Statuts de ladite Communauté, elle étoit composée d'un nombre de deux cens Maîtres, avec trois Garçons chacun, qui vont par la Ville, Fauxbourgs & Banlieues, Prevôté & Vicomté, pour distribuer les Marchandises dépendantes de leurs exercices & profession; & quoique cette distribution ne puisse jamais s'entendre que pour pouvoir porter en Ville par lesdits trois Garçons, soit Compagnons ou Apprentifs, les Marchandises que les Maistres de ladite Communauté sont obligés d'envoyer porter en Ville chez leurs Pratiques, néanmoins ils ont reconnu qu'un grand nombre de leurs Compagnons mal-intentionnés, abusant de la confiance & des bienveillances que quelques Maistres ont pour eux, soit parce qu'ils leur sont parens ou alliés, ou parce qu'ils peuvent trouver quelques profits à prêter leurs noms ausdits Compagnons, en leur vendant des Marchandises de Vinaigre, Verjus & Moutarde, que lesdits Compagnons ont la hardiesse & la témérité de XLII.

vendre & débiter publiquement par les rues, ſur une brouette garnie de barils & de pots d'Eſtain, ſervant à meſurer leſdites Marchandiſes de Vinaigres, Verjus & Moutarde; ce qui donne lieu auſdits Compagnons & Apprentifs de faire des cabales entr'eux, de ſe débaucher les uns les autres pour libertiner fort ſouvent aux dépens de leurs Maiſtres, en ſorte que par ces raiſons, leſdits Compagnons trouvant le ſecret de pouvoir travailler à gagner leur vie pour leur profit perſonnellement, ils ne veulent plus travailler pour les Maiſtres & Veuves de ladite Communauté, qu'en exigeant des ſalaires extraordinaires, & par ce moyen leſdits Maiſtres & Veuves ſont très-ſouvent en diſette de Compagnons pour faire leurs ouvrages néceſſaires; ce qui eſt d'ailleurs une contravention manifeſte à l'Article vingtiéme des Statuts de la Communauté, par lequel il eſt préciſément dit que nul de quelqu'art & profeſſion qu'il ſoit, ne pourra vendre, ni débiter, ni expoſer en public, ſoit Vinaigre, Verjus, ni Moutarde, Eau-de-vie, Eſprit de vin, vendre gravelure, ſablon, & autres choſes dépendantes de la ſuſdite profeſſion, qu'il n'ait été reçu en ladite Communauté, prêté le ſerment de Maiſtre, & fait ce qui eſt porté par les autres Articles dudit Statut, à peine de quarante livres d'amende, & de confiſcation des Marchandiſes & outils ſervant audit Art, ce qui eſt une entrepriſe & une contravention manifeſte audit Statut de la part deſdits Compagnons, qui fait un tort conſidérable aux Maiſtres & Veuves de ladite Communauté, auquel il eſt néceſſaire de rémédier, pour le maintien & le bien commun de ladite Communauté, & l'exécution de leur Statut.

Sur quoi la Communauté ayant mûrement réfléchi, & fait attention à tout ce qui leur a été répréſenté, après avoir pris l'avis de tous les Anciens, Modernes, & Jeunes Maiſtres de ladite Communauté, il a été délibéré & demeuré d'accord de ce qui ſuit, ſous le bon plaiſir de Meſſieurs leurs Magiſtrats; Sçavoir qu'à l'avenir défenſes ſeront faites à tous Compagnons & Apprentifs de ladite Communauté d'aller vendre, crier, ni débiter publiquement par la Ville & Fauxbourgs de cette Ville, avec une Brouette chargé de Marchandiſes de Vinaigre, Verjus & Moutarde, & meſures ſervant à vendre leſdites marchandiſes, à peine de ſaiſie, confiſcation, & de dix livres d'amende au profits de la Confrairie de la Communauté, de tous dépens, dommages & intérêts, ou ſous telles autres peines qu'il plaira à Juſtice, ordonner que la préſente Délibération ſera homologuée en Juſtice, pour ſervir de Réglement à ladite Communauté, & que ladite Délibération & la Sentence d'homologation d'icelle qui interviendra, ſeront imprimées & tranſcrites ſur le Regiſtre de ladite Communauté, & copie d'icelles délivrée à tous les Maiſtres & Veuves de ladite Communauté, afin qu'ils ſoient tenus de s'y conformer, à l'effet de laquelle homologation la Communauté donne par ces préſentes tout pouvoir aux ſuſdits Syndics & Jurés, actuellement en charge, de faire les débourſés néceſſaires qui leur ſeront alloués à compte du Syndic. Fait & arrêté les jour & an que deſſus ; & ont ſigné, George Lehalleur, Vincent Mayeux, Antoine Langlais, Jacques Brettevillois, Pierre Foubert, Maurice Chenel, Jean-Baptiſte Grancolas, Laurent Becu, François Corneille, François Hullin, François Dallonne, Guilleaume Gallerand, Simon Duval, Pierre-Alexis Corneille, Jean Mongrolle, Charles Chahau, Adam Cayon, Nicolas Delanoix, Antoine Marot, Thomas Ledoux, Honoré Cheſnel, Jean-François Heurtier, Jean David, François Dumay, Gabriel Barat, Charles Petit, Jean Delonce, Jean Labour, Pierre Bachet, Guillaume Denis, Pierre Tauzin, Antoine-Claude Maille, Jacques Bertrand, Etienne-Claude Mongrolle, Pierre-Laurent Malloin, Vincent Blanchard, Sebaſtien Lobet, Charles-François Dautray, Jacques Tronchard, Jean-Michel Cailliat, François Paſquier, René-Martin Gambier, Simon-Philippes Fauconnier, Jean-Baptiſte Faucheur, Jean-François Grizard, Nicolas Marchand, Jean Gory, Pierre Dallonne, Nicolas Hequet, Bonaventure Delaunay, Jean-Jacques Raſſe, Jean Heurtier, Claude Lefevre, Nicolas Bergeron, François Laboure, Etienne Viard, Antoine Turpin, Jean-François Gallet, Pierre Perſonne, Antoine Chahau, André Huet, Nicolas Menage, Jean-François Bertauld, Jean Prevôt, Charles Bureau, René-Juſtin Hequet, Claude Maugit, Louis Gambier, Michel Legay, Antoine Doublet, Pierre le Comte, Jean François Delauney, Pierre Baillif, Pierre-Nicolas Charpentier, S. A. Controllé à Paris le trente Janvier mil ſept cent trente-neuf, reçu 12. ſols. *Signé* PIPEREAU

SENTENCE DE MONSIEUR LE LIEUTENANT GENERAL DE POLICE.

Du 23. Février 1739.

Portant homologation d'une Délibération des Maîtres Vinaigriers de la Ville, Fauxbourgs & Banlieues de Paris.

XLIII. A TOUS ceux qui ces présentes Lettres verront, Gabriel-Jerôme de Bullion, Chevalier, Comte d'Esclimont, Seigneur de Viudeville, Mareil, Crespieres, Montainville, & autres lieux, Maréchal des Camps & Armées du Roi, son Conseiller en tous ses Conseils, Prevôt de la Ville, Prevôté & Vicomté de Paris; Salut, sçavoir faisons, que l'an 1739. le treize Février, vû par Nous René Hérault, Chevalier, Seigneur de Fontaine-Labbé, Vaucresson & autres lieux, Conseiller d'Etat, Lieutenant-Général de Police de la Ville, Prevôté & Vicomté de Paris, la Requête à nous présentée par Georges le Halleur Syndic, Vincent Mayeux, Antoine Langlais, Jacques Brettevillois, & Denis David, Jurés en Charge de la Communauté des Maistres Vinaigriers, Verjutiers, Moutardiers, Distillateurs & Vendeurs d'Eau-de-Vie & Esprit de Vin, de la Ville & Fauxbourgs de Paris, tendante à ce qu'il Nous plût vouloir homologuer la Délibérationqui, a été faite en l'Assemblée générale des Anciens, Modernes & jeunes Maistres de ladite Communauté des Maistres Vinaigriers à Paris, en forme de Réglement, concernant les Compagnons & Apprentifs de leurdite Communauté, faite en conformité des Articles premier & vingt du Statut de ladite Communauté, de ladite Délibération du neuf Janvier mil sept cent trente-neuf, étant sur le Registre des Délibérations d'icelle Communauté, sur laquelle copie collationnée a été faite & délivrée par le Verrier, Notaire au Châtelet de Paris, & son Confrere le trente dudit mois de Janvier, attachée à ladite Requête, pour être ladite Délibération, & notre Sentence qui interviendroit exécutées selon leur forme & teneur, & lesdites Délibération & Sentence d'homologation d'icelle imprimées, pour être délivré des Exemplaires à tous les Maistres & Veuves de Maistres de ladite Communauté, à l'effet par eux de s'y conformer & suivant icelle faire défenses à tous Compagnons & Apprentifs de ladite Communauté, d'aller vendre, crier, ni débiter publiquement par la Ville & Fauxbourgs de cette Ville, avec une Brouette chargée de marchandises de Vinaigres, Verjus & Moutardes, & mesures servant à vendre lesdites marchandises, à peine de saisie, confiscation, & de dix livres d'amende au profit de la Confrairie de la Communauté, & de tous dépens, dommages, intérêts, & sous telles autres peines qu'il plairoit à Justice d'ordonner; ladite Requête signée Bailly, Procureur au Châtelet, & Procureur de ladite Communauté, notre Ordonnance étant au bas d'icelle de soit communiquée au Procureur du Roi du trente-un Janvier mil sept cent trente-neuf, ses conclusions étant ensuite du cinq Février audit an; vû aussi l'expédition de ladite Délibération sus énoncée & datée, dûement controllée le trente Janvier mil sept cent trente-neuf, signé Pipereau: LE TOUT CONSIDERÉ, Nous disons que la susdite Délibération de la Communauté des Maistres Vinaigriers de cette Ville & Fauxbourgs de Paris, est & demeurera homologuée, pour être exécutée selon sa forme & teneur; permettons ausdits Syndic & Jurés de faire imprimer, publier & afficher dans le Bureau de ladite Communauté, & par tout où besoin sera, & enregistrer sur le Registre d'icelle ladite Délibération, & la présente Sentence pour en être délivré des Exemplaires à tous les Maistres & Veuves de Maîtres qui la composent, à ce qu'ils n'en prétendent cause d'ignorance, & ayent à s'y conformer sous les peines y portées, & sera la présente Sentence exécutée, nonobstant & sans préjudice de l'appel, en témoin de quoi Nous avons fait sceller ces Présentes qui furent faites & jugées par Nous Juge susdit, ledit jour treize Février mil sept cent trente-neuf. Collationné. *Signé* TARDIVEAU. Scellé le 23. Février 1739. *Signé*, SAUVAGE.

ARREST DU CONSEIL D'ETAT PRIVE'

DU ROI,

Du 9 Aouſt 1734.

QUI renvoye au Châtelet de Paris la Connoiſſance d'une Saiſie de Vinaigre & Verjus, faite à la Requête des Syndic & Jurés de la Communauté des Maîtres Vinaigriers, ſur Pierre Couterot, Traiteur Privilégié ſuivant la Cour.

Extrait des Regiſtres du Conſeil d'Etat Privé du Roi.

XLIV. ENTRE les Syndic & Jurés en Charge de la Communauté des Maiſtres Vinaigriers, Verjutiers, Moutardiers, Diſtallateurs d'Eau-de-vie & Eſprit de vin à Paris, Demandeurs aux fins des Lettres en réglement de Juges; par eux obtenues au Grand Sceau & Exploit d'aſſignation donné au Conſeil, des 9 & 11. Avril 1722 d'une part: Et Pierre Couterot, Marchand Cuiſinier-Potager, entreprenant Nóces & Feſtins, & travaillant ès Maiſons privilégiées ſuivant la Cour, & les Conſeils de Sa Majeſté, y tenant train de Marchandiſes concernant ſondit état & métier, comme étant du nombre des quatorze Marchands Cuiſiniers-Potagers, Défendeurs d'autre part, ſans que les qualités puiſſent nuire, ni préjudicier aux Parties. VEU au Conſeil d'Etat Privé du Roi, leſdites Lettres du grand Sceau, qui ont permis aux Syndic & Jurés de la Communauté des Maiſtres Vinaigriers, de faire aſſigner au Conſeil ledit Couterot, pour ſe voir regler de Juges entre le ſieur Lieutenant Général de Police du Châtelet de Paris & la Prévôté de l'Hôtel, & ordonner le renvoi des Parties pardevant ledit ſieur Lieutenant Général de Police, & par appel au Parlement, pour y proceder ſur leurs procès & differends, circonſtances & dépendances, ſuivant les derniers errémens & comme auparavant les Sentences

Sentences de la Prévôté de l'Hôtel & un Arrest du Grand Conseil, avec cependant défenses de proceder ailleurs qu'au Conseil, jusqu'à ce qu'autrement en eût été ordonné ; lesdites Lettres en date du 9 Avril 1722. Exploit d'assignation donnée aux fins d'icelles le 11 dudit mois audit Couterot, à la Requête desdits Syndic & Jurés de la Communauté des Vinaigriers : Requête de Committitur présentée par lesdits Syndic & Jurés, au bas de laquelle est l'Ordonnance du Conseil, qui a commis & député Rapporteur de l'Instance le sieur Doublet de Crouy, Chevalier, Conseiller du Roi en ses Conseils, Maistre des Requêtes ordinaire de son Hôtel, en date du 9 May 1722. Appointement de réglement signé dudit sieur Commissaire entre les Parties, & Procès-verbal de signature dudit appointement en date du 13 dudit mois de May. Requête d'avertissement présentée au Conseil par ledit Couterot, contenant ses conclusions, à ce qu'il plût à Sa Majesté, faisant droit sur le réglement de Juges, renvoyer les Parties en la Prévôté de l'Hôtel, pour y proceder en premiere Instance sur leurs Procès & differends, circonstances & dépendances suivant les derniers eremens, & par appel au Grand Conseil, & condamner les Jurés de la Communauté des Maistres Vinaigriers aux dépens ; au bas de laquelle Requête est l'Ordonnance du sieur Rapporteur, portant acte de l'emploi au surplus en jugeant, en date du premier Juillet 1722. signifiée le 2. Requête présentée au Conseil par les Syndic & Jurés de la Communauté des Maistres Vinaigriers, contenant leurs conclusions, à ce qu'il plût à Sa Majesté renvoyer la Cause & les Parties au Châtelet de Paris, pour y proceder pardevant le sieur Lieutenant Général de Police suivant les derniers eremens, & en cas d'appel au Parlement de Paris, & condamner Couterot aux dépens ; au bas de laquelle Requête est l'Ordonnance dudit sieur Rapporteur, portant acte de l'emploi au surplus en jugeant, en date du 14. Juillet 1722. signifiée le 15. dudit mois. Inventaire de production des Parties pour satisfaire à l'appointement de réglement signé en l'Instance ; Piéces produites par les Syndic & Jurés de la Communauté des Maistres Vinaigriers de la Ville de Paris ; sçavoir, Imprimé des Statuts de ladite Communauté enregistrés au Parlement le 14 May 1661. Procès-verbal de visite fait en vertu d'Ordonnance du sieur Lieutenant Général de Police par le Commissaire Phillebois, & les Syndic & Jurés de la Communauté des Maiſtres Vinaigriers en la maiſon de Couterot, Maître Patiſſier-Traiteur, demeurant à Paris rue de la Harpe, & Exploit de ſaiſie de deux quarts de Vinaigre jauge & venant d'Orleans, d'un demi muid de Verjus, d'un pot rempl de Cornichons & de deux Cruches, l'une remplie de paſſe pierre, & l'autre d'eſtragon, qui ſe ſont trouvés chez ledit Couterot, ledit Exploit de ſaiſie portant aſſignation donnée à la Requête des Jurés Vinaigriers audit Couterot pardevant le Sr Lieutenant Général de Police au Châtelet, pour voir dire que les choſes ſaiſies ſeroient confiſquées au profit deſdits Jurés, & que pour la contravention dudit Couterot aux Statuts & Réglemens de la Communauté des Vinaigriers, Sentence de Police & Arrêts, il ſeroit condamnés aux dommages & interêts deſdits Jurés & aux dépens, avec défenſes de récidiver; leſdites Ordonnance, Procès-verbal de ſaiſie en date des 30 Octobre & 5. Novembre 1720. Copie d'un acte du 8. dudit mois de Novembre, par lequel Couterot a conſtitué Procureur ſur ladite aſſignation à lui donnée au Châtelet. Copie d'une Requête préſentée par ledit Couterot, Cuiſinier-Potager privilégié ſuivant la Cour, au Lieutenant Général de la Prévôté de l'Hôtel, par laquelle il a demandé permiſſion de faire aſſigner pardevant lui leſdits Jurés Vinaigriers, pour y proceder ſur l'aſſignation qu'ils lui avoient fait donner au Châtelet, laquelle ſeroit révoquée en la Prévôté de l'Hôtel, au principal qu'il ſeroit maintenu dans l'exercice de ſon privilége avec défenſes auſdits Jurés de l'y troubler; en conſéquence que la ſaiſie ſur lui induement faite des Vinaigres, Verjus & autres effets, ſeroit déclarée nulle, & que main-levée lui en ſeroit faite; ſur laquelle Requête eſt l'Ordonnance du Lieutenant Général de la Prévôté de l'Hôtel de permiſſion d'aſſigner devant lui, avec défenſes de proceder ailleurs; enſuite eſt l'aſſignation donnée en conſéquence auſdits Jurés Vinaigriers en date des 12. & 14. Novembre 1720. Requeſte préſentée par les Jurés de la Communauté des Maiſtres Vinaigriers, au ſieur Lieutenant Général de Police, au bas de laquelle eſt ſon Ordonnance qui a révoqué l'aſſignation à eux donnée en la Prévôté de l'Hôtel, & fait défenſes à Couterot de faire pourſuites & procedures ailleurs que pardevant lui; enſuite eſt l'aſſignation donnée à Couterot en la Chambre de Police des 15. & 19 Novembre 1720. Copie d'une Requête préſentée par

Couterot en la Prévôté de l'Hôtel, par laquelle il a demandé la caſſation de l'Ordonnance du ſieur Lieutenant Général de Police, & des défenſes de proceder devant lui; ſur laquelle Requête a été permis d'aſſigner en la Prévôté de l'Hôtel, avec défenſes de proceder ailleurs; enſuite eſt l'aſſignation qui y a été donnée aux Jurés Vinaigriers en date des 23 & 25 dudit mois de Novembre 1720. Sentence par défaut obtenue par les Jurés Vinaigriers contre ledit Couterot en la Chambre de Police du Châtelet, le 20 Décembre 1720. qui a déclarée la procedure faite en la Prévôté nulle, & a déclarée la ſaiſie valable avec confiſcation, & condamne Couterot en 500 liv. d'amende & aux dépens. Copie d'un Arrêt ſur Requête obtenu par ledit Couterot au Grand Conſeil, qui a caſſé la Sentence du Lieutenant Général de Police, & ordonne l'exécution des Sentences de la Prévôté de l'Hôtel en date du 12 Mai 1721. Sentence contradictoire rendue en la Chambre de Police du Châtelet entre les Jurés de la Communauté des Maiſtres Vinaigriers d'une part, Jean Pecquet Rotiſſeur privilégié & Maître Traiteur à Paris, & la Communauté des Maiſtres Traiteurs Cuiſiniers, par laquelle entre-autres choſes la ſaiſie faite ſur ledit Pequet d'un demi-muid de Verjus eſt déclarée bonne & valable, avec confiſcation au profit desdits Jurés Vinaigriers, & défenſes audit Pecquet & à tous les Maiſtres Traiteurs d'avoir en leurs maiſons plus de trois pintes de Vinaigre & Verjus, qu'ils seront tenus d'acheter chez les Maiſtres Vinaigriers; ladite Sentence en date du 6 Février 1722. Piéces produites par ledit Couterot, ſçavoir Brevet de Cuiſinier-Potager privilegié ſuivant la Cour, accordé le 13 Janvier 1692. par le ſieur Grand-Prévôt de France audit Couterot, la Requête par lui préſentée en la Prévôté de l'Hôtel, l'aſſignation qu'il y a fait donner aux Jurés Vinaigriers, & les Sentences par défaut qu'il y a obtenues contre eux en date des 12, 14, 28 Novembre & 12 Décembre 1720. Commandement fait à la Requeſte du Receveur des amendes du Châtelet audit Couterot, de payer les 500 liv. d'amende à quoi il avoit été condamné par la Sentence de Police du 20 Décembre 1720. ledit Commandement en date du 9 Mai 1721. Arreſt obtenu ſur Requête au Grand Conſeil par ledit Couterot le 12 dudit mois de Mai. Copie d'Areſt du Conſeil du 4 Août 1671. rendu entre les Jurés de la Communauté des Maiſtres Tapiſſiers de Paris, le nommé Framery Marchand privilegié ſuivant la Cour & le ſieur Grand Prévôt de France, Intervenant qui a renvoyé les Parties en la Prévôté de l'Hôtel, & par appel au Grand Conſeil, pour y proceder au ſujet des viſites faites chez ledit Framery. Copie d'Arrêt du Conſeil d'Etat du 28 Août 1676. qui a entr'autres choſes fait défenſes aux Jurés, Gardes & Communauté des Corps & Métiers de Paris de troubler les pourvûs des Charges de la Garde-robbe de Sa Majeſté en l'exercice de leurs Privilèges, de les viſiter ſans être aſſiſtés d'un Officier de la Prévôté de l'Hôtel, & ordonné qu'en cas de conteſtation pour le fait deſdites viſites & ſaiſies faites dans le cours d'icelles, les Parties ſe pourvoiront en premiere Inſtance en la Prévôté de l'Hôtel, & par appel au Grand Conſeil. Copie d'un Arrêt du Conſeil rendu le 26 Août 1709. entre les Jurés de la Communauté des Maiſtres Menuiſiers de la Ville de Paris, & Paul Lemarié Marchand Mercier Groſſier-Joallier privilegié ſuivant la Cour, & le ſieur Grand Prévôt de France, Intervenant, par lequel les Parties ont été renvoyées en la Prévôté de l'Hôtel, pour y proceder ſur la ſaiſie faite par leſdits Menuiſiers chez ledit Lemarié. Requête préſentée au Conſeil par les Syndic, & Jurés de la Communauté des Vinaigriers, employée pour contredits contre la production dudit Couterot, au bas de laquelle eſt l'Ordonnance dudit Sr Rapporteur, portant acte de l'emploi, en date du 10 Décembre 1722. ſignifiée ledit jour. Requête preſentée au Conſeil par ledit Couterot, employée pour contredits contre la production des Jurés Vinaigriers; ladite Requête contenant auſſi production nouvelle d'Edits, Déclarations, Lettres-Patentes du Roi, Arreſts du Conſeil y mentionnés aux fins & inductions tirées par ladite Requête; au bas de laquelle eſt l'Ordonnance du ſieur Rapporteur, portant acte de l'emploi, & les Piéces reçues & communiquées pour y former de réponſes, en date du 27. Février 1733. ſignifiées le 6 Mars ſuivant. Requête préſentée au Conſeil par les Syndic & Jurés de la Communauté des Maiſtres Vinaigriers, employée pour réponſes à la Requête de contredits dudit Couterot, & contredits contre les Piéces produites par icelle; au bas de laquelle Requête eſt l'Ordonnance du ſieur Rapporteur d'acte de l'emploi, en date du 12 Juin 1733. ſignifiée le 13. Requête preſentée au Conſeil par ledit Couterot, contenant production nouvelle de copie du Brevet accordé par le sieur Grand Prévôt de France à Nicolas Duparc, du privilége de Cuisinier-Traiteur suivant la Cour, sur la démission volontaire dudit Couterot; au bas de laquelle Requête est l'Ordonnance du sieur Rapporteur, portant soit la Piéce reçue & communiquée pour y fournir de réponses, en date du 3 Février 1734. signifiée le 11. ledit Brevet en date du 30 Mars 1733. Requeste presentée au Conseil par lesdits Syndic & Jurés Vinaigriers employée pour contredits contre ladite production nouvelle; au bas de laquelle Requeste est l'Ordonnance dudit sieur Rapporteur d'acte de l'emploi, en date du 15. Février 1734. signifiée le 17. Autre Requeste presentée au Conseil par lesdits Syndic & Jurés de la Communauté des Maistres Vinaigriers, au bas de laquelle est l'Ordonnance portant que le sieur Rapporteur de l'Instance communiqueroit d'icelle au Bureau du Sr de Courson Conseiller d'Etat, en date du 4 Janvier 1734. signifiée le 5. Mémoire imprimé pour la Communauté des Maistres Vinaigriers, signifié le 5 Août 1734. & généralement tout ce qui a été remis, dit, écrit, produit par lesdites Parties pardevant ledit Sr Doublet de Crouy, Chevalier, Conseiller du Roi en ses Conseils, Maistre des Requêtes ordinaire de son Hôtel, Commissaire député en cette partie: Oui son rapport au Conseil, après en avoir communiqué au Bureau du sieur de Courson, Conseiller d'Etat ordinaire, & tout considéré. LE ROI EN SON CONSEIL, faisant droit sur l'Instance en réglement de Juges, a renvoyé & renvoye les Parties au Châtelet de Paris, pour y proceder devant le Lieutenant Général de Police, sur leurs procès & differens, circonstances & dépendances, suivant les derniers erremens, & par appel au Parlement: Condamne Sa Majesté ledit Couterot aux dépens. FAIT au Conseil d'Etat Privé du Roi, tenu à Versailles le 9 Août 1734. Collationné, *signé*, COGORDE.

Le deuxiéme Septembre mil sept cent trente-quatre, signifié & laissé copie à Mr. Gridé, Avocat de Partie adverse, en son domicile parlant à son Clerc, par nous Huissier ordinaire du Roi en ses Conseils. Signé, MACE'.

Le troisiéme Septembre mil sept cent trente-quatre à la requête des Syndic & Jurés en Charge de la Communauté des Maistres Vinai-

griers de Paris, qui ont élu domicile chez. Me. Pierre Lancesseur, Avocat aux Conseils du Roi, demeurant rue & Paroisse S. André des Arts, le présent Arrêt du Conseil a été signifié, & d'icelui laissé copie aux fins y contenues au sieur Pierre Couterot, Marchand Cuisinier-Potager privilegié suivant la Cour, en son domicile rue de la Harpe, parlant à sa personne, par nous Huissier ordinaire du Roi en ses Conseils. Signé, BRISSET.

SENTENCE

DU CHASTELET DE PARIS.

Du 13 *Mai* 1735.

XLV. A TOUS ceux qui ces présentes Lettres verront: Gabriel-Jerôme de Bullion, Chevalier, Comte d'Esclimont, Mestre de Camp du Regiment de Provence Infanterie, Prévôt de Paris. SALUT, sçavoir faisons: Que sur la Requête faite en Jugement devant Nous à l'Audiance de la Chambre de Police du Châtelet de Paris, par Me Bailly, Procureur des Syndic & Jurés de la Communauté des Maistres Vinaigriers, Verjutiers, Moutardiers, Vendeurs & Distillateurs d'Eau-de-vie & Esprit de vin à Paris, Demandeurs en exécution des Statuts, Sentence, Ordonnance & Arrest de reglement rendu en faveur de leur Communauté, & Demandeurs aux fins de leur Requête, à Nous présentée le trente Octobre 1720. de l'Exploit de saisie faite en conséquence de notre Ordonnance, en présence du Commissaire Phillebois à ce commis, sur le sieur Couterot ci-après nommé, de deux carteaux de Vinaigre jauge d'Orleans & un demi-muid de Verjus trouvés en contravention en la maison dudit Couterot, dont a été tiré des essais, sur lesquels a été dressé acte par le sieur Commissaire, & d'un pot de grais rempli de Cornichons, & deux cruches, l'une remplie de Passe-pierre & l'autre d'Estragon, ainsi qu'il est porté audit Exploit de saisie faite par Cadot Huissier à Verge en cette Cour ledit jour 5 Novembre, controllé à Paris le sept par Sauvage, presenté au Grefse; & encore Demandeurs aux fins de leur Requête verbale signifiée par de Soulmontier, Audiencier en cette Cour, le 30. Décembre dernier, le tout tendant à fin de validité de ladite saisie, confiscation, défenses de récidiver, dommages interêts, amende & dépens, assistés de Me Duret leur Avocat. CONTRE Me Demoncrif, Procureur de Pierre Couterot, Cuisinier-Potager, Traiteur privilegié suivant la Cour, Défendeur ausdites saisies & demande susdatées : Oui ledit Me Duret en son plaidoyer, & par vertu du défaut à eux donné contre ledit Me Demoncrif audit nom, non comparant en l'Audience, par eux dûement appellé. Vû l'avenir pour plaider, Nous ordonnons que les Reglemens de la Communauté des Maistres Vinaigriers seront exécutés, & en conséquence avons la saisie faite sur la Partie de Demoncrif déclarée bonne & valable ; Ordonnons que les Marchandises saisies demeureront confisquées au profit des Parties de Duret, à l'effet de quoi la Partie de Demoncrif sera tenue de les representer, sinon condamnée à payer 20 liv. pour la valeur, lui faisons défenses de récidiver ; en outre condamnons ladite Partie de Demoncrif en 10 liv. de dommages interests envers les Parties de Duret, & en 3 liv. d'amende avec dépens, ce qui sera exécuté sans préjudice de l'appel, & soit signifié : En témoin de ce nous avons fait sceller ces presentes. Ce fut fait & donné par Messire René Herault, Chevalier, Seigneur de Fontaine-Labbé, Vaucresson & autres lieux, Conseiller d'Etat, Lieutenant Général de Police de la Ville, Prévôté & Vicomté de Paris, tenant le Siége le Vendredi treize Mai mil sept cent trente-cinq. Collationné, *signé* CUYRET.

AUTRE SENTENCE

DU CHASTELET DE PARIS.

Du 17 Juin 1735.

A Tous ceux qui ces presentes Lettres verront : Gabriel Jerôme de Bullion, Chevalier, Comte d'Esclimont, Mestre de Camp du Regiment de Provence Infanterie, Prévôt de XLVI.

Paris. SALUT, sçavoir faisons : Que sur la Requête faite en Jugement devant Nous à l'Audiance de la Chambre de Police du Châtelet de Paris, par Me Pierre-Paul Bailly, Procureur des Syndic & Jurés de la Communauté des Maistres Vinaigriers, Verjutiers, Moutardiers, vendeurs & Distillateurs d'Eau-de-vie & Esprit de vin, Demandeurs en exécution de notre Sentence du 13 Mai dernier, portant entr'autres choses validité de la saisie faite sur le Défendeur ci-après nommé, confiscation, défenses de récidiver, dommages interests, amende & dépens, Défendeurs à l'opposition formée à l'exécution d'icelle par ledit Défendeur ci-après nommé, & Demandeur en main-levée d'icelle, assistés de Me Duret leur Avocat. CONTRE Me Demoncrif, Procureur de Pierre Couterot, Cuisinier-Potager, Traiteur privilegié suivant la Cour, Défendeur en opposition suivant & aux fins de sa Requeste verbale, signifiée le premier du présent mois de Juin, assisté de Me Chartier son Avocat. PARTIES OUIES : Nous avons la Partie de Chartier reçue opposante à l'exécution de notre Sentence; faisant droit au principal, avons la saisie de Vinaigre & choses saisies dont est question, déclarée bonne & valable; & attendu que lesdites choses saisies ne sont pas en nature, condamnons la Partie de Chartier en 15 liv. de dommages & interests pour toutes choses, le condamnons en outre en tous les frais & dépens; ce qui sera exécuté sans préjudice de l'appel : En témoin de ce, Nous avons fait sceller ces présentes. Ce fut fait & donné par Messire René Herault, Chevalier, Seigneur de Fontaine-Labbé, Vaucresson & autres lieux, Conseiller d'Etat, Lieutenant Général de Police de la Ville, Prévôté & Vicomté de Paris, tenant le Siége le Vendredi dix-sept Juin mil sept cent trente-cinq. Collationné, *signé*, TARDIVEAU.

SENTENCE

SENTENCE DE MONSIEUR LE LIEUTENANT GENERAL DE POLICE.

SERVANT de Reglement pour la Communauté des Maîtres Vinaigriers de la Ville & Fauxbourgs de Paris.

Et déclare la saisie faite de huit demi Muids de Lie de Vin liquide faite sur le nommé Henry, Maître Vinaigrier à Paris, bonne & valable, & le condamne en tous les dépens, & ordonne que la présente Sentence sera imprimée & inscrite sur le Registre de ladite Communauté aux frais & dépens dudit Henry.

Du 10. Juillet 1739.

A TOUS ceux qui ces présentes Lettres verront, Gabriel-Jerôme de Bullion, Chevalier, Comte d'Esclimont, Prévôt de Paris, SALUT, sçavoir faisons, que sur la Requête faite en Jugement devant Nous à l'Audience de la Chambre de Police du Châtelet de Paris, par Me. René-Paul Bailly, Procureur des Syndic & Jurés de la Communauté des Maîtres Vinaigriers à Paris, Demandeurs en execution des Statuts & Ordonnances & Sentences de Reglement de ladite Communauté, & en validité de la saisie faite à leur Requête sur le Défendeur ci-après nommé, en présence de Me. Aubert Commissaire; de la quantité de huit demi muids de Lies de Vin liquide, chargés sur une voiture attellée de huit chevaux vis-à-vis l'Hôtellerie du Bout-du-Monde, que le Défendeur avoit destiné pour envoyer à Beauvais au sieur Bourdon Vinaigrier audit lieu, sur la charrette du nommé Joseph Lebégue Voiturier de Savigny, suivant le Procès-verbal fait par le Blanc, Huissier à Verge en cette Cour le vingt-deux May dernier, XLVII.

controllé à Paris le même jour par Duclos, présenté au Greffe, & le Procès-verbal dudit Me. Aubert Commissaire, du même jour, & aux fins de leurs Requêtes verbales signifiées par Aulmont Huissier Audiencier en cette Cour, les vingt-six May & vingt Juin aussi dernier, le tout tendant à fin de confiscation & défenses à tous Marchands Vinaigriers d'envoyer en Province de pareilles marchandises de lie de vin liquide de cette Ville pour fabriquer en Province, avec dommages & interêts & dépens, & Défendeurs aux demandes en main-levée & dommages & interêts contr'eux formées par ledit Henry ci après nommé, assistés de Me. Duret leur Avocat, contre Me. Dhirys Procureur de Charles Henry, aussi Maître Vinaigrier à Paris, Défendeurs aux fins de l'exploit de saisie susdatté, & Demandeur en mainlevée des marchandises de lie de vin sur lui saisies, avec dommages & interêts & dépens, signifiées le vingt-sept du mois de May dernier, & encore Demandeur aux fins de sa Requête verbale signifiée le trois Juin dernier à fin de condamnation de deux cens livres, sçavoir cent livres pour les lies de vin sur lui saisies, & pareille somme pour les dommages & interêts avec dépens, assisté de Me. de la Brosse son Avocat. Parties ouies : NOUS ordonnons que les Statuts & Reglemens de la Communauté des Maîtres Vinaigriers seront exécutés; en consequence avons la saisie de huit piéces de lie de vin liquide faite sur la Partie de la Brosse, déclarée bonne & valable, & néanmoins par grace & sans tirer à consequence, ordonnons que lesdites pieces de lie de vin saisies lui seront remises, à la charge par elle de les mettre en œuvre en cette Ville en les convertissant en vinaigre : lui faisons défenses & à tous autres Marchands Vinaigriers d'acheter de pareilles marchandises à l'avenir ni autres servant à la profession des Maîtres Vinaigriers pour les envoyer en Province & faire sortir de Paris : pour la contravention par elle commise le condamnons aux dépens pour tous dommages & interêts; & sera la présente Sentence imprimée & inscrite sur le Registre de ladite Communauté des Maîtres Vinaigriers aux frais & dépens de la Partie de la Brosse; ce qui sera exécuté nonobstant & sans préjudice de l'appel, & soit signifiée : en témoin de quoi Nous avons fait sceller ces présentes, qui furent faites & données par Messire René Herault, Chevalier, Seigneur de

Vaucreſſon, Fontaine-Labbé & autres lieux, Conſeiller d'Etat, Lieutenant General de Police de la Ville, Prévôté & Vicomté de Paris, tenant le Siege le Vendredy dix Juillet mil ſept cent trente-neuf. Collationné. Signé, DE BEAUVAIS. Scellé le 20 Juillet 1739. Signé, SAUVAGE.

Et au dos eſt écrit : Signifié & baillé copie à Me. Dhiris, Procureur à domicile le 20 Juillet 1739. Signé, BRUNET.

A MONSIEUR LE LIEUTENANT GENERAL DE POLICE.

SUPPLIE humblement les Syndic & Jurés de la Communauté des Maîtres Vinaigriers, Verjutiers, Moutardiers, Diſtillateurs & Vendeurs d'Eau-de-Vie, & Eſprit de Vin en cette Ville, Fauxbourgs & Banlieue de Paris : DISANT, que dans cette Communauté il y a pluſieurs affaires importantes, ſur leſquelles il eſt néceſſaire d'avoir l'avis & déliberation des Anciens, Modernes, & Jeunes Maîtres de ladite Communauté, & notamment quand il s'agit de trouver & déliberer ſur les moyens de faire les deniers Royaux, lorſqu'il plaît à Sa Majeſté en ordonner la levée par création d'Office ou autrement, comme auſſi quand il s'agit d'Inſtance intentée & à intenter tant contre les Corps des Marchands Merciers, Epiciers, Chandeliers, Limonadiers, & autres, que pour payer les arrerages des rentes, dont cette Communauté eſt chargée ; & quoique les Supplians qui ne peuvent rien entreprendre ſans l'avis deſdits Anciens, Modernes & Jeunes Maiſtres, ayent fait convoquer diverſes fois l'Aſſemblée des Anciens par billets imprimés en la maniere ordinaire pour ſe trouver dans leur Bureau pour les affaires de ladite Communauté ; néanmoins la plus grande partie deſdits Anciens, Modernes, & Jeunes Maiſtres mépriſent de ſe trouver auſdites Aſſemblées, & lorſqu'ils y viennent, il ne s'y termine preſque rien, par le peu de tems qu'ils reſtent audit Bureau, ou par un bruit continuel qui s'y fait, à quoi il eſt néceſſaire de pourvoir, pour le maintien de ladite Commu- XLVIII.

nauté, & empêcher qu'elle ne perde rien de ses droits, & satisfaire à ses charges, ce qui les oblige d'avoir recours à vous.

Ce Considere', MONSIEUR, il vous plaise permettre aux Supplians de provoquer les Assemblées generales, & autres qu'ils conviendront, au Bureau de ladite Communauté & d'enjoindre ausdits Anciens, Modernes & Jeunes Maîtres de ladite Communauté de s'y trouver, se placer, & donner leurs avis selon leur rang, le tout suivant & conformement à votre Sentence du Reglement du vingt-sept Janvier mil sept cent vingt-deux, avec défenses de proferer aucunes injures, à peine de six livres d'amende, dont moitié sera applicable à l'Hôpital General & l'autre moitié au profit de la Confrairie de la Communauté, laquelle amende sera & demeurera aussi encourue contre tous ceux qui ne se trouveront pas à l'heure marquée par lesdites Assemblées, lesquels seront obligez de s'y tenir pendant l'heure & le tems qui leur sera marqué sur les Avertissemens qui leur seront envoyés pour la convocation desdites Assemblées, esquelles ils ne pourront se dispenser de se trouver que lorsqu'ils seront malades ou en campagne, & non autrement : comme aussi ordonner que ce qui sera arrêté par tel nombre des Anciens qu'il vous plaira de préfixer qui se trouveront ausdites Assemblées, sera exécuté comme si tous lesdits Mandez y avoient comparus, pour ensuite leurs déliberations & avis sur ce que dessus être par vous, MONSIEUR, homologuez, pour être exécuté selon leur forme & teneur, & pour pouvoir par les Supplians recueillir facilement & paisiblement les voix déliberatives desdits Anciens, suivant l'ordre de leur ancienneté, faire défenses ausdits Anciens de parler ni donner leur avis avant leur tour, ni sortir de leur place à peine de désobéissance à votre Ordonnance, qu'ils seront & demeureront privez de leurs honneurs & de leurs prérogatives desdits droits d'ancienneté, & privés desdites Assemblées, & vous ferez Justice. BAILLY, HULLIN, DECQ, CHESNEL, GRU, J. F. HEURTIER.

Vû la présente Requête, enjoignons aux Maistres Vinaigriers de se trouver aux Assemblées qui seront convoquées pour déliberer sur les affaires de leur Communauté, seront tenus de se placer à leur rang, & de ne parler que chacun à leur tour, à peine de trois livres d'amende contre chacun des défaillans. Fait en notre Hôtel le quatorze Juillet mil ſept cent vingt-deux.

DE VOYER D'ARGENSON.

SENTENCE renduë en faveur de la Communauté des Maîtres Vinaigriers de la Ville & Banlieuë de Paris.

Contre Jean Verdy, Vendeur & Débiteur public d'Eau-de-vie en ſa Boutique, condamnné en 40. livres d'amende, ſuivant les Statuts renouvellés.

Du 23. Juin 1666.

A TOUS ceux qui ces préſentes Lettres verront, Pierre Seguier, Chevalier, Marquis de Saint Briſſon, Seigneur des Ruaulx & de Saint Firmin, des grand & petit Raincy, l'Eſtang, la Ville, & autres lieux, Conſeiller du Roy, Gentil-homme ordinaire de ſa Chambre, & Garde de la Ville, Prevôté & Vicomté de Paris, SALUT. Sçavoir faiſons, que ſur la Requête faite en Jugement devant Nous en la Chambre Civile du Châtelet de Paris, par Me. Jacques Gillet, Procureur des Jurés de la Communauté des Maîtres Vinaigriers, Diſtillateurs en Eau-de-vie & Eſprit-de-vin en cette Ville de Paris, Fauxbourgs & Banlieuë, Demandeur en confirmation de l'avis du Procureur du Roi du 19. Juin préſent mois, ſuivant leur Requeſte verbale ſignifiée cejourd'hui ; à l'encontre de Me. Edme-Michel Rigault, Procureur de Jean de Verdi, Vendeur & Débiteur publiquement d'Eau-de-vie en ſa Boutique ruë des Nonnaindieres, Défendeur. Par vertu du défaut de Nous donné contre ledit Rigaut non-comparant, dûement appellé, lecture faite des vingt & quarante-deuxiéme Articles des Ordonnances des Demandeurs, Lettres Patentes de Sa Majeſté par eux obtenues ſur icelles au mois d'Août 1658. Arreſt de la Cour de Parlement d'enregiſtrement deſdits Statuts, & Lettres Patentes du 14. May 1661. par leſquels Articles deſdites Ordonnan- XLIX.

ces défenses sont faites à toutes personnes de quelque Profession ou Métier qu'elles soient, de faire vendre, ni exposer en public Vinaigre, Verjus, Moutarde, Eau-de-vie, Esprit-de-vin, Cendres gravelées & Sablon, & autres choses dépendantes du Métier desdits Maîtres Vinaigriers, qu'il n'ait été reçu en leur Communauté, prêté le serment de Maître, & satisfaire à ce qui est porté par les Ordonnances, à peine de quarante livres d'amande, de confiscation desdites marchandises, dont moitié applicable à l'Hôpital Général, & l'autre moitié aux Jurés, & que lesdits Maîtres Vinaigriers-Distillateurs seuls feront & vendront Eau-de-vie & Esprit-de-vin; défenses à toutes personnes de s'en mêler, ni d'acheter aucune Lie pour en fabriquer, sur lesdites peines; l'Exploit de saisie fait à la Requête desdits Demandeurs sur ledit de Verdy le 9. dudit présent mois de Juin de trois flacons d'étain commun, & une pipe d'eau-de-vie, l'avis du Procureur du Roi, & ladite Requête verbale susdattée: NOUS avons ledit avis du Procureur du Roy confirmé, & icelui confirmons de point en point, selon sa forme & teneur; ce faisant, déclarons ladite saisie valable, lesdits trois flacons d'étain & la pipe d'Eau-de-vie saisis & confisqués, le Gardien d'iceux contraint par corps à la représentation, pour le tout être vendu en la maniere accoutumée à la diligence desdits Demandeurs, & des deniers qui proviendront de la vente en sera baillé moitié au Receveur dudit Hôpital Général, & l'autre ausdits Jurés, & en ce faisant, en sera & demeurera déchargé; en outre condamnons ledit de Verdy en quarante livres d'amende pour la contravention par lui faite, applicable comme dessus; défense à lui de récidiver sous plus grande dépense, & condamné aux dépens à taxer: ce qui sera exécuté, nonobstant oppositions ou appellations quelconques faites ou à faire, pour lesquels, sans préjudice d'icelles, ne sera différé: soit signifié. En témoin de ce Nous avons fait sceller ces Présentes.* Ce fut fait & donné par Messire Jean d'Aubray, Conseiller d'Etat, & Lieutenant-Civil, tenant le Siége le Mercredi vingt-troisiéme jour de Juin mil six cens soixante-six. Collationné.

GILLET, BERTHELOT.

Signifié & baillé copie audit Rigault, en parlant à sa personne, en son domicile, qui a fait réponse qu'il proteste de nullité, non pour Pro-

reur, ce vingt-six Juin mil six cens soixante-six, par moi Audiancier soussigné. MILLET.

SENTENCE renduë en faveur de la Communauté des Maîtres Vinaigriers de la Ville, Prévôté & Vicomté de Paris.

CONTRE *Jean Bijault & Eloy de Verdy, soi-disants Distillateurs d'Eau-forte & Eau-de-vie, & François Regnard, Marchand Epicier.*

Du 3. Juillet *1666*.

A TOUS ceux qui ces Présentes Lettres verront, Pierre Seguier, Chevalier, Marquis de Saint-Brisson, Seigneur des Ruaux, de Saint Firmin, & autres lieux, Conseiller du Roy notre Sire, Gentilhomme ordinaire de la Chambre, & Garde de la Prevôté de Paris, SALUT. Sçavoir faisons, que sur la Requeste faite en Jugement devant Nous en la Chambre Civile du Châtelet de Paris, par Me. Jacques Gillet, Procureur des Jurés de la Communauté des Maîtres Vinaigriers & Distillateurs d'Eau-de-vie & Esprit-de-vin en la Ville, Fauxbourgs & Banlieuë de Paris, saisissans trois pipes, jauge d'Anjou, & trois demi-queues jauge d'Orléans pleines d'eau-de-vie, & une autre pipe en vuidange, & autres choses, sur Jean Bijault, & trois pipes de Vin, jauge d'Auge, dont une pleine, & les deux autres en vuidange, & autres choses, sur Eloi de Verdy, eux disants Distillateurs d'Eau-forte & Eau-de-vie, en la Cour des Monnoyes, Défendeur; à l'encontre de Me. Edme-Michel Rigault, Procureur de François Regnard, Marchand Epicier à Paris, Opposans ausdites saisies par Exploit du 23. Juin dernier, & par vertu du défaut de Nous donné contre ledit Rigault non comparant dûëment appellé : Vu lesdits Exploits de saisies faites à la requête desdits Jurés sur lesdits Bijault & de Verdy le 9. Juin dernier des choses ci-dessus énoncées; l'Exploit dudit Regnard portant son opposition; moyens des- L.

dits Jurés, & autres pieces des Parties : NOUS disons que sans avoir égard à ladite opposition dudit Regnard, ni autres oppositions ou appellations quelconques, lesdites Eau-de vie & autres choses saisies sur lesdits Bijault & de Verdy par lesdits Exploits seront vendus & confisqués au profit, sçavoir moitié à l'Hôpital Général, & l'autre moitié ausdits Jurés, suivant & conformément à l'avis du Procureur du Roi en cette Cour en date du 19. Juin dernier passé, lequel avis sera exécuté de point en point selon sa forme & teneur, & ledit Regnard condamné aux dépens, & soit signifié. En témoin de ce nous avons fait sceller ces Présentes. Ce fut fait & donné par Messire Edouard Aubray, Conseiller d'Etat & Lieutenant-Civil, tenant le Siége le Samedi troisiéme Juillet mil six cens soixante-six. Collationné.

GILLET, SAGOT.

Signifié & baillé copie de la présente Sentence audit Rigault, en parlant à sa personne, en son domicile, le treiziéme jour de Juillet mil six cens soixante six, par moi Audiancier soussigné.

MILLET.

SENTENCE rendue en faveur de la Communauté des Maîtres Vinaigriers de la Ville & Banlieuë de Paris.

CONTRE des Regratiers d'Eau-de-vie, nonobstant un Jugement de la Cour des Monnoyes.

Du 6. Juillet 1666.

LI. A TOUS ceux qui ces présentes Lettres verront, Pierre Seguier, Chevalier, Marquis de Saint-Brisson, Seigneur des Ruaux & de Saint Firmain, des grand & petit Raincy, l'Etang, la Ville, & autres lieux, Conseiller du Roy en ses Conseils, Gentilhomme ordinaire de sa Chambre, & Garde de la Prevôté & Vicomté de Paris, SALUT. Sçavoir faisons, que sur

ſur la Requeſte faite en Jugement devant Nous en la Chambre Civile par Me Jacques Gillet, Procureur des Jurés de la Communauté des Maîtres Vinaigriers Diſtillateurs d'Eau-de-vie & Eſprit-de-vin en la Ville, Fauxbourgs & Banlieuë de Paris, Demandeur en confirmation de l'avis du Procureur du Roy en cette Cour du 19. Juin dernier, ſuivant l'Exploit du 22. dudit mois, à l'encontre de Jean Bijault, René Chaillou & Eloy de Verdy, eux diſants Diſtillateurs d'Eau-forte & Eau-de-vie de la Cour des Monnoyes, Défendeurs & Défaillans, par vertu du défaut de Nous donné contre Bijault, Chaillou & de Verdy, non comparants, ni Procureur pour eux, dûëment appellés, lecture faite des Statuts & Ordonnances deſdits Demandeurs, Lettres Patentes de Sa Majeſté par eux obtenues ſur icelle au mois d'Août 1658. Arreſt de la Cour de Parlement d'enregiſtrement deſdits Statuts ; Lettres Patentes du 14. May 1662. par les vingt & quarante-deuxiéme Articles des Ordonnances, défenſes ſont faites à toutes perſonnes de quelque Profeſſion & Métier qu'elles ſoient de faire, vendre, ni expoſer en public Vinaigre, Verjus, Moutarde, Eau-de-vie, Eſprit-de-Vin, Cendres gravelées, Sablon, & autres choſes dépendantes dudit Métier deſdits Maîtres Vinaigriers-Diſtillateurs, qu'il n'ait été reçu en leur Communauté, prêté le ſerment de Maître, & ſatisfait à ce qui eſt porté par leſdites Ordonnances, à peine de quarante livres d'amande & de confiſcation des marchandiſes, dont moitié applicable à l'Hôpital Général, & l'autre moitié auſdits Jurés, & que leſdits Maîtres Vinaigriers feront ſeuls & vendront Eau-de-vie & Eſprit-de-vin, défenſes à toutes perſonnes de s'en mêler, d'acheter aucune Lie de vin pour en fabriquer, ſur leſdites peines : & Exploits de ſaiſie faites à la requeſte deſdits Demandeurs ce 9. dudit mois de Juin ſur leſdits Défendeurs; copie du Jugement rendu en la Cour des Monnoyes, ſignifié le même jour 9. Juin; l'avis dudit Procureur du Roy, & Exploit ſuſdaté; Exploit ſur défaut fait aux Défendeurs cejourd'hui, & autres piéces des Parties : NOUS avons ledit avis du Procureur du Roy confirmé & confirmons de point en point ſelon ſa forme & teneur, ſuivant & conformément à icelui, ſans avoir égard audit Jugement de la Cour des Monnoyes, avons leſdites ſaiſies déclaré bonnes & valables, les Uſtenſiles, Eau-de-vie, & autres choſes ſaiſies confiſqués, & ordonnons qu'elles feront venduës, à la repréſentation d'icelles les Gar liens contraints, quoi faiſant, déchargés, & moitié des deniers provenans de ladite vente, les frais d'icelle, & pour y parvenir préalablement priſes, ſera mis ès mains du Receveur de l'Hôpital Général pour ſubvenir aux néceſſités des Pauvres, l'autre moitié au profit deſdits Jurés Vinaigriers ; défenſes auſdits Défendeurs & à tous autres, de prendre la qualité de Maîtres Diſtillateurs d'Eau-de-vie & Eſprit-de-vin, d'en faire vendre, ni expoſer en public, ni d'entreprendre ſur le Métier deſdits Demandeurs, ſous plus grande peine, s'il y échet, & leſdits Bijault, Chaillou & de Verdy condamnés en chacun quarante livres d'amende, applicables comme deſſus, & aux dépens à taxer ; défenſes à eux d'exécuter ledit Jugement rendu en la Cour des Monnoyes dudit jour 9. Juin dernier, ni autres qu'ils pourroient avoir obtenus & obtenir, ou fait rendre, pour raiſon du Métier des Vinaigriers & Diſtillateurs en Eau-de-vie & Eſprit-de-vin & de ſe pourvoir ailleurs qu'en cette Cour, pour raiſon des contraventions audit Métier, à peine de quatre-vingt livres Pariſis d'amende contre les contrevenans, au payement de laquelle ils y ſeront contraints par corps, & en cas de contravention permis d'empriſonner leſdits contrevenans. Et ſera la préſente Sentence exécutée, nonobſtant oppoſitions ou appellations quelconques faites ou à faire, pour leſquelles, & ſans y préjudicier, ne ſera differé, & ſoit ſignifié ; en témoin de ce Nous avons fait ſceller ces Préſentes. Ce fut fait & donné par Meſſire Dreux d'Aubran, Conſeiller d'Etat & Lieutenant Civil, tenant le ſiége le Mardi ſixiéme Juillet mil ſix cens ſoixante-ſix. Collationné.

GILLET, SAGOT.

Signifié & baillé copie de la préſente Sentence audit Bijault, parlant à ſa femme, audit Chaillou, parlant à ſa perſonne, & audit de Verdy, parlant auſſi à ſa perſonne, tous en leurs domiciles, à ce qu'ils n'en ignorent, par moi Huiſſier à cheval au Châtelet de Paris, ſouſſigné, auſquels j'ai fait la défenſe ci mentionnée, le ſeptiéme jour de Juillet mil ſix cens ſoixante-ſix, préſence d'Adrien Cerias, Jean Debvois, & autres Témoins.

Signé, *DUGUE'.*

SENTENCE DE MONSIEUR LE LIEUTENANT GENERAL DE POLICE,

RENDUE en faveur des Syndic & Jurez de la Communauté des Maîtres Vinaigriers, Verjutiers, Moutardiers, Distillateurs, Vendeurs d'Eau-de-Vie & Esprit de Vin de la Ville & Fauxbourgs de Paris.

CONTRE *René de Lepine, Marchand Fripier à Paris, demeurant ruë des Gravilliers, trouvé en contravention, ayant entrepris sur le Commerce desdits Maîstres Vinaigriers.*

Du Vendredy 18. May 1731.

A TOUS ceux qui ces presentes Lettres verront : Gabriel-Jerôme de Bullion, Chevalier, Comte d'Esclimont, Mestre-de-Camp du Regiment de Provence, Infanterie, Conseiller du Roy en ses Conseils, Prevôt de Paris : SALUT ; sçavoir faisons, que sur la Requête faite en Jugement devant Nous à l'Audience de la Chambre de Police du Châtelet de Paris, par Me René-Paul Bailly, Procureur des Syndic & Jurez en Charge de la Communauté des Maîtres Vinaigriers, Verjutiers, Moutardiers, Vendeurs & Distillateurs d'Eau-de-Vie & Esprit-de-Vin, à Paris, Demandeurs, en exécution des Statuts, Arrêts, Sentences & Reglemens, rendus en faveur de leur Communauté, & aux fins de la Requête à Nous presentée le 27. Avril 1730. & de l'Exploit de saisie, fait en conséquence sur le cy après nommé, de la quantité de treize piéces de lie en vuidanges puantes & défectueuses, dont huit défoncées, environ à moitié pleines, & cinq piéces enfoncées par les deux bouts, suivant ledit Exploit de saisie, fait par Henneguy l'aîné, Huissier à Verge en cette Cour, le 24. Avril LII.

dernier, dûment controllé à Paris le 27. par le Grand, presenté au Greffe, en presence de Me Desance Commissaire, suivant son Procès-verbal dudit jour; & encore lesdits Syndic & Jurez Vinaigriers, Demandeurs en entérinement du rapport fait desdites Marchandises de lie par les sieurs Fleury & Desaigle, Experts nommez, & convenus par les Parties le huit du present mois de May suivant; autre Requête à Nous presentée le douze dudit present mois, & l'Exploit fait en conséquence par ledit Henneguy, Huissier à Verge, le seize dudit mois, controllé à Paris le même jour par Sauvage, presenté au Greffe, tendant le tout à fin de validité de saisie, entérinement dudit rapport en conséquence d'icelui, que lesdites lies soient jettées à la voirie; les futailles brûlées, & autres fins, avec défenses de récidiver, dommages, intérêts, amende & dépens, assistez de Me Duret leur Avocat : contre Me Boiste le jeune, Procureur de René de Lepine, Marchand Fripier à Paris, trouvé en contravention, Partie saisie, Défendeur, & incidamment Demandeur, suivant ses défenses signifiées le 10. du present mois, Demandeur en exécution des Sentences des Consuls des 9. 20. & 23. Avril 1731. & en dénonciation, suivant son Exploit du 24. Avril dernier, fait par Duval, Huissier à Verge en cette Cour : controllé à Paris le 26. du même mois par Duclos, & presenté, & encore Demandeur aux fins d'autre Exploit, fait par le Courtois, Huissier au Grand-Conseil, le 17. du présent mois de May, controllé à Paris le même jour par Duclos, & presenté; tendant à ce qu'il soit dit que la Sentence qui interviendroit, seroit déclarée commune avec Minguet cy-après nommé; en conséquence qu'il seroit condamné à acquitter, garantir & indemniser ledit de Lepine de tout événement, qu'il seroit condamné en ses dommages, intérêts & autres fins, avec dépens, & Défendeur, assisté de Me Sandrier son Avocat, & contre Denis Minguet, Maître Vinaigrier à Paris, acquereur des tonneaux sus-énoncés, Défendeur aux Exploits & dénonciations susdattées : PARTIES OUIES entre ledit Me. Bailly, assisté de Me. Duret & ledit Me. Boiste, assisté dudit Me. Sandrier : & par vertu du deffaut de Nous donné contre ledit Minguet non comparant, ni Procureur, pour lui dûment appellé; lecture faite des Piéces, ensemble des Sentences des Consuls, qui condamnent entr'autres choses ledit Minguet à enlever les tonneaux en queſtion dans vingt-quatre heures, & aux dépens, & des Exploits ſuſdattés, ſans que les qualités puiſſent nuire, ni préjudicier. Nous diſons que les Statuts & Reglemens de la Communauté des Maîtres Vinaigriers ſeront exécutez ; & en conſéquence la ſaiſie des Lies dont eſt queſtion, déclarée bonne & valable ; le rapport de viſite deſdites Lies entériné ; & attendu la défectuoſité des Lies ſaiſies, & leur mauvaiſe qualité, ordonnons qu'elles ſeront jettées à la voirie, & les futailles brûlées ; à l'effet de quoi la Partie de Sandrier ſera tenuë de faire boucher les futailles défoncées, pour pouvoir être tranſportées ; ſinon permis aux Parties de Duret de les faire boucher aux dépens de ladite Partie de Sandrier ; faute par elle de faire boucher leſdites futailles ; faiſons défenſes à ladite Partie de Sandrier de récidiver, & le condamnons en quinze livres de dommages, intérêts, & en tous les dépens ; & permis aux Parties de Duret de faire imprimer, publier & afficher la preſente Sentence : deffaut à la Partie de Sandrier contre ledit Minguet, & pour le profit d'icelui. Le préſent Jugement déclaré commun, & le condamnons à acquitter & indemniſer ladite Partie de Sandrier de la condamnation cy-deſſus, & aux dépens, tant en demandant, défendant, que de la Sommation ; ce qui ſera exécuté ſans préjudice de l'Appel ; en témoin de ce, Nous avons fait ſceller ces Preſentes. Ce fut fait & donné par Meſſire RENE' HERAULT, Chevalier, Seigneur de Fontaine-Labbé, & autres lieux, Conſeiller d'État, Lieutenant-Général de Police de la Ville, Prevôté & Vicomté de Paris, y tenant le Siége le Vendredy 18. May 1731. Signé avec collation, CUYRET. Scellée le 2. Juin 1731. Signé, DOYARD. Controllée le 5. Juin 1731. Signé, LEMAIRE.

SENTENCE DE MONSIEUR LE LIEUTENANT GENERAL DE POLICE.

PORTANT Reglement pour la Communauté des Maîtres Vinaigriers, à l'égard des Marchands Forains & tous autres.

Du sixiéme Juin 1727.

LIII. A TOUS ceux qui ces presentes Lettres verront, Gabriel-Jerôme de Bullion, Chevalier, Comte d'Esclimont, Mestre-de-Camp du Regiment de Provence Infanterie, Conseiller du Roi en tous ses Conseils, Prevôt de la Ville, Prevôté & Vicomté de Paris. SALUT, sçavoir faisons, que sur la Requête faite en Jugement devant Nous à l'Audience de la Chambre de Police du Châtelet de Paris, par Me René-Paul Bailly, Procureur des Syndic & Jurez de la Communauté des Maîtres Vinaigriers, Verjutiers à Paris, Demandeurs en exécution des Statuts, Ordonnances, Sentences & Arrêts de Reglement rendus en faveur de leur Communauté, & en confirmation de l'avis de Monsieur le Procureur du Roi de cette Cour du treize May dernier, par lequel la saisie faite sur le Deffendeur ci-après nommé, de la quantité de sept quarteaux remplis de Vinaigre jauge Orleans, vendus en contravention au Port de la Tournelle au sieur Sauvage Maître Vinaigrier, par Exploit du 26. Avril dernier, a été déclarée bonne & valable, & lesdits Vinaigres saisis & confisquez au profit des Demandeurs, avec dépens, suivant & aux fins de leur Requête verbale signifiée le 16. dudit mois de May, & Deffendeurs à la demande en affirmation dudit avis signifié le même jour, assisté de Me Duret leur Avocat, contre Me. Legraverant, Procureur d'Etienne Dureau Marchand Forain & Voiturier par eau, demeurant à Orleans, Défendeur & Demandeur en infirmation dudit avis, & en mainlevée d'opposition formée ès mains dudit Sauvage, à la délivrance du prix dudit Vinaigre saisi, suivant sa Requête verbale susdite, assisté de Me. Gaudouard son Avocat. Parties oüies: Nous avons fait main-levée à la partie de Gaudouard des sept Quarteaux de Vinaigre sur elle saisis; faisant droit sur les Conclusions des gens du Roi faisons très-expresses inhibitions & défenses aux Marchands Forains & autres de vendre sur les Ports de cette Ville & ailleurs aucuns Vinaigres, Verjus & autres Marchandises de la profession des Maîtres Vinaigriers de cette Ville, qu'elles n'ayent été préalablement visitées par les Jurez Vinaigriers, à l'effet de quoi seront tenus de les avertir aussi-tôt l'arrivée desdites marchandises en cette Ville, dépens compensez entre les Parties; & sera la presente Sentence lûë, publiée & affichée par tout où besoin sera, ce qui sera exécuté nonobstant & sans préjudice de l'appel: en témoin de ce Nous avons fait sceller ces presentes, qui furent faites & données au Châtelet de Paris, par Messire René Herault, Chevalier, Seigneur de Fontaine-Labbé, Conseiller du Roi en ses Conseils d'Etat & Privé, Maître des Requêtes ordinaire de son Hôtel, Lieutenant Général de Police de ladite Ville, Prevosté & Vicomté de Paris, tenant le Siége le Vendredy six Juin mil sept cent vingt-sept. Collationné, TARDIVEAU, scellé le 20. Juin 1727. *Signé*, DOYARD.

DE PAR LE ROY.

SENTENCE DE MONSIEUR LE LIEUTENANT GE'NE'RAL DE POLICE.

RENDUE en faveur de la Communauté des Maistres Vinaigriers de la Ville & Fauxbourgs de Paris.

CONTRE le sieur Jean-Baptiste Raillard, Aubergiste à Paris.

Du 7. Mars 1738.

A Tous ceux qui ces présentes Lettres verront: Gabriel Jérôme de Bullion, Chevalier, Comte d'Esclimont, Seigneur de Wideville, Crespierres, Mereil, Montainville, & au- LIV.

tres lieux, Maréchal des Camps & Armées du Roi, son Conseiller en tous ses Conseils, Prevost de la Ville, Prevosté & Vicomté de Paris. SALUT, sçavoir faisons : Que sur la Requête fait en jugement devant Nous à l'Audiance de la Chambre de Police du Chastelet de Paris, par Me René-Paul Bailly, Procureur des Syndic & Jurés de la Communauté des Maistres Vinaigriers, Verjutiers, Moutardiers à Paris, Demandeurs en exécution des Statuts, Ordonnances & Arrêts de Reglement rendus en faveur de leur Communauté, & aux fins de leur Requête à Nous presentée le 13. Juillet dernier, & Exploit de saisie faite en conséquence sur le sieur Raillard ci-après nommé, en presence de Me Pinard Commissaire, d'un Quarteau de Vinaigre d'Orleans plein, trouvé en la maison dudit Raillard, suivant l'Exploit fait par Leblanc Huissier à Verge en cette Cour le 22. Janvier dernier, controllé à Paris le 23. par Houdin, presenté au Greffe; tendant à fin de validité de ladite saisie faite en presence de Me Pinard Commissaire, suivant le Procès-verbal du même jour, & à fin de confiscation dudit Vinaigre saisi, avec dommages intérêts, défenses de récidiver, amende & dépens; Défendeurs à la demande en nullité & main-levée de ladite saisie, assistés de Me Duret leur Avocat, contre le sieur Jean-Baptiste Raillard Aubergiste à Paris, Défendeur ausdites Requêtes & Exploit susdattés; & Demandeur en nullité & main-levée de ladite saisie, suivant & aux fins de ses défenses contenant demandes incidentes, signifiées les 26 & 27. Fevrier dernier, assisté de Me Sandrier son Avocat. Parties ouies, Nous ordonnons que les Statuts, Ordonnances & Arrêts de Reglement rendus en faveur de la Communauté des Maistres Vinaigriers seront exécutés selon leur forme & teneur, & au principal avons la saisie faite sur la Partie de Sandrier, du quarteau de Vinaigre dont est question déclarée bonne & valable : Ordonnons que ledit Vinaigre saisi demeurera confisqué au profit des Parties de Duret; Faisons défenses à la Partie de Sandrier de récidiver & d'avoir chez lui des provisions de Vinaigre d'Orleans; & pour la contravention commise par ladite Partie de Sandrier, l'avons condamné en quinze livres de dommages-intérêts envers les Parties de Duret, à cent sols d'amende & aux dépens. La presente Sentence imprimée & affichée par tout où besoin sera; & faisant droit sur la demande en sommation

tion de ladite Partie de Sandrier contre le ſieur Renibert Marchand de Vin forain d'Orleans défaillant, condamnons ledit défaillant à acquitter & indemniſer ladite Partie de Sandrier des condamnations contre elle ci-deſſus prononcées tant en principal, dommages-intérêts, dépens & amendes ci-deſſus adjugés avec dépens, ce qui ſera exécuté ſans préjudice de l'appel: ſoit ſignifié. En témoin de ce Nous avons fait ſceller ces preſentes, qui furent faites & données par Meſſire René Herault, Chevalier, Seigneur de Fontaine-Labbé, Vaucreſſon & autres lieux, Conſeiller d'Etat, Lieutenant-Général de Police de la Ville, Prevoſté & Vicomté de Paris, tenant le Siege le Vendredi ſept Mars mil ſept cent trente-huit. Collationné. Signé, CUYRET. Scellé le 24. Mars 1738. Signé, SAUVAGE.

SENTENCE DE MONSIEUR LE LIEUTENANT GENERAL DE POLICE.

Du 21. Novembre 1692.

A TOUS ceux qui ces preſentes Lettres verront: Charles LV.
Denis de Bullion, Chevalier, Marquis de Gallardon, Seigneur de Bonnelles, & autres lieux, Conſeiller du Roi en ſes Cõnſeils, Garde de la Prevôté & Vicomté de Paris. SALUT, ſçavoir faiſons: que ſur la Requête faite en jugement dernier, devant nous en la Chambre de Police du Chaſtelet de Paris, par Me Philippes Damonville, Procureur des Jurez & Syndic de la Communauté des Maîtres Vinaigriers, Verjutiers, Moutardiers, Diſtillateurs & Vendeurs d'Eau-de-Vie & Eſprit de Vin de cette Ville & Fauxbourgs de Paris, ſaiſiſſant ſur Antoine Guillot Marchand de Vin en cette Ville, d'un baquet rempli de moulle ſervant à lie plein d'eau pour les laver, avec les cordes à moulle, un demi muid plein de lie de vin qui avoit été preſſoiré à comble & ſans fonds, une planche carrée façon de chantier de bois de chêne d'environ neuf pieds de long, douze morceaux de bois ſervant de blot, deux morceaux de cordes de thillot qui ont ſervi d'eſtriers pour ſoutenir un bois d'aix ſur

lequel ont été posées plusieurs pierres, & une demie queue à geullebec qui a servi à démêler ladite lie, suivant le procès verbal de Maître Charles Bizotton, Commissaire en cette Cour, en datte du present mois, & Exploit de Regnault Sergent à Verge, dudit jour contrôlé à Paris le même jour par Margnisi, & Demandeur suivant ledit Exploit; à ce que ladite saisie fût déclarée valable, les choses saisies confisquées avec amende & dépens, assisté de Maître Denis Morice leur Avocat; contre Maître Florentin de Philbois, Procureur dudit Antoine Guillot partie saisie, Deffendeur: Parties oüies, ensemble noble homme Messire Deschamps, Avocat du Roi en ses conclusions, lecture faite de l'Article trente-sept des Statuts de ladite Communauté; portant défenses aux Cabaretiers de pressurer lie pour faire vinaigre, Arrêts, Reglemens & Sentences & autres pieces. Nous avons ladite saisie faite sur ledit Guillot déclarée bonne & valable; & en consequence ordonnons que les choses saisies demeureront confisquées au profit des Jurez & Syndic de ladite Communauté des Vinaigriers, ledit Guillot condamné en dix livres d'amende & aux dépens, lui faisant deffenses & à tous autres, d'entreprendre sur ladite Communauté, & le condamnons aux dépens; ce qui sera exécuté nonobstant & sans préjudice de l'appel: en témoin de ce avons fait sceller ces presentes. CE fut fait & donné par Messire Gabriel-Nicolas de la Reynie, Conseiller d'Etat ordinaire, & Lieutenant Général de Police, tenant le Siege le Vendredy vingt-un Novembre mil six cens quatre-vingt-douze. Collationné. *Signé*, JOSSE.

SENTENCE DE MONSIEUR LE LIEUTENANT GENERAL DE POLICE.

RENDUE en faveur de la Communauté des Maîtres Vinaigriers, Verjutiers, Moutardiers, Distillateurs, Vendeurs d'Eau-de-vie & Esprit de Vin, de la Ville Fauxbourgs & Banlieue de Paris, Demandeurs.

CONTRE *Françoise Guillau, Veuve de Philippes Desse, Aubergiste, Deffendresse & Opposante.*

QUI fait défenses à tous Aubergistes de recevoir des Vinaigres par commission, & d'en faire des Entrepôts, ni même d'en avoir en leurs maisons sous prétexte de les faire passer debout.

A TOUS ceux qui ces présentes Lettres verront : Gabriel-Jerôme de Bullion, Chevalier, Comte d'Esclimont, LVI. Conseiller du Roi en ses Conseils, Prevôt de Paris, SALUT : sçavoir faisons ; Que sur la Requête faite en Jugement devant Nous en la Chambre de Police du Châtelet de Paris, par Maître René Paul Bailly, Procureur des Syndics & Jurez de la Communauté des Maîtres Vinaigriers, Verjutiers, Moutardiers à Paris, Demandeurs en exécution des Statuts & Reglemens de leur Communauté, & de la Requête à Nous presentée le dix-neuf Novembre dernier, & de l'Exploit de saisie, fait en conséquence par Marchand Huissier à Verge en cette Cour, le premier Decembre ensuivant, controlé à Paris le deux, par Duclos, presenté au Greffe ; ladite saisie faite en présence de Maître Desance Commissaire, d'un Quarteau de Vinaigre trouvé sur un fourneau à côté de la cheminée, rempli de vinaigre jauge d'Orleans, à un tiers moins, trouvé en contravention, dont a été tiré des essais, en exécution de notre Sentence du quatre Fevrier dernier, qui a déclaré ladite saisie bonne

& valable, avec trente livres de dommages & intérêts & dépens, Deffendeurs à l'opposition formée à l'exécution d'icelle, assistez de Maître Duret leur Avocat.

Contre Maître de la Forest, Procureur de Françoise Guillau, veuve de Philippes Desse, Deffendresse & opposante, suivant sa Requête verbale, signifiée le vingt-trois Fevrier dernier, assisté de Maître Charlier son Avocat PARTIES OUYES, Nous ordonnons que les Reglemens seront exécutez selon leur forme & teneur; en conséquence avons la saisie du Vinaigre dont est question, déclarée bonne & valable : disons que les choses saisies, confisquées au profit des Parties de Duret, leur sont & demeureront acquises à la représentation; les Gardiens contraints, quoi faisant déchargez. Faisons défenses à la Partie de Charlier de recidiver, la condamnons à quinze livres de dommages intérêts que nous avons moderé; & à cet égard, recevons la Partie de Charlier opposante à notre presente Sentence, laquelle sera exécutée avec dépens, ce qui sera exécuté sans préjudice de l'appel; en témoin de ce, nous avons fait sceller ces Presentes, ce fut fait & donné par Messire René Herault, Chevalier, Seigneur de Fontaine-Labbé, Conseiller du Roi en ses Conseils d'État & Privé, Lieutenant-Général de Police de la Ville, Prevôté & Vicomté de Paris, tenant le Siége le Vendredy huit Avril mil sept cent vingt-neuf. *Signé*, CUYRET. Collationné avec paraphe. Scellé le 20. Avril 1729. *Signé* DOYARD; & contrôlé le 22. Avril 1729.

Signé, LE MAITRE.

ARREST
DU CONSEIL D'ETAT DU ROY.

RENDU EN FAVEUR DE LA COMMUNAUTE' des Maiſtres Vinaigriers, Verjutiers, Moutardiers, Diſtillateurs, Vendeurs d'Eau-de-Vie & Eſprit-de-Vin, de la Ville, Fauxbourgs & Banlieuë de Paris.

CONTRE CHARLES GRIGNON *prétendu Privilegié du Grand-Conſeil, lui fait Sa Majeſté deffenſe de s'en ſervir ni de faire la Profeſſion de Vinaigrier dans la Ville de Paris, condamne ledit Grignon aux frais du preſent Arrêt liquidez à trente livres.*

Du 26. Fevrier 1718.

Extrait des Regiſtres du Conſeil d'Eſtat Privé du Roi.

SUr la Requeſte preſentée au Roi en ſon Conſeil, par les Syndic, Jurez & Communauté des Maiſtres Vinaigriers de cette Ville de Paris : CONTENANT que le 12. Aouſt 1715. Charles Grignon leur fit ſignifier un Arreſt du Grand-Conſeil, par lequel il a été reçu en la place de Vinaigrier Privilegié à la ſuite du Grand-Conſeil, au lieu & place du nommé Cheſnel, pour en jouir & tenir Boutique ouverte, vendre & débiter les marchandiſes concernant ledit Métier en cette Ville de Paris, & par tout ailleurs où le Grand-Conſeil tiendra ſa ſéance, avec défenſes aux Jurez, Syndic & Maiſtres Vinaigriers de l'y troubler ; mais comme ſuivant les Statuts de cette Communauté il n'y a que ceux qui y ont été reçûs dans les formes preſcrites par les Reglemens qui ayent droit d'exercer la Profeſſion de Vinaigrier dans cette Ville de Paris ; que le Grand-Conſeil n'a aucun droit d'établir à ſa ſuite des Vinaigriers Privilegiez ; que toutes les fois que cette Cour a voulu s'attribuer cette autorité, LVII.

& a rendu des Arrests semblables à celui du 23. Mars 1715. le Conseil n'a pas manqué de reprimer ses entreprises, ainsi qu'il resulte d'un Arrest du 17. Janvier 1707. qui a debouté Louis Hebert Marchand Cuisinier-Potager Privilegié suivant le Grand-Conseil d'une opposition qu'il avoit formée à l'exécution d'un autre Arrest du Conseil du 17. May 1706. rendu en faveur des Cuisiniers-Traiteurs de Paris, par lequel Sa Majesté ayant égard à leur Requête, sans s'arrêter à l'Arrêt du Grand-Conseil du 19. Mars 1706. ni au Privilege porté par le même Arrest, il fut fait défenses à Hebert de s'en servir ni de tenir Boutique ouverte en vertu du même Arrest, & il fut condamné aux dépens. Il est fait mention dans le vû dudit Arrest du 17. Janvier 1707. d'autres semblables Arrests du Conseil qui ont cassé de pareils Privileges donnez par le Grand-Conseil à d'autres particuliers : A CES CAUSES, les Suppliaus requierent qu'il plût à Sa Majesté, sans s'arrêter à l'Arrest du Grand-Conseil du 23. Mars signifié le 12. Aoust 1715. ni au prétendu Privilege porté par ledit Arrest, faire défenses à Charles Grignon de s'en servir, de faire la Profession de Vinaigrier en cette Ville de Paris; & pour l'avoir fait, le condamner en 500. liv. de dommages & intérêts & aux dépens de l'Arrest qui interviendra sur la presente Requeste. Vû la Requeste signée Chahau, P. A. Corneille, Mongrolle & Foubert, Jurez & Syndic de ladite Communauté, de Gridé leur Avocat au Conseil, avec les piéces justificatives : Oüi le Rapport du sieur Maboul Conseiller du Roi en ses Conseils, Maistres des Requestes ordinaire de son Hôtel : Et tout consideré. LE ROI EN SON CONSEIL, ayant égard à la Requeste, sans s'arrêter à l'Arrest du Grand-Conseil du 23. Mars 1715. ni au prétendu Privilege porté par ledit Arrest, fait Sa Majesté défenses audit Grignon de s'en servir ni de faire la Profession de Vinaigrier en la Ville de Paris : condamne ledit Grignon aux frais du present Arrest liquidez à trente livres. Fait au Conseil d'Etat Privé du Roi, tenu à Paris le vingt-six Fevrier mil sept cent dix-huit. *Collationné. Signé*, DE MONS.

ARREST DU CONSEIL D'ESTAT DU ROY.

Rendu en faveur de la Communauté des Maîtres Vinaigriers, Verjutiers, Moutardiers, Distillateurs, Vendeurs d'Eau-de-Vie, & Esprit-de-Vin de la Ville, Fauxbourgs & Banlieue de Paris.

CONTRE *Charles Grignon, prétendu Privilegié du Grand-Conseil, par lequel Sa Majeste a débouté ledit Grignon de son opposition, ordonne que l'Arrêt du 26. Février 1718. sera exécuté, & sera tenu de fermer sa Boutique & d'ôter les marques extérieures, lui fait défenses de continuer la Profession de Vinaigrier, à peine de trois cens livres d'amende, & de tous dépens, dommages & interêts, condamne ledit Grignon aux dépens du présent Arrêt liquidés à quarante livres.*

Du 23. Février 1719.

Extrait des Registres du Conseil d'Etat Privé du Roi.

VEU au Conseil d'Etat Privé du Roi, l'Arrêt rendu en icelui le 26. Fevrier 1718. sur la Requête des Syndic & Communauté des Maistres Vinaigriers de la Ville de Paris, tendante, sans s'arrêter à l'Arrêt du Grand-Conseil du vingt-troisiéme Mars, signifié le douziéme Aoust 1715. ni aux prétendus Privileges portés par ledit Arrest, faire défenses à Charles Grignon de s'en servir & de faire la Profession de Vinaigrier en cette Ville de Paris, & pour l'avoir fait le condamne en 500. livres de dommages & intérêts, & aux dépens de l'Arrêt qui interviendra sur ladite Requête, par lequel Arrêt Sa Majesté ayant égard, sans s'arrêter à l'Arrêt du Grand-Conseil du 23. Mars 1715. ni au prétendu Privilege porté par ledit Arrêt, a fait défenses audit Grignon LVIII.

de s'en servir, ni de faire la Profession de Vinaigrier en la Ville de Paris, a condamné ledit Grignon aux frais du présent Arrêt liquidés à 30. liv. ensuite duquel Arrêt est une quittance du sieur Lemonnier de la somme de 2. liv. 10. sol. du 18. Mars 1718. pour le droit du Contrôle des 30. liv. liquidés par ledit Arrêt. La signification faite dudit Arrêt le 19. dudit mois de Mars audit an audit Grignon en son domicile. Commandement fait audit Grignon en son domicile. Commandement fait audit Grignon à la Requête des Syndic, Jurés Vinaigriers de Paris le 7. Mai 1718. de payer la somme de 37. livres pour les frais. Acte d'opposition du 21. Mars 1718. par ledit Grignon à l'Arrêt du Conseil dudit jour 26. Février 1718. ledit Acte signé dudit Grignon & de Perrin son Avocat au Conseil, ensuite duquel est la signification qui en a été faite ledit jour 26. Février à la Communauté desdits Maîtres Vinaigriers. Autre Acte d'opposition dudit Grignon dudit jour 21 Mars 1718. audit Arrêt du Conseil du 26. Février précedent. Acte signifié le 25. Mai 1718. à la requête de la Communauté des Vinaigriers audit Grignon. Requête de la Communauté des Vinaigriers de la Ville de Paris, tendante à ce qu'il plût à Sa Majesté ordonner que nonobstant & sans avoir égard à l'opposition dud. Grignon du 21. Mars audit an 1718. sera exécuté selon sa forme & teneur, ce faisant que la Boutique dudit Grignon sera fermée, & que les marques extérieures de sa Profession seront ôtées, comme aussi lui faire itératives défenses de continuer la Profession de Vinaigrier, & d'en vendre & débiter les marchandises sous peine de cent livres d'amende, qui sera déclarée encourue à la premiere contravention, & de tous dépens, dommages & intérêts, & condamner ledit Grignon aux dépens, au bas de laquelle Requête est l'Ordonnance du Conseil, portant qu'elle sera communiquée audit Grignon au domicile de Perrin son Avocat au Conseil pour y fournir de réponses dans huitaine, pour ce fait, ou à faute de ce faire, être ordonné ce qu'il appartiendra du 19. Juillet 1718. & la signification du vingt dudit mois audit an, avec sommation de satisfaire à ladite Ordonnance. Deux autres sommations faites à la requête de la Communauté desdits Vinaigriers les 29. & 30. Juillet 1718. audit Grignon, au domicile de Me Perrin son Avocat au Conseil, de satisfaire à ladite Ordonnance, & tout ce qui a été remis pardevant Monsieur Maboul Conseiller du Roi en ses Conseils, Maître des Requêtes ordinaire

dinaire de son Hôtel, Commissaire à ce député : Oui son Rapport: Et tout consideré. LE ROY EN SON CONSEIL, sans s'arrêter à l'opposition dudit Grignon, à l'Arrêt du Conseil du 26. Février 1718. dont Sa Majesté l'a débouté, a ordonné & ordonne que ledit Arrêt sera exécuté selon sa forme & teneur, & en consequence que ledit Grignon sera tenu de fermer sa Boutique & d'ôter les marques extérieures de sa Profession, lui fait Sa Majesté défenses de continuer sa Profession de Vinaigrier, & d'en vendre & débiter les marchandises sur peine de trois cens livres d'amende, & de tous dépens, dommages & intérêts, & condamne ledit Grignon aux dépens du présent Arrêt liquidés à quarante livres. FAIT au Conseil d'Etat Privé du Roi, tenu à Paris le 23. Février mil sept cens dix-neuf. Collationné. Signé, DE MONS.

LE vingt-septiéme jour de Mars 1719. à la requête des Syndic & Communauté des Maîtres Vinaigriers de la Ville de Paris, qui ont élu domicile en la maison de Maître Nicolas Gridé, Avocat au Conseil, sise rue Hautefeuille, le present Arrêt a été signifié, & d'icelui laissé copie aux fins y contenues, & de la quittance du Contrôleur des dépens étant ensuite, à Charles Grignon en son domicile à la Trinité, parlant à sa personne, à ce qu'il n'en ignore, par nous Huissier ordinaire du Roi en ses Conseils. Signé, MACE'.

LE neuviéme jour de Mars mil sept cens dix-neuf, signifié & laissé copie à Maistre Perrin, Avocat de Partie adverse en son domicile, parlant à son Clerc, par nous Huissier ordinaire du Roi en ses Conseils, soussigné, DENIS.

Syndic en charge.	*Jurés en charge.*
FRANÇOIS CORNEILLE.	ADAM CAYON.
	NICOLAS DELANNOIX.
	CLAIR-FERDINAND VILLANFIN.
	& ANTOINE MAROT.

PROCEZ-VERBAL DE SAISIE de ſept demi-queues de Vin gâté, propre à faire Vinaigre, provenant du crû de Chailly.

Fait à la requeſte de Thomas Tempelier, Fermier Général des Aydes.

CONTRE *André Blondy, Maiſtre Vinaigrier à Paris.*

LIX. L'AN mi ſept cent, le vingt-troiſiéme Janvier avant midi, Nous Charles Vatinel & Laurent Maillard, Commis à l'exercice des Aydes du Plat-pays, Election de Paris, réſidans à Longjumeau pour Me Thomas Tempelier, Fermier Général des Fermes Royales unies de France, ſouſſignés: certifions à tous qu'il appartiendra, que ſur l'Avis certain à nous donné, qu'un Vinaigrier demeurant à Paris, étoit dans le Village de Chailly, qu'il achetoit pluſieurs Vins chez les Vignerons dudit lieu, & qu'après les avoir acheté il les gâtoit afin de prendre des congés pour Vins gâtés, & les faire débiter dans Paris pour en ſauver l'entrée; & notamment qu'il en avoit déja gâté ſept demi-queues chez Denis Dorger, Vigneron demeurant audit lieu, ce qui nous auroit obligé de nous tranſporter ledit jour chez ledit Dorger, où étant arrivez nous aurions trouvé la femme dudit Dorger, l'ayant ſommée de nous faire voir les ſept demi-queues de vin qu'ils avoient vendus en gros aux Vinaigriers de Paris, & combien ils leurs avoient vendus la demi queue, elle nous auroit fait réponſe, qu'il lui avoit vendu vingt livres la demi-queue, & nous auroit conduit dans leur cellier, dont nous y aurions trouvé les ſept demi-queues toutes dérangées de deſſus les chantiers d'icelles, toutes débondonnées, & aurions goûté leſdites ſept demi-queues de vin, que nous les aurions toutes ſept trouvés être gâtées, quatre rouges & trois blanches; & aurions auſſi ſommés un appellé Pierre Millet & Nicolas Marchais, tous deux habitans dudit lieu de Chailly, de goûter icelui vin, l'auroient goûté & l'auroient trouvé être entierement gâté ; ce que voyant nous aurions déclaré à ladite femme que nous saisissions lesdites sept demi-queues de vin, que nous aurions contre marqué d'une demi ronde de notre Rouane ordinaire, près la bonde ; laquelle avons pareillemment sommée de goûter ledit vin avec nous, laquelle a refusé, en disant qu'elle sçavoit bien que le Vinaigrier l'avoit gâté, que nous en rendrons notre Procès-verbal. Elle se seroit mise à pleurer, nous disant que si nous inquiétions le Vinaigrier qu'ils étoient perdus, & qu'ils n'avoient que cela vaillant au monde, & qu'ils n'avoient receus qu'une pistolle d'aires, & que le Vinaigrier ne prendroit point leur vin, & qu'il étoit bien vrai qu'ils lui avoient vendu veritable bon vin, lequel après le marché fait qu'il l'avoit gâté afin de prendre un congé de vin gâté ; sommée de signer sa déclaration a refusé, après quoi, & ayant appris que ledit Vinaigrier étoit chez un appellé Nicolas Riou, demeurant audit lieu, qui en marchandoit encore quatre demi-queues, nous y aurions été, & l'ayant rencontré, nous lui aurions demandé son nom & sa demeure, il nous auroit fait réponse qu'il s'appelloit Blondy, lequel demeuroit dans la rue Montorgueil à Paris, auquel aurions demandé le pouvoir qu'il avoit de venir acheter du bon vin, & s'il n'étoit pas veritable qu'il en avoit gâté sept demi-queues chez ledit Dorger, & nous auroit fait réponse que oui, & seroit demeuré très-surpris, & auroit tiré Maillard l'un de nous à quartier, & lui auroit voulu donner deux écus neufs afin de lui permettre d'enlever lesdites sept demi-queues, & qu'il n'en gâteroit pas d'avantage, sommé de signer ses réponses & déclarations a refusé ; & lui aurions déclaré que de sa fraude nous venions de saisir sept demi-queues, & que nous les avions goûtées & fait goûter, lui déclarant que nous en rendront le présent Procès-verbal ; lequel Blondy nous auroit quitté sans nous avoir voulu parler d'avantage, & s'en seroit retourné à Paris, auquel nous n'aurions pû lui laisser de copie d'icelui Procès : Et en nous en retournant chez ledit Dorger nous aurions appris qu'il en avoit encore acheté cinq demi-queues, trois chez Nicolas Millet, & deux autres chez Jean Aubert Vignerons dudit lieu, mais qu'ayant appris que nous étions dans Chailly, qu'il ne les avoit pas gâtés, parce que on lui avoit dit que nous verbalisions chez ledit Dorger contre lui des sept demi queues de vin qu'il avoit gâtées, & de tout ce que dessus avons fait dresser le présent notre Procès-verbal pour servir & valoir audit sieur Tempellier ce que de raison, & icelles sept demi-queues de vin gâtés par ledit Blondy, les aurions laissées en la charge & garde de ladite femme Dorger, pour par elle les représenter toutefois & quantes qu'elle en sera requise, laquelle avons sommée de signer le présent Procès-verbal avec nous, ensemble toutes ses réponses aux interpellations par nous à elle faites, avec la charge & garde dudit vin gâté, le tout refusé; & lui en avons baillé & délivré copie ledit jour & an que dessus. Signé, VATINEL, & MAILLARD.

Le contenu au présent Procès-verbal a été affirmé véritable par lesdits Vatinel & Maillard, Commis aux Aydes, pardevant nous Conseillers - Présidens en l'Election de Paris, & ont signés; ce six Fevrier mil sept cens. Ainsi signé, MAILLARD, VATINEL, & AVVILLON, Et en tête est écrit, Apporté au Greffe de l'Election de Paris, ce six Février 1700.

L'AN mil sept cens le huitiéme jour de Fevrier, à la requête de Maître Thomas Tempelier, Fermier General des Fermes Royales unies de France, qui a élu son domicile en son Bureau à Villejuifve, où est demeurant le Sieur de la Maillardiere, son Receveur, & en la Ville de Paris au grand Bureau des Aydes à l'Hôtel de Charny, rue des Barres: J'ai François Josse Huissier au Châtelet de Paris, y demeurant rue & Montagne sainte Geneviéve, soussigné, donné assignation au nommé Blondy, Vinaigrier à Paris, y demeurant rue Montorgueil, en parlant à sa personne en son domicile, à comparoître au premier jour plaidoyable pardevant Messieurs de l'Election de Paris, pour répondre & procéder sur le contenu & aux fins du Procès-verbal dont copie est de l'autre part transcrite, circonstances & dépendances; ensemble voir dire & ordonner que les sept demi queues de Vin y mentionnées ou la juste valeur, seront déclarées acquises & confisquées au Roi, au profit dudit sieur Tempelier, & pour la fraude commise par ledit Blondy, & le nommé Denis Dorger Vigneron & sa femme, demeurans à Chailly, qu'ils seront condamnés solidairement en trois mille livres d'amende suivant les Ordonnances, Arrêts du Conseil, & Reglemens de Police, pour avoir de concert gâté lesd. sept demi-queues de Vin, après que ledit Blondy en a eu fait le marché, afin d'en sauver & frustrer les droits du Roi, tant sur les lieux qu'à l'Entrée de Paris, & attendu que les Vins gâtés ne payent que très-peu de chose, tant sur les lieux qu'aux Entrées, & qu'il n'est pas permis par les Loix de gâter de bon Vin, ni autres boissons & denrées qui servent à la nourriture du corps humain, ce qui n'a été fait par ledit Blondy, que pour comme dit est, en sauver & frustrer les droits du Roi; car quand le Vin que les Vinaigriers gâtent, & qui est chez eux à Paris, ils ont le secret de le racommoder, & ensuite le revendre au public, parce qu'étant entrés dans Paris, ils ne payent plus de droits & au lieu d'en faire du vinaigre, & s'ils en faisoient du vinaigre de tout le Vin qu'ils gatent, le Vinaigre ne vaudroit pas deux sols la pinte, au lieu qu'il vaut sept à huit sols la pinte, comme ils le vendent journellement, ce qui est notoire à tout chacun; & que deffenses seront faites audit Blondy & autres Vinaigriers de ne plus à l'avenir gâter de bon Vin sur plus grande peine, & sauf à Monsieur le Procureur du Roi de prendre telles Conclusions qu'il avisera pour l'interêt public, comme aussi qu'il sera condamné en tous les dépens, dommages, interêts dudit Tempelier, sans préjudice d'autres dûs, droits & actions, prétentions & demandes, & en outre répondre comme de raison à fin de dépens, & signifié que Maitre Henry Charlier est Procureur, & laissé la présente copie, signé, JOSSE, avec paraphe.

SENTENCE CONTRADICTOIRE

Rendue en l'Election de Paris le 29. Mars 1700.

Entre Me Thomas Tempelier, Fermier Général des Fermes unies de France : Et André Blondy, Maiſtre Vinaigrier à Paris.

Par laquelle ledit Blondy a eu main-levée de ſept demi-queues de Vins ſur lui ſaiſies par les Commis duditTempelier, & qui le déboute de ſa demande en confiſcation deſdits Vins, de trois mille liv. d'amende, & de ſa prétention pour empêcher ledit Blondy de travailler & gâter les Vins qu'il achetera en campagne, pour faire du Vinaigre.

LX. A TOUS ceux qui ces preſentes Lettres verront ; Les Préſident, Lieutenant, Aſſeſſeur, Elûs & Contrôleurs Elûs, Conſeillers du Roi notre Sire, ſur le fait de ſes Aydes & Tailles, ès Ville, Cité & Election de Paris, Salut. Sçavoir faiſons, Qu'entre M. Henri Charlier, Procureur de M. Thomas Tempelier, Fermier General des Fermes unies, demandeur aux fins du Procès-verbal fait par ſes Commis le 23. Janvier dernier, & Exploit fait en conſéquence le 8. Février dernier, par Joſſe Sergent, contrôlé à Montlhery, par Leroy le 10. dudit mois ; à ce que les ſept demi-queues de vin que le Deffendeur ci-après nommé a achetées dans le Village de Chailly, chez le nommé Dorger, & qu'il a gâté après l'achapt pour en frauder les droits du Roi, ordonner qu'elles demeureront acquiſes & confiſquées au Roi, au profit du Demandeur, & que ledit Deffendeur ſera condamné en trois mille livres d'amende, ſuivant les Ordonnances, avec défenſes à l'avenir de plus gâter aucuns Vins, ſur plus grande peine, & de tous dépens, dommages & interêts d'une part ; Et M. Nicolas-Charles Clement, Procureur d'André Blondy, Maiſtre Vinaigrier à Paris, défendeur d'autre, ne pourront les qualités préjudicier. PARTIES OUIES en leurs Plaidoyers, & le Procureur du Roi en ses Conclusions. NOUS avons déchargé & déchargeons la Partie de Clement de la demande contre elle formée à la requête de la Partie de Charlier, dépens compensés par notre Jugement. Mandons au premier des Huissiers-Audienciers de cette Election, ou autre Huissier ou Sergent sur ce requis, mettre ces présentes à dûe & entiere exécution selon leur forme & teneur, de ce faire lui donnons pouvoir. En témoin dequoi avons fait sceller ces présentes. Ce fut fait & donné en l'Election de Paris, l'Audience tenant le Lundi vingt-neuf Mars, mil sept cens. Signé, GUYARD. Et scellé,

Le trois Avril mil sept cens, signifié, à Me Charlier, à domicile. Signé, DELAISTRE.

SENTENCE DE MONSIEUR LE LIEUTENANT GENERAL DE POLICE.

Du Mardi 27. Août 1715.

RENDUE en faveur de la Communauté des Maîtres Vinaigriers, Verjutiers, Moutardiers, Distillateurs, & Vendeurs d'Eau-de-Vie & Esprit-de-Vin de la Ville Fauxbourgs & Banlieuë de Paris.

CONTRE *Michel Latelle, Cidrier & Maistre Fruitier Oranger.*

Et les Jurés & Communauté des Maistres Fruitiers-Orangers de ladite Ville de Paris, par laquelle il est fait défenses audit Latelle & aux Maistres de leur Communauté, d'acheter du Verjus pour pressurer, vendre & débiter à l'avenir, & entreprendre sur ladite Communauté, à peine d'amende &

de confiscation; ordonne que la Sentence sera transcrite dans le Registre de la Communauté des Fruitiers-Orangers, & les condamne en tous les dépens.

LXI. A TOUS ceux qui ces présentes Lettres verront, Charles-Denis de Bullion, Marquis de Gallardon, Conseiller du Roi en tous ses Conseils, Prevôt de Paris; SALUT, sçavoir faisons, que sur la Requête faite en Jugement devant Nous en la Chambre de Police du Châtelet de Paris, par Maistre René-Paul Bailly. Procureur des Maîtres Vinaigriers, Verjutiers, Moutardiers, Distillateurs & Vendeurs d'Eau-de-Vie & Esprit-de Vin de cette Ville, Fauxbourgs & banlieue de Paris, Demandeurs aux fins des deux exploits de saisies faits des Marchandises de Verjus sur le nommé Latelle cy-après nommé, la premiere en la présence du sieur Commissaire Goudin par Marchand Huissier à Verge en cette Cour le 14 Octobre 1709. contrôllé à Paris le 17. par Piton, & la seconde en la présence du sieur Commissaire Breton par Baticau Huissier en cette Cour le 3. Septembre dernier controllé à Paris le même jour par Pontaine & présenté au Greffe le tout, le tout tendant à ce que lesdites saisies soient déclarées bonnes & valables, & à fin de confiscation des choses saisies avec amande & dépens, & Deffendeurs à la Requête verbale d'intervention des Jurés Fruitiers-Orangers, tendante à fin de main-levée desdites saisies avec dépens, assistés de Maistre Forestier leur Avocat, contre Maistre de Scelles, Procureur de Michel Latelle, Fruitier-Oranger, Deffendeur aux exploits de saisies susdattez, & Demandeur en main-levée d'icelles, assisté de Maistre Pillon son Avocat; & encore contre Maistre Richer l'aîné, Procureur des Jurés & Gardes de la Communauté des Maistres-Marchands Fruitiers-Orangers à Paris, Demandeurs aux fins de leur Requête verbale d'intervention, signifiée le neuf Janvier dernier, assistez de Maistre le Poupet leur Avocat: Parties ouies, ensemble noble homme Maistre Herault Avocat du Roi en ses Conclusions, sans que les qualités puissent nuire ni préjudicier aux Parties: Nous en ce qui concerne la premiere saisie des Verjus en question faite en l'année 1709. avons mis les Parties hors de Cour, dépens à cet égard compensez; & faisant droit sur la derniere saisie faite le 3. Sep-

Septembre 1714. ſur la partie de Pillon de deux demi-muids de Verjus en vuidange d'environ moitié chacun & de deux demi-queues de Verjus en grains prêt à écraſer, enſemble des preſſoirs & marcs mentionnez en ladite ſaiſie, ſans avoir égard à l'intervention & demande des Parties de le Poupet; ordonnons que les Statuts, Sentence, Arrêt & Réglemens de la Communauté des Maiſtres Vinaigriers ſeront exécutés, & en conſéquence avons déclaré ladite ſaiſie bonne & valable; ordonnons que les choſes ſaiſies ſeront & demeureront confiſquées au profit des Parties de Foreſtier, fors les preſſoirs & uſtanciles de la Partie de Pillon qui lui ſeront rendus, à la repréſentation deſquelles choſes ſaiſies les Gardiens & Dépoſitaires ſeront contraints, quoi faiſant ils en ſeront & demeureront bien & valablement quitte & déchargé; & après que Pillon pour ſa Partie a déclaré que les Verjus ſaiſis ne ſont plus en nature, condamnons ladite Partie de Pillon à payer le prix deſdits Verjus aux Parties de Foreſtier ſuivant l'appréciation & eſtimation qui en ſera faite ſur le pied qu'ils valoient lors deſdites ſaiſies par Experts & gens à ce connoiſſans, dont les Parties conviendront, ou qui ſeront nommés d'Office; faiſons déſenſes audit Latelle & aux Maiſtres de leur Communauté, d'acheter des Verjus pour preſſurer, vendre & débiter à l'avenir, & entreprendre ſur la Communauté des Parties de Foreſtier à peine d'amande & de confiſcation; & attendu la contravention commiſe par ledit Latelle, l'avons condamné en tous les dépens ſolidairement avec la Partie de le Poupet envers les Parties de Foreſtier pour tous dommages & intérêts, & ſera fait mention de la préſente Sentence ſur le Regiſtre de la Communauté des Fruitiers-Orangers, ce qui ſera exécuté ſans préjudice de l'appel: En témoin de ce nous avons fait ſceller ces Préſentes. Ce fut fait & donné par Meſſire Marc-René de Voyer de Paulmy d'Argenſon, Chevalier, Conſeiller d'Etat Ordinaire & Lieutenant-Général de Police, tenant le Siége le Mardi vingt-ſept Aouſt mil ſept cent quinze. Collationné. *Signé*, TARDIVEAU.

Scellé le 4. Septembre 1715. DE CHAMBAUG.

Signifié & baillé copie à Me. de Scelles & Richer l'aiſné Procureur à domicile le 4. jour de Septembre 1715. MAREST.

ARREST DE LA COUR DU PARLEMENT.

Du 14. Decembre 1716.

Confirmatif de la Sentence de Police du 27. Août 1715. servant de Reglement pour la Communauté des Maîtres Vinaigriers, Verjutiers, Moutardiers, Distillateurs & Vendeurs d'Eau-de-Vie & Esprit de Vin de la Ville, Fauxbourgs & Banlieue de Paris.

CONTRE Michèl Latelle, Cidrier & Maistre Fruitier Oranger.

Et les Jurés & Communauté des Maistres Fruitiers-Orangers de ladite Ville de Paris, par lequel il est fait défenses audit Latelle & aux Maistres de leur Communauté, d'acheter du Verjus pour pressurer, vendre & débiter à l'avenir, & entreprendre sur ladite Communauté, à peine d'amende & de confiscation; ordonne que le present Arrêt sera transcrit dans le Registre de la Communauté des Fruitiers-Orangers, & les condamne en tous les dépens.

Extrait des Registres de Parlement.

LXII. LOUIS par la grace de Dieu Roi de France & de Navarre: Au premier des Huissiers de notre Cour de Parlement, ou autre notre Huissier ou Sergent sur ce requis, sçavoir faisons; que le jour & datte des Présentes comparans en notredite Cour les Jurés-Gardes de la Communauté des Maistres - Marchands Fruitiers-Orangers-Beurriers de cette Ville de Paris, & Michel Latelle l'un desdits Maistres, Appellans de la Sentence rendue par le Lieutenant-Général de Police du Châtelet du 27. Août

1715. Et encore lesdits Jurés & Communauté Demandeurs en Requête du 24. Janvier 1716. d'une part, & les Syndic, Jurés & Communauté des Maistres Vinaigriers, Verjutiers, Moutardiers de cette Ville de Paris, Intimez & Défendeurs: Er entre lesdits Fruitiers-Orangers & ledit Latelle, Demandeurs en Requête du 30. Juillet 1716. & lesdits Vinaigriers Défendeurs, d'autre part: Vû par notre Cour la Sentence rendue par le Lieutenant-Général de Police du Châtelet le 27. Août 1715. par laquelle en ce qui concerne la premiere saisie des Verjus en question faite en l'année 1709. les Parties auroient été mises hors de Cour, dépens à cet égard compensez; & faisant droit sur la derniere saisie faite le 3. Septembre 1714. sur ledit Latelle de deux demi-muids de Verjus en vuidange d'environ moitié chacun & deux demi-queues de Verjus en grain prêt à écraser, ensemble des pressoirs & marcs mentionnés en ladite saisie, sans avoir égard à l'intervention & demande desdits Fruitiers-Orangers, ordonné que les Statuts, Sentences, Arrêts & Réglemens de la Communauté des Maistres Vinaigriers seroient exécutés, & en conséquence ladite saisie auroit été déclarée bonne & valable, ordonné que les choses saisies seroient & demeureroient confisquées au profit desdits Vinaigriers, fors les Pressoirs & ustenciles dudit Latelle qui lui seroient rendus, à la représentation desquelles choses saisies les Gardiens & Dépositaires seroient contraints, quoi faisant déchargés; & après que ledit Latelle auroit déclaré que les Verjus saisis n'étoient plus en nature, ledit Latelle auroit été condamné à payer le prix desdits Verjus ausdits Vinaigriers suivant l'appréciation & estimation qui en seroit faite sur le prix qu'ils valoient lors desdites saisies par Experts & gens à ce connoissans dont les Parties conviendroient, sinon nommés d'Office; défenses audit Latelle & aux Maistres de leur Communauté, d'acheter des Verjus pour pressurer, vendre & débiter à l'avenir ni entreprendre sur la Communauté desdits Vinaigriers à peine d'amande & de confiscation; & attendu la contravention commise par ledit Latelle, condamné en tous les dépens solidairement avec lesdits Fruitiers envers lesdits Vinaigriers pour tous dommages & intérêts, & qu'il seroit fait mention de ladite Sentence sur le Registre de ladite Communauté desdits Fruitiers-Orangers. La Requête & demande desdits Fruitiers-Orangers du vingt-quatre Janvier 1716. à ce qu'ils fussent reçûs oppofans à l'Arrêt du 14. Mai 1661. portant enregiftrement des prétendus Statuts des Vinaigriers en ce qui pouvoit feulement leur nuire & préjudicier & être tiré à conféquence contre lefdits Fruitiers par lefdits Vinaigriers. Arrêt du 31. Janvier 1716. par lequel fur l'appel les Parties auroienr été appointées au Confeil, & fur l'oppofition & demande en droit & joint, joint les fins de non recevoir defdits Vinaigriers. Les défenfes des Fruitiers au contraire. Caufes & moyens d'appel dudit Latelle & defdits Fruitiers du 6. Février 1716. Requête defdits Vinaigriers du 21 dudit mois de Février, employée pour réponfes à caufe d'appel. Réponfes defdits Vinaigriers du 10. dudit mois de Février, employées pour fins de non-recevoir. Production des Parties. Contredits dudit Latelle & defdits Fruitiers du 17. Juin 1716. Requêtes defdits Vinaigriers des 30. Avril & 3. Juillet 1716. employées pour contredits & falvations. Production nouvelle defdits Vinaigriers par Requête du 29. Avril 1716. Contredits dudit Latelle & defdits Fruitiers du 18. Juillet audit an. Requête defdits Vinaigriers du 30. Juillet 1716. employée pour falvations. Production nouvelle dudit Latelle & defdits Fruitiers par Requête du 20. Juillet 1716. Requête defdits Vinaigriers du 4. Août audit an, employée pour contredits. Production nouvelle defdits Fruitiers par Requête du 30. Juillet audit an 1716. contenant demande à ce qu'Acte leur fût donné de ce qu'ils articuloient & mettoient en fait qu'ils étoient en poffeffion depuis plufieurs fiécles de vendre du Verjus tant en gros qu'en détail, les Marchands Epiciers de vendre du Vinaigre & les Maiftres Chandelier du Verjus, de laquelle poffeffion en cas de déni de la part des Vinaigriers, ils offroient de faire preuve devant tel des Confeillers & dans tel temps qu'il plairoit à notredite Cour, fauf aux Jurés Vinaigriers de faire preuve du contraire fi bon leur fembloit, le tout dans le tems de l'Ordonnance, pour l'enquête faite & rapporter être ordonné ce que de raifon, & qu'Acte leur fût donné de l'emploi pour écritures & production fur ladite demande, fur laquelle Requête auroit été mis fur la demande en droit joint & Acte de l'emploi. Requête defdits Vinaigriers du 6. Août 1716. employée pour contredits, fins de non-recevoir, défenfes, écritures & production. Production nouvelle defdits Vinaigriers par Requête du 4. Août 1716. Requête defdits Fruitiers du 7. dudit mois d'Août, employée pour contredits. Requête desdits Vinaigriers du 11. dudit mois d'Août, employée pour salvations. Production nouvelle desdits Vinaigriers du 11. dudit mois d'Août, employée pour salvations. Production nouvelle desdits Vinaigriers par Requête du 7. Août 1716. servant de plus amples défenses. Requête desdits Fruitiers du 12. dudit mois d'Août, employée pour contredits. Requête desdits Vinaigriers du 21. dudit mois d'Août, employée pour salvations. Production nouvelle dudit Latelle & desdits Fruitiers par Requête du 26. Août 1716. Requête desdits Vinaigriers du 3. Septembre audit an, employée pour contredits. Production nouvelle desdits Fruitiers par Requête du 2. Décembre 1716. Requête desdits Vinaigriers dud. 4. du mois de Décembre, employée pour contredits. Conclusions de notre Procureur-Général, Tout joint & considéré. NOTRE DITE COUR, faisant droit sur le tout, sans s'arrêter aux oppositions & demandes desdits Fruitiers-Orangers portées par leurs Requêtes des 24. Janvier & 30. Juillet dernier, dont elle les a débouté, a mis & met l'appellation au néant, ordonne que ce dont a été appellé sortira effet, condamne lesdits Fruitiers-Orangers & Latelle en l'amande de douze livres, & aux dépens. Si te mandons le présent Arrêt mettre à exécution selon sa forme & teneur, de ce faire te donnons pouvoir. Donné à Paris en notredite Cour de Parlement le quatorze Décembre l'an de grace mil sept cent seize, & de notre Regne le deuxiéme. Par la Chambre, DUNOYER, Collationné.

Le 23. Décembre 1716. signifié, baillé copie à Maitre Soulas, Procureur en son domicile, en parlant à son Clerc. GINOT.

SENTENCE
DE MESSIEURS DE L'ELECTION.

Du 17. *Mars* 1711.

Au profit de la Communauté des Maîtres Vinaigriers, Verjutiers, Moutardiers, Distillateurs & Vendeurs d'Eau-de-Vie & Esprit de Vin de la Ville de Paris.

Qui ordonne que les Vins gâtez saisis sur Nicolas Duval, Thomas Chesnel & Michel Dumay, Maîtres Vinaigriers, leurs seront rendus.

LXIII. A TOUS ceux qui ces présentes Lettres verront; les Présidens, Lieutenans, Assesseurs, Elus, Conseillers du Roy notre Sire sur le fait de ses Aydes & Tailles, ès Ville, Cité & Election de Paris; SALUT. Sçavoir faisons, qu'entre Me. Nicolas-Charles Clement, Procureur de Nicolas Duval, Maistre Vinaigrier de cette Ville de Paris, Demandeur suivant sa Requête verbale, signifiée par Delaistre le quatorze Janvier dernier tendante à ce qu'en cas que la Cour fit quelque difficulté de faire quant à présent mainlevée au Demandeur des Vins mentionnés au procès-verbal de saisie du vingt-trois Novembre dernier, dont il y a déja eu mainlevée provisoire de dix desdites piéces de vin gâté en question, ordonner que lesdites deux piéces de vin restantes, mentionnées au procès-verbal fait en présence de Monsieur le Premier Président le Jeudi dix-huit Decembre aussi dernier & autres jours suivans, seront goutez par Experts dont les parties conviendront, sinon qu'il en sera nommé d'office, à la restitution seront les gardiens & dépositaires contraints par corps; condamner ledit Isambert en cinq cens livres de dommages, interêts & aux dépens, & notre Sentence exécutée nonobstant l'appel d'une part; & Me. Henry

Charlier, Procureur de Me. Charles Isambert, Fermier General des Aydes deffendeur d'autre : Et entre lesdits Clément, Procureur de Thomas Chesnel, Michel Dumay & autres Maîtres Vinaigriers de cette Ville de Paris, demandeurs en Requête verbale, signifiée par Delaistre le vingt-trois de Janvier, à ce qu'attendu que les six piéces de vin, appartenantes aux demandeurs, qui sont restées au Bureau des Aydes, suivant & en conformité de l'Ordonnance dudit sieur Premier President de ce Siege, étant au bas du procès-verbal fait en sa présence le Jeudi dix-huit Decembre & autres jours suivans, en exécution de notre Sentence du douze dudit mois, & qu'ils y ont sejourné plus que le tems porté par l'Ordonnance, ce que le deffendeur ci-après nommé ne peut disconvenir que lesdites six piéces de vin ne soient entierement gâtées, Ordonner qu'ils en auront pleine & entiere mainlevée, aussi bien que de ceux qui leur ont été délivrez aux termes de leurs soumissions, & si mieux n'aime ledit deffendeur convenir d'Experts pour la degustation desdits Vins être faite, lesquels Experts les Parties conviendront, sinon qu'il en sera nommé d'office ; à la restitution des six piéces de Vin, les gardiens contraits par corps : condamnons lesdits Isambert, ensemble ses cautions en cinq cent livres de dommages, interêts & aux dépens, & notre Sentence exécutée nonobstant l'appel d'une part, & Me. Henry Charlier, Procureur de Me. Charles Isambert, Fermier General des Aydes deffendeur d'autre, ne pourront les qualités préjudicier. NOUS après qu'il en a été déliberé suivant nos Sentences des dix-neuf & vingt-six Janvier dernier, faisant droit sur les instances jointes. Ordonnons que les Vins en question serons rendus aux Parties de Clement si fait n'a été, & les mainlevées provisoires demeureront diffinitives, ce faisant leurs soumissions déchargées, & néanmoins sans dépens. Et sera la présente Sentence exécutée, nonobstant & sans prejudice de l'appel, par notre Jugement. MANDONS au Premier des Huissiers Audianciers de cette Election, ou autre Huissier ou Sergent sur ce Requis, mettre ces présentes à due & entiere exécution selon leur forme & teneur, en témoin de quoi les avons fait sceller. Ce fut fait & donné en l'Election de Paris, le dix-sept Mars mil sept cent onze. Signé, THIBAUDAU.

Le 27. Mars 1711. fait & signifié à Me. Charlier, Procureur, aux protestations que la présente ne leur pourra nuire ni préjudicier au pouvoir en ce qui leur fait préjudice. Signé, G A S S E.

SENTENCE

CONTRADICTOIRE.

Rendue par Monsieur le Lieutenant General de Police le 10. Avril 1693. au profit de la Communauté des Maîtres Vinaigriers.

CONTRE celle des Marchands Epiciers & Apoticaires-Epiciers, qui ordonne l'exécution de deux Arrêts en date des 19. Février 1664. & 10. Avril 1686. & leur fait défenses d'aller en visite chez les Vinaigriers, même d'exiger & percevoir aucuns droits pour raison des Poids & Balances, & les condamne à la restitution des droits à eux payés par la Veuve Billeau.

Du 10. Avril 1693.

LXIV. A TOUS ceux qui ces présentes Lettres verront; Charles Denis de Gallardon, Chevalier, Conseiller du Roy en ses Conseils, Garde de la Prévôté & Vicomté de Paris, SALUT, sçavoir, faisons: Que sur la Requête faite en Jugement devant nous en la Chambre de Police du Châtelet de Paris, par Maître Edme Michel Rigault, Procureur des Maîtres & Gardes des Marchands Epiciers, Grossiers, Droguistes & Apoticaires-Epiciers de cette Ville de Paris, seuls Gardes de l'Etalon Royal des poids: Demandeurs aux fins de la Requête à Nous présentée le dix-huit Février dernier, & Exploit fait en conséquence par Paillet Huissier Priseur, le dix-neuf dudit mois, contrôlé le vingt par Hugon, tendant à ce que conformement à l'Arrêt du Parlement du vingt-sept Août mil six cens

cens soixante-quinze, conclusions de nos Sentences rendues depuis, deffenses seront faites aux Jurez Vinaigriers de cette Ville d'aller en visite chez lesdits Marchands Epiciers, & Apotiquaires-Epiciers, que les saisies si aucunes ils font en procédant ausdites visites, seront déclarées nulles, avec dépens, dommages & interêts : & encore demandeurs par Exploit de Baillet du dix Mars dernier, contrôlé par Hugon le treize, contenant la saisie faite sur la veuve Billault Vinaigriere de plusieurs poids legers, contenant aussi que ladite saisie fut déclarée valable, les poids saisis confisqués, condamnée en l'amende & aux dépens, assisté de Me. Condault leur Avocat, contre Me. Damonville Procureur desdits Jurez Vinaigriers, Verjutiers, Moutardiers, Distillateurs & Vendeurs d'Eau-de-Vie & Esprit de Vin de cette Ville, Deffendeurs ausdites Requêtes, & Exploit, & Demandeurs, suivant la Requête verbale signifiée le dix du mois d'Octobre dernier, tendante à ce qu'en déboutant lesdits Maistres & Gardes Epiciers de leurs Requêtes & demandes, que les Sentences & Arrêts intervenus entre lesdits Vinaigriers & Gardes Epiciers, Apoticaires-Epiciers, les dix-neuf Février mil six cens soixante-quatre, & dix Avril mil six cens quatre-vingt-six, seroient exécutées selon leur forme & teneur ; & suivant iceux que deffenses soient faites aux Gardes-Epiciers d'aller en visite en la maison desdits Vinaigriers, ni d'exiger d'eux aucuns droits ; condamnez à rendre le droit de cinq sols & de deux sols six deniers qu'ils ont perçus sous prétexte de la visite des poids, & autres qu'ils peuvent avoir reçûs ; & lesdits Epiciers, Apoticaires-Epiciers deffendeurs : & encore ledit Damonville Procureur de ladite veuve Billault Maîtresse de ladite Communauté des Vinaigriers, Deffenderesse à la saisie sur elle faite de la part desdits Maîtres & Gardes-Epiciers, assistez de Maître Maurice leur Avocat, Parties ouies. NOUS, après la Déclaration faite par les Parties de Maurice qu'elles ne prétendent point aller en visite chez celles de Condault, & par Condault que ses Parties ne prétendent aller en visite chez les Vinaigriers : Faisons deffenses respectives aux Parties d'aller en visite les uns chez les autres, même aux Epiciers d'aller en visite chez les Vinaigriers sous prétexte des poids & balances : en consequence faisons mainlevée de la saisie faite sur ladite veuve Billault ; condamnons les Parties de Condault à rendre les droits de visite qu'on justifiera avoir été payés, & les condamnons aux dépens: En témoin de ce Nous avons fait sceller ces présentes: DONNE' par Messire Gabriel-Nicolas de la Reynie, Conseiller d'Etat ordinaire, Lieutenant General de Police, tenant le Siége le Vendredy dixiéme Avril mil six cent quatre-vingt-treize. Collationné, signé OUDINOT.

Signifié & baillé copie à Maistre Rigault à domicile, le vingt-deux Avril 1693. Signé MAUPOINCT.

SENTENCE DE MONSIEUR LE LIEUTENANT-GENERAL DE POLICE,

Confirmative de celle du 12. Juillet dernier, au profit de la Communauté des Maîtres Vinaigriers, Verjutiers, Moutardiers, Distillateurs & Vendeurs d'Eau-de-Vie & Esprit-de-Vin de cette Ville de Paris.

CONTRE *Antoine Lucas, Marchand de Vin, Pierre-Hubert Lemoine, Procureur au Châtelet, Jean Gaillard, dit Rifflet, Employé dans les Aydes, tous condamnés aux dépens.*

Du 22. Novembre 1709.

LXV. A TOUS ceux qui ces présentes Lettres verront, Charles-Denis de Bullion, Chevalier, Conseiller du Roy en ses Conseils, Garde de la Prevôté & Vicomté de Paris, SALUT: Sçavoir faisons, que sur la requeste faite en Jugement devant Nous en la Chambre de Police du Châtelet de Paris, par Me. Philippes Damonville, Procureur des Jurés & Syndic de la Communauté des Maîtres Vinaigriers, Verjutiers, Moutardiers, Distillateurs & Vendeurs d'Eau-de-vie & Esprit-de-vin de cette Ville, Fauxbourgs & Banlieuë de Paris, Demandeurs en principal, & en exécution de notre Sentence des douze Juillet & vingt-trois Août dernier, Défendeurs à la Requeste verbale de desaveu & d'opposition signifiée de la part de Me. Rifflet, l'un des premiers Commis des Ministres de la Guerre ; & lesdits Jurés, Demandeurs aux fins de leur Requeste verbale, signifiée le vingt-six Septembre dernier, tendante à ce que le nommé Lucas, Marchand de Vin, & Me. Lemoine, Procureur en cette Cour, & comme Procureur du nommé Jean Rifflet-Gaillard, fait cesser ledit desaveu, representé ledit Rifflet, pour le comte duquel le nommé Lucas a déclaré qu'un Quarteau de Vinaigre étoit venu d'Orléans, & encore ledit Lucas a representé ledit Vinaigre qui étoit sur lui saisi, pour être vendu au désir de ladite Sentence du douze Juillet dernier : Et encore lesdits Jurés, Défendeurs à une autre Requeste verbale signifiée le vingt-un Octobre dernier de la part dudit Rifflet, à fin de dommages & interêts, assistés de Me. Forestier leur Avocat, contre Me. Hubert le jeune, Procureur dudit Rifflet, Demandeur en desaveu, & à fin de dommages & interêts, assisté de Me. Panart leur Avocat, Me. le Tellier, Procureur dudit Lucas, & Me. Hubert Lemoine, Procureur en cette Cour, en son nom, qui a occupé pour ledit Rifflet-Gaillard, tous Défendeurs, à la Requeste dudit jour vingt-six Septembre dernier, & ledit Lemoine, Demandeur incidamment suivant ses défenses & moyens signifiés le dix-sept dudit mois d'Octobre, tendant à ce qu'en déchargeant des demandes & conclusions contre lui prises par lesdits Jurés Vinaigriers, par leur Requeste verbale du vingt-six Septembre dernier, il soit dit qu'il a été mal desavoué par ledit Rifflet, attendu que lesdits Jurés Vinaigriers avoient donné lieu par la méprise qu'ils avoient fait, qu'ils seroient condamnés en ses dommages-intérêts & dépens ; & encore Demandeur aux fins de la Requête verbale signifiée le dix-huit dudit mois d'Octobre par de Sulmontier Audiencier, tendante à ce qu'il lui soit donné Lettres de la sommation & dénonciation qu'il faisoit pour les Jurés Vinaigriers, du desaveu, demandes & prétentions dudit Rifflet, ce faisant, qu'il seroit tenu de le faire cesser, avec dommages, interêts & dépens, assisté de Me. Lepoupet, son Avocat : Parties ouies, lecture faite, lesdits Damonville, Hubert, & ledit Lemoine, & par vertu du défaut de Nous donné contre ledit le Tellier audit nom, non comparant, dûement appellé, vû l'avenir à ce jour. NOUS, sans que les qualités puissent nuire, ni préjudicier aux Parties, avons déclaré ledit Lemoine Procureur mal desavoué, & néanmoins attendu qu'il a induit en erreur les Parties de Foreſtier, en leur signifiant la Lettre de voiture, l'avons condamné aux dommages & interêts de la Partie de Panart, que Nous avons liquidés à dix livres, & aux dépens : Et à l'égard des Parties de Foreſtier, Nous condamnons ledit Lemoine aux dépens faits jusqu'au jour qu'il a indiqué que Jean Rifflet, dit Gaillard, demeuroit rue des Boucheries. Défaut contre le Tellier, sans avoir égard à l'opposition de sa Partie, ordonnons que les deniers saisis seroient délivrés aux Parties de Foreſtier, à ce faire les débiteurs contraints, quoi faisant déchargés, & la Partie de le Tellier condamnée aux dépens, exécuté sans préjudice de l'appel. En témoin de ce Nous avons fait sceller ces Présentes, qui furent faites & données au Châtelet de Paris, par Messire Marc-René de Voyer d'Argenson, Chevalier, Conseiller d'Etat ordinaire, Lieutenant Général de Police, tenant le siége le Vendredi vingt-deux Novembre mil sept cent neuf.

Collationné.

Signé DE LA RUE.

Scellé le sept Janvier mil sept cens dix.

Signé DE CHAMBEVILLE.

Signifié & baillé copie à Mes. le Tellier, Hubert le jeune, & le Moine, Procureurs, à domicile, le huitiéme Janvier mil sept cens dix.

Signé, *DE VILLE.*

ARREST DE LA COUR DE PARLEMENT,

Rendu au profit de la Communauté des Maîtres Vinaigriers, Verjutiers, Moutardiers, Distillateurs & Vendeurs d'Eau-de-Vie & Esprit-de-Vin de cette Ville de Paris.

CONTRE Antoine Lucas, Marchand de Vin, Pierre Hubert Lemoine, Procureur au Châtelet, & Jean Gaillard, dit Rifflet, Employé dans les Aydes, qui les condamne en douze livres d'amende, & aux dépens.

Du 5. Août 1711.

LOUIS, par la Grace de Dieu, Roy de France & de Navarre : Au premier des Huissiers de notre Cour de Parlement, ou autre notre Huissier ou Sergent sur ce requis, sçavoir faisons, Que le jour & date des Présentes, comparans judiciairement en notredite Cour, Antoine Lucas, Marchand de Vin à Paris, Appellant de deux Sentences renduës par le Lieutenant Général de Police au Châtelet de Paris, les douze Juillet & vingt-deux Novembre mil sept cens neuf, & de ce qui a suivi, d'une part ; & les Syndic, Jurés & Communauté des Maîtres Vinaigriers, Verjutiers, Moutardiers, Distillateurs & Vendeurs d'Eau-de-vie & Esprit-de-vin de la Ville & Fauxbourgs de Paris, Intimés, d'autre part : Et entre lesdits Syndic, Jurés & Communauté des Vinaigriers, Demandeurs en Requeste par eux présentée à nostredite Cour le vingt-neuf Juillet mil sept cens dix, tendante à ce que ledit Lucas fut déclaré non-recevable en l'appel par lui interjetté, ou en tout cas, que l'appellation fût mise au néant ; ordonner que ce dont a été appellé sortira son plein & entier effet ; condamner ledit Lucas en l'amende ordinaire de douze livres, & aux dépens de la cause d'appel, ensemble aux frais & mises d'exécution faits en vertu desdites Sentences d'une part ; & Antoine Lucas, Défendeur, d'autre : Et entre ledit Lucas, Demandeur en Requête par lui LXVI.

présentée à notredite Cour le vingt-cinq Juin mil sept cens onze, à ce qu'il plût à notredite Cour en venant plaider la cause sur l'appel par lui interjetté, & en le déchargeant des condamnations prononcées par les Sentences dont est appel, déclarer nulle la saisie & exécution sur lui faite à la Requête des Jurés Vinaigriers en conséquence desdites Sentences, au préjudice de l'appel qui en avoit été interjetté, faute de payement des dommages & interêts adjugés par icelle, quoique l'appel fût suspensif, aux termes de l'Ordonnance; condamner lesdits Vinaigriers à restituer les sommes qu'ils ont exigées du Demandeur, avec dommages-interêts & dépens, aussi d'une part: & lesdits Syndic, Jurés & Communauté des Vinaigriers, Défendeurs aussi d'autre part. Et entre Jean Gaillard, dit Rifflet, Employé dans les Aydes, Demandeur en Requête par lui presentée à notredite Cour le cinq May mil sept cent onze, tendante à ce qu'il plût à notredite Cour le recevoir Partie intervenante en la cause pendante en notredite Cour, entre ledit Antoine Lucas & les Syndic, Jurés & Communauté des Vinaigriers, sur l'appel de la Sentence du 12. Juillet mil sept cens neuf interjetté par ledit Lucas, lui donner Acte de ce que pour moyens d'intervention il employe le contenu en lad. Requête, faisant droit sur l'intervention le recevoir pareillement Appellant de la Sentence rendue par le Lieutenant de Police du Châtelet le 12. Juillet mil sept cens neuf, & de ce qui a suivi, le tenir pour bien relevé, faisant droit sur ledit appel, mettre l'appellation & ce dont a été appellé au néant, émendant déclarer la saisie faite d'un quarteau de Vinaigre mentionné dans la Sentence dont est appel, nulle & injurieuse, lui en faire pleine & entiere main-levée; ordonner que ledit quarteau de Vinaigre lui sera rendu & restitué; le décharger des condamnations portées par ladite Sentence, & de ce qui a suivi, avec dépens, tant des causes principale que d'appel, d'une part; & les Syndic, Jurés & Communauté des Vinaigriers, Défendeurs & Intimés, d'autre: Et entre Pierre-Hubert Lemoine, Procureur au Châtelet de Paris, Demandeur en Requeste du sept May 1711. tendante à ce qu'il plût à notredite Cour le recevoir aussi Partie intervenante en la cause pendante en notredite Cour entre ledit Lucas & la Communauté des Syndic & Jurés Vinaigriers de cette Ville de Paris, sur l'appel de la Sentence du Châtelet du vingt-deux Novembre mil ſept cens neuf, lui donner Acte de ce que pour moyens d'intervention il employe le contenu en ſa Requeſte, faiſant droit ſur ladite intervention, le recevoir Appellant de ladite Sentence du Lieutenant de Police du vingt-deux Novembre mil ſept cens neuf, tenir l'appel pour bien relevé, faiſant droit ſur ledit appel, mettre l'appellation & ce dont a été appellé au néant, en ce que par ladite Sentence ledit Lemoine a été condamné en dix livres de dommages & interêts & aux dépens, émendant, le décharger des condamnations portées par ladite Sentence, & condamner la Communauté des Vinaigriers en tous les dépens, tant des cauſes principale que d'appel, & demandes d'une part; & les Syndic, Jurés & Communauté des Vinaigriers, Défendeurs & Intimés, d'autre: Et entre ledit Pierre-Hubert Lemoine Procureur au Châtelet, Appellant de ladite Sentence du vingt-deux Novembre mil ſept cens neuf, rendue par le Lieutenant de Police, ſuivant le relief d'appel du dix-ſept Juin, & Aſſignation donnée en conſéquence le dix-huit dudit mois, d'une part; & les Syndic, Jurés & Communauté des Vinaigriers, Intimés d'autre: Et entre ledit Pierre-Hubert Lemoine, Procureur au Châtelet, Demandeur aux fins de la Requête par lui préſentée à notredite Cour le cinq Juin mil ſept cens onze, tendante à ce qu'il plût à notredite Cour, en venant plaider la cauſe d'entre les Parties ſur ſa Requête d'intervention, & ſur l'appel par lui interjetté de la Sentence du Lieutenant de Police du Châtelet du vingt-deux Novembre mil ſept cent neuf, & lui adjugeant les fins & concluſions qu'il y a priſes, & en infirmant ladite Sentence, condamner la Communauté des Jurés Vinaigriers en ſes dommages & interêts réſultans du deſaveu qui a été mal à propos formé contre lui; comme auſſi lui donner acte de ce qu'il ſomme & dénonce à la Communauté deſdits Vinaigriers l'appel par lui interjetté de ladite Sentence à l'égard dudit Rifflet, ce faiſant, condamner les Jurés & Communauté des Vinaigriers d'acquitter, garantir & indemniſer ledit Lemoine de l'événement dudit appel interjetté à ſes riſques, & en tous les dépens, même en ceux que ledit Lemoine a été obligé de faire contre ledit Rifflet, d'une part; & leſdits Jurés & Communauté des Vinaigriers de Paris, Défendeurs, d'autre part: Après que Macé, Avocat d'Antoine Lucas; Guillet de Blaru, Avocat de Pierre-Hubert Lemoine;

Daunart, Avocat de Gaillard dit Rifflet; & Goguet, Avocat de la Communauté des Maîtres Vinaigriers de Paris, ont été ouis, ensemble Joly, pour notre Procureur Général. NOTREDITE COUR reçoit les Parties de Guillet de Blaru & de Daunart Parties intervenantes, sans s'arrêter à leurs interventions, a mis & met l'appellation au néant; ordonne que ce dont a été appel sortira effet; condamne les Appellans en l'amende de douze livres, & aux dépens, sauf le recours de la Partie de Guillet de Blaru contre la Partie de défenses au contraire : Si te mandons le présent Arrêt mettre à dûe & entiere exécution selon sa forme & teneur, de ce faire te donnons pouvoir. Donné à Paris en notredite Cour de Parlement, le cinquiéme jour d'Août l'an de Grace mil sept cent onze, & de notre Regne le soixante-neuviéme. Collationné.

Par la Chambre. Signé GUYHOU.

SENTENCE DE MONSIEUR LE LIEUTENANT GENERAL DE POLICE.

RENDUE EN FAVEUR DE LA COMMUNAUTE' des Maistres Vinaigriers, Verjutiers, Moutardiers, Distillateurs & Vendeurs d'Eau-de-Vie & Esprit-de-Vin, de la Ville, Fauxbourgs & Banlieuë de Paris.

CONTRE RENE' DORANGE, *Marchand de Vin à Paris; par laquelle il lui est fait deffenses d'avoir, acheter vendre ni débiter aucuns Verjus.*

Du 12. Mars 1700.

LXVII. A TOUS ceux qui ces presentes Lettres verront, Charles-Denis de Bullion, Chevalier, Marquis de Gallardon, & autres lieux, Garde de la Ville, Prevôté & Vicomté de Paris, SALUT; sçavoir faisons, que sur la Requête faite en Jugement devant Nous en la Chambre de Police, par Me. Philippes

lippes Damonville, Procureur des Jurez & Syndic de la Communauté des Maîtres Vinaigriers, Moutardiers, Verjutiers, Distillateurs & Vendeurs d'Eau-de-vie de cette Ville, Fauxbourgs & banlieue de Paris, saisissans sur René Dorange Marchand de Vin à Paris un Quarteau rempli de Verjus trouvé sur le planché de la chambre de la maison où il est demeurant ruë Mortellerie au point d'or, en vertu de l'Ordonnance étant au bas de la Requête à nous presentée le premier du present mois de Mars, suivant l'exploit fait par Fardeüil Huissier au Châtelet, le même jour, controllé à Paris par Hugon le même jour, en la presence & assisté de Me. Jean-Jacques Cailly Commissaire en cette Cour, suivant son Procès verbal; ledit Damonville assisté de Me. Forestier son Avocat, contre Me. Pierre de Noinville Procureur dudit Dorange Marchand de Vin, Deffendeur. PARTIES OÜIES, lecture faite des Statuts, Arrêts & Reglemens de ladite Communauté, & notamment de notre Sentence du vingt Juin mil six cens quatre-vingt-dix-huit, renduë entre ladite Communauté & Michel Angely Marchand de Vin, & les Maîtres & Gardes de ladite Communauté des Marchands de Vin; par laquelle il a été fait défences à tous Marchands de Vin, Taverniers & Cabaretiers, d'avoir aucuns Verjus dans leurs maisons, caves, magazins, ni ailleurs, ni d'en revendre, commercer ni débiter, soit en gros ou en détail, à peine de deux cens livres d'amende, de l'Arrêt confirmatif d'icelle Sentence, du trente-un Juillet 1699. Avenir à ce jour, & autres piéces? Nous disons que les Statuts Sentences, Arrêts & Reglemens seront exécutez selon leur forme & teneur; en conséquence avons la saisie faite sur la partie de Noinville d'un Quarteau de Verjus déclarée bonne & valable; ordonnons que ledit Quarteau de Verjus demeurera confisqué, moitié au profit de l'Hôpital-Général de cette Ville, l'autre moitié au profit de l'Hôtel-Dieu, avec défenses à ladite partie de Noinville, d'avoir, acheter n'y faire vendre aucuns Verjus, & pour la contravention condamné en dix livres d'amende, trente livres de dommages & intérêts, & aux dépens; à la representation du Verjus saisi seront les Gardiens contraints quoi faisant déchargés: ce qui sera exécuté nonobstant opposition ou appellation quelconques, & sans préjudice de l'appel. En témoin de ce nous avons fait sceller ces presentes: ce fut fait &

donné par Messire Marc-René de Voyer d'Argenson Conseiller du Roi en ses Conseils, & Lieutenant-Général de Police, tenant le Siége le Vendredy douze Mars mil sept cens; collationné, signé, TARDIVEAU. Et scellé.

Signifié & baillé copie audit Me. de Noinville, à domicile le 26. Mars 1700. *Signé*, DEVILLE.

SENTENCE

DE MONSIEUR

LE LIEUTENANT GENERAL DE POLICE,

Rendue en faveur de la Communauté des Maîtres Vinaigriers, Verjutiers, Moutardiers, Distillateurs, Vendeurs d'Eau-de-Vie, & Esprit-de-Vin de la Ville, Fauxbourgs & Banlieue de Paris.

CONTRE *Pierre Cahu, Marchand de Vin de cette Ville.*

Qui déclare la Saisie bonne & valable, les Marchandises vendues au Bureau de ladite Communauté des Vinaigriers, le condamne en dix livres de dommages & intérêts, & en vingt sols d'amende & aux dépens.

Du 22 *Fevrier* 1701.

LXVIII. A TOUS ceux qui ces presentes Lettres verront, Charles-Denis de Bullion, Chevalier, Marquis de Gallardon, Seigneur de Bonnelles & autres lieux, Conseiller du Roi en ses Conseils, Garde de la Prevôté de Paris, SALUT; sçavoir faisons, que sur la Requête faite en Jugement devant nous en la Chambre de Police du Châtelet de Paris, par Me. Philippes

Damonville Procureur des Jurez & Syndic de la Communauté des Maîtres Vinaigriers, Verjutiers, Moutardiers, Diſtillateurs & Vendeurs d'Eau-de-vie & Eſprit-de-vin en cette Ville & Faux-bourgs de Paris, Demandeurs aux fins de l'Exploit de ſaiſie faite le ſeptiéme du preſent mois de Fevrier, en vertu de notre Ordonnance, en la preſence de Me. Berthon Commiſſaire en cette Cour, ſur ce qu'il a été preſent à ladite Saiſie faite par de Milly, Huiſſier de Police, ſur Pierre Cahu Marchand de Vin & Cabaretier en cette Ville, d'un Quarteau jaune d'Orleans plein de Vinaigre, trouvé ſur un Fourgon attelé d'un cheval que ledit Cahu avoit vendu à Pierre de Liſle, avec une bouteille de grez de ſix pintes plaine de Vinaigre, portée par un Garçon, qui conduiſoit ledit Fourgon; dans laquelle boutique ladite ſaiſie faite encore d'un autre Quarteau en la même jauge qui s'eſt trouvé dans une ſalle & arriere-boutique dudit Cahu, ſous une table auſſi plain de vinaigre; plus un Baril tenant environ trente pintes, dans lequel il y avoit dix pintes environ de vinaigre, trouvé dans la cuiſine dudit Cahu, & un Baril de ſix pintes environ de verjus. Leſdits Vinaigriers aſſiſtez de Me. Foreſtier leur Avocat : contre Me. Louis Millet, Procureur dudit Pierre Cahu Marchand de Vin Cabaretier à Paris, Deffendeur; aſſiſté de Me. Porchon ſon Avocat. Parties oüies, lecture faite des Statuts, Arrêts & Reglemens de ladite Communauté, & entr'autre de notre Sentence du vingt Novembre 1699. par laquelle nous avons fait déſenſes aux Aubergiſtes & Hoſteliers d'avoir du vinaigre pour diſtribuer aux perſonnes qui mangent chez eux, à moins de l'acheter des Maîtres Vinaigriers de cette Ville, & autres piéces des Parties. Nous avons la ſaiſie faite ſur ledit Cahu par Exploit ſuſdaté déclarée bonne & valable, & en conſequence ordonnons que les Vinaigres ſaiſis ſeront portez au Bureau de ladite Communauté pour y être vendus à la Requête & diligence des Parties de Foreſtier, les deniers en provenans rendus à la partie de Porchon, ſur leſquels ſera préalablement pris dix livres de dommages & intérêts, vingt ſols d'amende, & les dépens auſquels nous condamnons la partie de Porchon, & lui avons fait déſenſes & à tous autres de plus entreprendre ſur ladite Communauté, à peine de confiſcation & d'amende; Ordonnons que les Statuts & Reglemens ſeront exécutez, à la repreſentation des choſes ſaiſies ſeront les Gardiens dépositaires contraints par corps, quoi faisant ils en demeureront valablement quittes & déchargez : ce qui sera exécuté nonobstant oppositions ou appellations quelconques & sans préjudice d'icelle. En témoin de ce nous avons fait sceller ces presentes, qui furent faites & données audit Châtelet, par Messire Marc-René de Voyer de Paulmy Dargenson, Chevalier, Conseiller du Roi en ses Conseils, Maître des Requêtes ordinaire de son Hôtel, Lieutenant-Général de Police de la Ville, Prevôté & Vicomté de Paris, tenant le Siége le Vendredy vingt deux Fevrier mil sept cens un; collationné, signé, TARDIVEAU. Et scellé.

Signifié à Me. Millet à dômicile le 4. *Mars* 1701. *Signé* AUBERT.

ARREST

DE LA COUR DE PARLEMENT

RENDU en faveur de la Communauté des Maîtres Vinaigriers, Verjutiers, Moutardiers, Distillateurs, Vendeurs d'Eau-de-vie & Esprit de Vin, de la Ville Fauxbourgs & Banlieue de Paris.

CONTRE *Pierre Cahu, Marchand de Vin de cette-dite Ville de Paris.*

Qui confirme la Sentence du 22. Fevrier 1701. avec amende & dépens.

Du 5. *Septembre* 1701.

LXIX. LOUIS par la grace Dieu Roi de France & de Navarre : au premier notre Huissier ou Sergent sur ce requis; sçavoir faisons, qu'entre Pierre Cahu Marchand de Vin & Cabaretier en cette Ville de Paris, appellant d'une Sentence rendue par le Lieutenant Général de Police le vingt-un Fevrier 1701. d'une part ; & les Jurez Syndic & Communauté des Maîtres Vinaigriers , Verjutiers , Moutardiers , Diſtillateurs & Vendeurs d'Eau de-vie & Eſprit de vin en cette Ville & Fauxbourgs de Paris , intimez d'autre. Après que Goguet Avocat des intimez a demandé la reception de l'Appointement aviſé au Parquet , & paraphé de Jolly de Fleury pour notre Procureur General , & ſignifié le 30. Août dernier à Doucet Procureur. NOTREDITE COUR , ordonne que l'Appointement ſera reçu , & ſuivant icelui a mis & met l'appellation au néant , ordonne que ce dont a été appellé ſortira effet , condamne l'Appellant en l'amende de douze livres & aux dépens. Si te mandons mettre le preſent Arrêt à exécution : de ce faire te donnons pouvoir. DONNÉ à Paris en Parlement le 5. Septembre l'an de grace mil ſept cens un. Et de notre régne le cinquante-neuf. Par la Chambre ; collationné : ſigné , DU TILLET. Et ſcellé.

Le 9. Septembre 1701. ſignifié à Me. Doucet le jeune Procureur. Signé , HERMANT.

SENTENCE DE MONSIEUR LE LIEUTENANT GENERAL DE POLICE,

Du 20. Decembre 1709.

Rendue au profit la Communauté des Maiſtres Vinaigriers , Verjutiers , Moutardiers , Diſtillateurs & Vendeurs d'Eau-de-Vie & Eſprit-de-Vin de la Ville , Fauxbourgs & Banlieue de Paris.

CONTRE *Pierre Bernard , Marchand de Vin , laquelle l'a condamné en* 10. *liv. d'amende ,* 50. *liv. de dommages & intérêts & aux dépens.*

A TOUS ceux qui ces préſentes Lettres verront : Charles-Denis de Bullion , Marquis de Gallardon , Conſeiller du Roi en ſes Conſeils , Garde de la Prévôté de Paris. Salut , ſça- LXX.

voir faisons, que sur la Requête faite en Jugement devant Nous, en la Chambre de Police, du Châtelet de Paris, par Maistre Philippe Damonville, Procureur des Syndic & Jurés de la Communauté des Maistres Vinaigriers, Verjutiers, Moutardiers, Distillateurs & Vendeurs d'Eau-de-vie & Esprit de vin de cette Ville, Fauxbourgs & Banlieue de Paris, Demandeurs aux fins de la Requête à nous présentée le 25. Nov. dernier, & de l'Ordonnance de Me. le Maitre Commissaire, en datte du 28. dudit mois, étant ensuite de son procès-verbal, contenant que Marchand Huissier à Verge en cette Cour, auroit été pour faire une saisie en présence dudit Commissaire sur le ci-après nommé, & que ledit ci-après nommé auroit refusé lad. saisie & défoncé un quarteau de Vinaigre, qui étoit dans un retranchement de sa maison jauge d'Orléans qui a été entierement perdu, ainsi qu'il est expliqué audit procès-verbal, même menacé de battre aucun des Jurés; & encore lesdits Jurés demandeurs aux fins de l'exploit fait par ledit Marchand le trois du présent mois, controllé à Paris le même jour, par Pillon & présenté, tendant à ce que ledit ci-après nommé soit tenu de répondre au contenu au procès-verbal dudit le Maitre, & condamné aux dommages & intérêts desdits Jurés en telle amende que de raison, avec défenses de récidiver, assisté de Maistre Forestier leur Avocat; contre Maistre Olivier, Procureur du sieur Bernard, Marchand de Vin Deffendeur, assisté de Maistre Barbier son Avocat. Parties ouies, nous disons que les Statuts, Sentences, Arrêts & Réglemens de la Communauté desdits Vinaigriers seront exécutés, en conséquence pour la contravention commise par la partie de Barbier, la condamnons en dix livres d'amende & en cinquante livres de dommages & intérêts, envers la partie de Forestier, faisons défenses à ladite partie de Barbier de récidiver sous plus grande peine, & la condamnons aux dépens, ce qui sera exécuté sans préjudice de l'appel, en témoin de ce nous avons fait sceller ces présentes, ce fut fait & donné par Messire Marc-René de Voyer de Paulmy d'Argenson, Conseiller d'Etat ordinaire, Lieutenant-Général de Police, tenant le siége le Vendredi vingt Décembre mil sept cent neuf. Collationné. *Signé*, TARDIVEAU. Scellé le 30. Décembre 1709. *Signé* CHAMBAULT.

Signifié & baillé copie audit Maitre Ollivier, Procureur, à domicile, le deuxiéme Janvier 1710. *Signé VOISIN.*

ARREST DE LA COUR DE PARLEMENT.

Du 5. Aoust 1711.

RENDU au profit de la Communauté des Maîtres Vinaigriers, Verjutiers, Moutardiers, Distillateurs, & Vendeurs d'Eau-de-Vie & Esprit-de-Vin de la Ville Fauxbourgs & Banlieuë de Paris.

CONTRE *Pierre Bernard, Marchand de Vin, laquelle a mis & met l'appellation au néant, le condamne à l'amende de 12. liv. & aux dépens, frais & mises d'exécution, & néanmoins a moderé les dommages & intérêts à la somme de 20. liv.*

ENtre Pierre Bernard, Marchand de Vin, appellant d'une Sentence rendue par le Lieutenant-Général de Police au Châtelet de Paris, le vingt Décembre 1709. d'une part, & les Syndic, Jurés & Communauté des Maistres Vinaigriers, Verjutiers, Moutardiers, Distillateurs & Vendeurs d'Eau-de-vie & Esprit-de-vin de la Ville & Fauxbourgs de Paris, intimés d'autre part : Et entre ledit Bernard Demandeur en Requête par lui présentée à la Cour le dix-huit Juillet 1710. à ce qu'en venant plaider sur l'appel interjetté par ledit Bernard de la Sentence contre lui rendue par le Lieutenant-Général de Police du vingt Décembre 1709. au profit des Défendeurs ci-après, & de ce qui l'a précédé & suivi, faisant droit sur ledit appel, mettre l'appellation, Sentence & ce dont a été appellé au néant, émendant déclarer le tout nul, décharger ledit Bernard des condamnations contre lui prononcées par ladite Sentence, débouter lesdits Défendeurs ci-après de leur demande, & les condamner LXXI.

aux dépens, tant des causes principale que d'appél d'une part; & les Syndic, Jurés & Communauté des Maistres Vinaigriers, Verjutiers, Moutardiers de Paris, Défendeurs d'autre part, Et entre les Syndic, Jurés & Communauté des Maistres Vinaigriers, Verjutiers, Moutardiers de la Ville & Fauxbourgs de Paris Demandeurs en Requête par eux présentée à la Cour le ving-neuf Juillet 1710. à ce qu'en venant par les parties plaider sur les appellations & demandes, sans s'arrêter à la Requête dudit Bernard du dix-huit Juillet 1710. dont il sera débouté, mettre l'appellation au néant, ordonner que ce dont a été appellé sortira son plein & entier effet, condamner ledit Bernard aux frais, mises d'exécution & dépens de la cause d'appel & demande, qui seront taxés par une seule & même déclaration d'une part, & ledit Pierre Bernard Défendeur d'autre; Après que Morel Avocat de Bernard, & Goguet Avocat des Vinaigriers de Paris ont été ouis, ensemble Joly, pour le Procureur Général du Roi; la Cour sans s'arrêter à la Requête de la partie de Morel ayant égard à la Requête de la partie de Macé a mis & met l'appellation au néant, ordonne que ce dont a été appellé sortira effet, condamne l'Appellant en l'amende de douze livres & aux dépens, frais & mises d'exécution, & néanmoins a modéré les dommages & intérêts à la somme de vingt livres. Fait en Parlement le 5. Août 1711. Collationné. Par la Chambre. *Signé* GUYHOU.

SENTENCE

SENTENCE

De Réglement de la Chambre du Domaine & Trésor au Palais à Paris, Qui fait défenses au Fermier du Poids-le-Roi d'exiger ce Droit sur les Vinaigres & Verjus, & le condamne de restituer les sommes qu'il a perçus sur lesdits Vinaigres & Verjus.

LES Présidens Trésoriers Généraux de France en la Généralité de Paris, tenans la Chambre du Domaine & Trésor au Palais à Paris. A Tous ceux qui ces présentes Lettres verront, SALUT, sçavoir faisons, qu'entre les Syndic Jurés anciens & Maistres de la Communauté des Vinaigriers de la Ville, Fauxbourgs & Banlieue de Paris, prenant le fait & cause de Jacques Touzé l'un desdits Maistres, Demandeurs en deux Requêtes des 28. Novembre & premier Décembre mil six cent quatre-vingt-quinze, Tendante la premiere à ce qu'il plût à la Cour les recevoir opposans à la saisie faite d'un Cheval, hacquet & demi-muid de Vinaigre, à la Requête du Défendeur ci-après nommé, ledit jour vingt-huit Novembre y faisant droit déclarer ladite saisie nulle, injurieuse, tortionnaire & déraisonnable, faire pleine & entiere main-levée des choses saisies avec dommages & interests, à la représentation ledit Défendeur ses Commis & gardiens contrains par corps, Quoi faisant, en demeureront bien & valablement déchargés. Condamner pareillement & par corps ledit Défendeur, à rendre & restituer aux Demandeurs toutes les sommes qu'il a exigées & mal prîses pour raison du Poids-le-Roi, sur tous les Vinaigres & Verjus, tant en entrant qu'en sortant de ladite Ville de Paris, & à cette fin qu'il sera tenu de representer ses Registres, lui faire défenses & à ses Commis & préposez de plus à l'avenir exiger aucuns droits de poids pour raison des Vinaigres & Verjus qui entrent & sortent de cette Ville, à peine de concussion, trois mille livres d'amende & de tous dépens dommages & interests, & le con- LXXII.

damner aux dépens, ordonner que la Sentence qui interviendra ſera lûe & publiée à ſon de trompe, & cri public, & exécutée nonobſtant oppoſitions ou appellations quelconques, & ſans préjudice d'icelles, ſauf à Monſieur le Procureur du Roi à prendre telles concluſions qu'il aviſera bon être pour l'intereſt du public; la deuxiéme à ce qu'il plût à la Cour déclarer la main-levée proviſoire, portée par la Sentence contradictoire du 29 dudit mois de Novembre diffinitive, & que ledit Touzé à ſa caution juratoire duquel la main-levée a été faite & accordée, demeurera déchargé purement & ſimplement, & adjuger aux Demandeurs leur autres fins & concluſions, avec dépens, & en augmentant à leur premiere demande, & en condamnant le Défendeur à reſtituer les ſommes qu'il a exigées & mal priſes, Ordonner qu'il ſera tenu de repreſenter ſes Livres & Regiſtres dans trois jours, ſinon & à faute de ce faire dans ledit temps & icelui paſſé, en vertu de la Sentence qui interviendra, ſans qu'il en ſoit beſoin d'autre, le condamner & par corps à payer la ſomme de ſix mille livres, à laquelle ils ſe reſtraignent, & le condamner en tous les dépens & Défendeurs par Maiſtre Goguet & Petit-Jean leur Avocat & Procureur d'une part, & Maiſtre Etienne Richer Fermier du Domaine & Poids-le-Roi Défendeur & Demandeur en Requeſte du deuxiéme jour du preſent mois de Décembre, à ce que la ſaiſie faite par le procès verbal du 28 Novembre mil ſix cens quatre-vingt-quinze, fut déclarée bonne & valable, en conſéquence déclarer ledit demi-muid de Vinaigre, hacquet & cheval ſaiſi acquis & confiſquez à ſon profit, faute de déclaration & d'avoir acquitté les droits, à la reſtitution dudit hacquet & cheval ſera ledit Touzé & autres contrains par corps comme dépoſitaires de biens de Juſtice, quoi faiſant déchargés, & pour la contravention condamner ledit Touzé en l'amende de trois cens livres portée par l'Arreſt du Conſeil, le débouter enſemble la Communauté des Venaigriers de leur Requeſte, & les condamner aux dépens & que la Sentence qui interviendra ſera exécutée en cas d'appel, à la caution du bail par Maiſtres Gondoüin & Nicolas Roux ſes Avocat & Procureur; ſans que les qualités puiſſent nuire ni préjudicier: LA CHAMBRE parties ouies pendant deux Audiences; enſemble Lefebvre pour le Procureur du Roi, ſans s'arrêter à la Requête de la partie de Gondoüin & ayant égard à celles de la partie de Goguet, lui a fait pleine & entiere main-levée des Marchandises saisies à la requête de la partie de Gondoüin, à la représentation les gardiens contrains, quoi faisant déchargez, fait défenses à la partie de Gondoüin de percevoir à l'avenir aucuns droits sur les Marchandises en question qui entrent & sortent de cette Ville de Paris, Ordonne que les droits perçus par la partie de Gondoüin pour lesdites marchandises seront rendues aux parties de Goguet sur les quittances & registres qui seront representés, condamne la partie de Gondouin aux dépens : Si mandons au premier des Huissiers de la Chambre autre Huissier ou Sergent Royal sur ce requis, mettre les présentes à exécution, de ce faire lui donnons pouvoir & commission Donné en la Chambre du Domaine & Trésor au Palais à Paris, & sous le scel d'icelle le sept Décembre mil six cens quatre-vingt-quinze. Collationné, *Signé*, LEDROIT.

Le septiéme Decembre 1695. signifié & baillé copie à Maistre Roux Procureur, en son domicile, parlant à sa personne.
Signé, HAVART.

SENTENCE DE REGLEMENT

RENDUE en faveur de la Communauté des Maîtres Vinaigriers, Verjutiers, Moutardiers, Distillateurs & Vendeurs d'Eau-de-Vie & Esprit-de-Vin de la Ville & Fauxbourgs de Paris.

CONTRE *le nommé Pequet Maistre Traiteur de la Ville de Paris, & la Communauté des Maistres Traiteurs de ladite Ville, Partie intervenante.*

Du 6 Février 1722.

A Tous ceux qui ces présentes Lettres verront, Guillaume-François Joly, Chevalier Seigneur de Fleury, & autres lieux, Conseiller du Roi en tous ses Conseils d'Etat & Privé, Procureur Général du Parlement, Garde de la Prévôté & Vicom- LXXIII.

té de Paris, le Siége vacant, SALUT. Sçavoir faisons, que sur la Requeste faite en Jugement devant Nous à l'Audience de la Chambre de Police du Châtelet de Paris, par Me René-Paul Bailly Procureur des Syndic & Jurés en Charge de la Communauté des Maistres Vinaigriers, Verjutiers, Moutardiers, Distillateurs d'Eau-de-vie & Esprit-de-Vin à Paris, Demandeurs en exécution des Statuts, Ordonnances & Arrests de Reglement rendus à leur profit, & aux fins de leur Requete à Nous presentée le 23 Août 1720. & Exploit de saisie faite en conséquence sur le sieur Pequet ci-après nommé, en présence de Me Ysabeau Commissaire à ce commis, d'un demi-muid jauge de Bourgogne, rempli de Verjus nouveau, trouvé en sa boutique, dont a été tiré deux essais de grès qui ont été bouchés fisselés & cachetés sur le gouleau de cire rouge du cachet dudit sieur Commissaire, suivant son Procès-verbal & l'Exploit de saisie faite par Marchand Huissier à Verge en cette Cour, le 30. dudit mois d'Août, controllé à Paris le 31 par Piton, & presenté au Greffe; & en exécution de notre Sentence par défaut du 8 Décembre 1720. & Défendeurs à l'opposition formée à l'exécution d'icelle, & aux fins de leur Requeste verbale signifiée le neuf Février 1721. & encore lesdits Syndic & Jurés Demandeurs aux fins de l'Exploit fait par ledit Marchand Huissier en cette Cour, le 6. Février ensuivant, controllé par Piton & presenté; le tout tendant à fin de validité de ladite saisie, confiscation dudit Verjus saisi, avec défenses audit Pequet d'avoir chez lui aucune provision de Verjus ni Vinaigre, & d'en faire venir des Provinces; & à fin de Réglement contre tous les Maistres de la Communauté des Maistres Traiteurs ci-après nommés, tendant à ce que les Arrests de Reglement rendus contre les Marchands Epiciers, Taverniers, Cabaretiers, Marchands de vin, Hôteliers, Aubergistes & autres y dénommés soient déclarés communs avec lesdits Maistres Traiteurs, & suivant iceux qu'ils ne pourroient avoir chez eux en leurs maisons plus de 30 pintes de Vinaigre & Verjus, qu'ils seroient tenus d'acheter chez les Demandeurs, & d'en tenir un Registre, avec dépens, dommages; & Défendeurs à la demande incidente formée en main-levée de ladite saisie. Requeste verbale & demande desdits Traiteurs ci-après nommés, assistez de Me. Sandrier leur Avocat, contre Me. Royer Procureur de Jean Pequet Rotisseur privilegié & Maistre Traiteur à Paris, Défendeur à l'Exploit de saisie, Sentence & Requeste verbale susdatée, & opposant suivant sa demande incidente portée par ses défenses signifiées le 17 Décembre 1720. & à fin de main-levée d'icelle; & encore ledit Me Royer Procureur des Jurés & Communauté des Maistres Traiteurs-Cuisiniers à Paris, Défendeurs & Demandeurs aux fins de leur Requête verbale signifiée le 20 Août dernier, tendante à ce que lesdits Maistres Vinaigriers fussent déboutés de leurs demandes & prétentions, avec dommages, interests & dépens, & lesdits Maistres Traiteurs conservez & maintenus dans leur privilege & liberté d'avoir à l'avenir, comme ils ont ci-devant fait, la liberté d'acheter de la campagne les Verjus dont ils auront besoin pour leurs provisions pendant toute l'année, ainsi qu'ils le jugeront à propos pour leur usage, sans être obligés d'en acheter chez les Maistres Vinaigriers, avec dépens, assisté de Me Duret leur Avocat : PARTIES OUIES, ensemble noble homme Monsieur Maistre le Nain Avocat du Roi en ses conclusions, lecture faite des Statuts & Ordonnances des Communautés des Parties; ensemble de nos Sentences & Arrests de Reglemens rendus en faveur desdits Maistres Vinaigriers, des 27 Août 1675. 23 Juin 1681. 6 Mars 1682. 20 Juin 1698. douze Mars, trente-un Juillet & vingt Novembre 1699. onze Janvier, seize Juillet 1701. premier Décembre 1702. quatorze Octobre 1707. vingt-six Avril & vingt Décembre 1709. trente-un Janvier 1713. & quatre Juin 1717. & autres Piéces. NOUS ayant égard aux conclusions des Gens du Roi, sans que les qualités puissent nuire ni préjudicier aux Parties; ORDONNONS que les Statuts, Ordonnances & Arrests de Reglemens rendus en faveur de la Communauté des Maistres Vinaigriers, seront exécutés selon leur forme & teneur; & au principal, sans s'arrêter à l'intervention des Jurés Traiteurs dont ils sont déboutés, avons la saisie faite sur ledit Pequet, l'une des Parties de Duret, d'un demi-muid de Verjus dont est question, déclaré bonne & valable : DISONS que ledit Verjus saisi demeurera confisqué au profit des Parties de Sandrier; faisons défenses audit Pequet & à tous les Maistres Traiteurs de récidiver, & d'avoir chez eux en leurs maisons plus de trente pintes de Vinaigre & Verjus, qu'ils seront tenus d'acheter chez les Maîtres Vinaigriers de cette Ville, dont ils seront tenus de tenir un Regiſtre du nom du Maître chez lequel ils auront acheté leſdits Vinaigre & Verjus, à peine de confiſcation & d'amende ; & les Parties de Sandrier pareillement tenus de tenir un Regiſtre des noms des Maîtres Traiteurs auſquels ils vendront leſdits Vinaigre & Verjus ; avons la Sentence obtenue par leſdites Parties de Sandrier déclarée nulle, pour l'avoir priſe au préjudice d'une conſtitution de Procureur, & condamnons les Parties de Duret aux dépens : ce qui ſera exécuté nonobſtant & ſans préjudice de l'appel. En témoin de ce, Nous avons fait ſceller ces Préſentes, qui furent faites & données par Meſſire Gabriel Tachereau, Chevalier, Seigneur de Baudry, Conſeiller du Roi en tous ſes Conſeils d'Etat & Privé, Lieutenant Général de Police au Châtelet de Paris, y tenant le Siége le Vendredi 6 Février mil ſept cens vingt-deux. Collationné. *Signé*, CUYRET. Scellé le quatorze Février 1722. DOYARD.

Signifié & baillé copie à Me Royer Procureur, à domicile le 14. *Février* 1722. CARTAULT.

SENTENCE DE MONSIEUR LE LIEUTENANT GENERAL DE POLICE.

RENDUE en faveur des Syndic & Jurez de la Communauté des Maîtres Vinaigriers.

CONTRE *François Guerin, auſſi Maiſtre Vinaigrier, qui le condamne à porter honneur & reſpect aux Jurez, & de ſouffrir la viſite ; & en dix livres de dommages & interêts, & aux dépens.*

Du 4. Avril 1724.

LXXIV. A TOUS ceux qui ces préſentes Lettres verront, Gabriel-Jerôme de Bullion, Chevalier, Comte d'Eſclimont,

Meſtre de Camp du Regiment de Provence Infanterie, Conſeiller du Roy en tous ſes Conſeils, Prevôt de Paris: SALUT, ſçavoir faiſons, que ſur la Requête faite en Jugement devant Nous à l'Audience de la Chambre de Police du Châtelet de Paris, par Me. René-Paul Bailly, Procureur des Syndic & Jurez de la Communauté des Maiſtres Vinaigriers à Paris, Demandeurs en exécution des Statuts & Reglemens de leur Communauté, & aux fins du procès-verbal des élections & contraventions commiſes auſdits Statuts par le Deffendeur ci-après nommé, fait par Marchand Huiſſier à Verge le quatorze Avril mil ſept cent vingt-trois, & Exploit fait en conſequence d'icelui par ledit Marchand le quinze dudit mois, contrôlé à Paris le dix-ſept par Sauvage, préſenté au Greffe, & à fin d'information de l'avis de Monſieur le Procureur du Roy, contradictoirement rendue entre les Parties le trois dudit mois d'Avril, ſuivant leur Requête verbale ſignifiée le cinq May enſuivant, le tout tendant à ce que ledit Défendeur fut tenu d'obſerver la propriété portée par les Articles XI. & XVI. deſdits Statuts, ſouffrir les viſites, payer les droits d'icelles, & porter honneur & reverence auſdits Demandeurs, avec amende & dépens, aſſiſtez de Me. Duru leur Avocat, contre Me. Heller Procureur de François Guerin, auſſi Maître Vinaigrier à Paris, défendeur aux demandes ſuſdattées, aſſiſté de Me. Froüart ſon Avocat. Parties oüies, Nous avons l'avis du Procureur du Roy infirmé, ordonnons que les Statuts des Maîtres Vinaigriers feront exécutés; faiſons défenſes à la Partie de Froüart, de plus tenir des outils ni uſtanciles mal propres, chanſis ou moiſis; lui enjoignons de porter honneur & reſpect aux Jurés; & attendu la contravention commiſe par ladite Partie de Froüard, la condamnons en dix livres de dommages & interêts, & aux dédépens: ce qui ſera exécuté ſans préjudice de l'appel; en témoin de quoi Nous avons fait ſceller ces préſentes, qui furent faites & données par Meſſire Nicolas-Jean-Baptiſte Ravot, Chevalier, Seigneur d'Ombreval, Conſeiller du Roy en ſes Conſeils, Lieutenant General de Police au Châtelet de Paris, tenant le Siége le Mardy quatre Avril mil ſept cent vingt-quatre. Signé, CUYRET. Collationné CACQUET. Scellé le 15. Avril 1724. DOYARD.

SENTENCE DE MONSIEUR LE LIEUTENANT GENERAL DE POLICE.

Renduë entre les Jurez, Anciens, Modernes & Jeunes Maistres de la Communauté des Maistres Vinaigriers de Paris, Portant Reglement pour la réformation de la Liste & Tableau, concernant aussi les Assemblées, la Reception des Maistres, & l'Election des Syndics & Jurez.

Du 27. Janvier 1722.

LXXV. A TOUS ceux qui ces présentes Lettres verront, Guillaume-François Joly, Chevalier, Seigneur de Fleury, & autres Lieux, Conseiller du Roy en tous ses Conseils d'Etat & Privé, son Procureur General en sa Cour de Parlement, & Garde de la Prévôté & Vicomté de Paris, le Siége vacant. SALUT; sçavoir faisons, que sur la Requête faite en Jugement devant Nous à l'Audiance de la Chambre de Police du Châtelet de Paris, par Me. René-Paul Bailly, Procureur des Syndic, Jurez & Communauté des Maîtres Vinaigriers à Paris, Deffendeurs à la demande en réformation de la Liste ou Tableau des Maîtres de ladite Communauté, formée par les Modernes & Jeunes Maîtres de ladite Communauté ci-après nommez & Demandeurs aux fins de leurs deffenses, contenans demandes incidentes & suivant leurs Requêtes verbales signifiées en l'instance les onze Février mil sept cent dix-neuf, quinze Février, trente Juin, quatre Aout, & deux Octobre dernier, assistés de Me. Sandrier leur Avocat, contre Me. Pierre Brigeon Procureur de Jean-François Heurtier, Jean David, André Blondy, Pierre Bochet l'aîné, Nicolas Marchand, Pierre Touzin, Jean-Claude Brochet, Anne Gouge, Charles Henry, François Riviere, François Houbron, Noël de Lauvencourt, Jean le Roux, Jean Baptiste le Févre, Laurent Hèquet, Antoine Chahau, Pierre Sauvage, Jean de Lonce, Georges le Halleur, Jean-

Jean-François de Launay & autres Modernes & Jeunes, Maîtres de la Communauté desdits Maîtres Vinaigriers, Demandeurs aux fins de leur Requête présentée à Monsieur le Procureur du Roy en cette Cour le seize Novembre mil sept cens dix huit, & Exploit fait en consequence le vingt-un dudit mois par Renault, Huissier à Verge en cette Cour, Contrôlé à Paris le vingt-deux par le Grand & présenté au Greffe, à fin de réformation de la Liste & Tableau des Maîtres de ladite Communauté & Deffendeurs aux demandes susdatées, & encore Demandeurs aux fins de leurs Requêtes verbales, signifiées les quatre Septembre mil sept cent dix-neuf, & seize May dernier, en confirmation de l'avis de Monsieur le Procureur du Roy du dix-huit Août précedent, & infirmation d'aucun chef d'icelui, & en exécution de notre Sentence du vingt-neuf Novembre mil sept cens vingt, Deffendeurs à la Requête verbale d'opposition, signifiée le quatre Avril dernier, assistés de Me. Duret leur Avocat, Maître Gueſtard Procureur de François Guerin, Pierre Thirel, Guillaume Bulté, Laurent Hequet & Nicolas de Saint Leger, aussi Demandeurs aux fins des mêmes Requêtes & Deffendeurs, & Me. Cabaille Procureur de Louis Bolleville, Philippes-Nicolas Billard, Pierre Fournier, Thomas le Doux, François du May, Germain Pichot, Jacques Gacoin, Honoré Chesnel, Jacques Caillat, Claude-Toussaint Cel, Antoine-Claude Maille fils, Pierre Bolleville, François Mathey, Honoré-Jacques Mathieu, Pierre-François Villenfin, Pierre Hardy & Jean Gallerand, tous Maîtres Vinaigriers & fils de Maîtres de ladite Communauté, Deffendeurs & Demandeurs aux fins de leur Requête verbale, signifiée le vingt-sept Janvier mil sept cens dix-neuf, & Deffendeurs: Parties ouies entre lesdits Sendrier & Duret, & par vertu du deffaut de Nous donné contre lesdits Gueſtard & Cabaille, non comparans ni autre pour eux, duement appellez; Vû l'avenir pour plaider à ce jour. Oui Monsieur le Nain Avocat du Roy en ses conclusions, sans que les qualités puissent nuire ni préjudicier aux Parties. NOUS ordonnons que les Statuts & Arrêts de Reglemens de la Communauté des Maîtres Vinaigriers, seront exécutés selon leurs formes & teneurs, ayant égard aux conclusions des Gens du Roy, ordonnons, que le Tableau de Liste des Maîtres Vinaigriers ci-devant fait sera incessamment changé & reformé en trois colonnes, dont la premiere contiendra les noms & furnoms des Syndic, Jurez & Anciens Maîtres de ladite Communauté ; la seconde celle des Modernes, & la troisiéme celle des Jeunes, sans aucune distinction ni préference des fils de Maîtres d'avec ceux reçûs par chef-d'œuvre, le tout suivant la date de leurs Lettres de Maîtrise, & à la suite seront mises les Veuves des Maîtres ; que lorsqu'il s'agira d'Assemblées pour déliberer & traiter des affaires qui interresseront ladite Communauté ; comme l'emprunt à faire lever des droits sur les Maîtres de ladite Communauté, & dépenses extraordinaires, il sera mandé ausdites Assemblées tous les Anciens, dix Modernes & dix Jeunes Maistres, suivant l'ordre du Tableau ; qu'à l'égard des autres Assemblées pour l'audition & examen des comptes & autres causes, pour raison desquels lesdits Syndic & Jurez en Charge jugeront à propos de convoquer des Assemblées ; tous les Anciens seront aussi mandés avec deux Modernes & deux Jeunes Maistres, lesquels auront leurs voix déliberatives ; & lorsqu'il s'agira de faire des Elections de Syndic & Jurez, sera mandé ausdites Assemblées tous les Anciens, avec quinze Modernes & quinze Jeunes Maîtres de ladite Communauté suivant l'ordre du Tableau & sans aucune préference, que lorsqu'ils s'agira des receptions des Maîtres, il sera mandez tous les Anciens avec le tiers des Modernes & Jeunes Maîtres de ladite Communauté qui sera composée par tiers, lequel tiers sera mandé à son tour à chacune des receptions qui se feront, auquel tiers de Modernes & Jeunes Maîtres sera payé le demi droit des Anciens ; & pour faire connoître à l'avenir ceux desdites colonnes qui auront été appellez ausdites Assemblées, en sorte qu'ils n'y puissent y être appellez plusieurs fois de suite au préjudice des autres ; il sera affiché dans le Bureau de la Communauté ceux des premiere & seconde colonnes qui auront passez successivement audites assemblées. Permis aux Maîtres Vinaigriers & aux Veuves de Maîtres de ladite Communauté de se servir & prendre chez eux à leur service des Compagnons qui seront fils de Maîtres ou Apprentifs de Campagne, à l'effet de quoi lesdits Compagnons seront tenus de justifier ausdits Maîtres ou Veuves de Maîtres d'un Certificat de leur qualité de fils de Maîtres ou Apprentifs de Campagne, lesquels Compagnons de Campagne ne pourront néanmoins aller vendre ni débiter par la

Ville les Marchandiſes des Maîtres & Veuves où ils demeureront & travailleront, à peine de confiſcation de Marchandiſes & d'amende; en conſequence ſur la demande contre Jean de Lonce, lui reçû oppoſant à l'exécution de notre Sentence, & déchargé des condamnations y portées ; ſur les autres demandes & conteſtations des Parties, les avons mis hors de cours, tous dépens compenſez entr'elles, deſquels néanmoins celles de Sendrier ſeront rembourſez par leur Communauté, à l'égard de ceux faits ſeulement pour le Reglement entre les fils de Maîtres & les Maîtres reçûs par chef-d'œuvre, & de quarante livres ſeulement pour ceux de la demande contre ledit de Lonce, le tout par les mains du Syndic en Charge qui les employera & lui ſeront allouez dans ſon Compte, & ſera la préſente Sentence Imprimée & copies d'icelle fournies, tant aux Parties de Duret qu'à tous les autres Maîtres de la Communauté, aux frais d'icelle, à la diligence des Syndic & Jurez en Charge, deffaut contre les Défaillans, & pour le profit la préſente Sentence commune avec eux, ce qui ſera exécuté nonobſtant & ſans préjudice de l'appel, & ſoit ſignifié. En témoin de ce Nous avons fait ſceller ces préſentes qui furent faites & données par Meſſire Gabriel Tachereau, Chevalier, Seigneur de Baudry & autres Lieux, Conſeiller du Roy en tous ſes Conſeils, Maître des Requêtes ordinaire de ſon Hôtel, Lieutenant-General de Police, tenant le Siege au Châtelet de Paris, le Mardy vingt-ſeptiéme jour de Janvier mil ſept cens vingt-deux. Collationné. *Signé*, CUYRET. Scellé le trois Février mil ſept cens vingt-deux. DOYARD. Signifié & baillé copie à Meſſieurs Brigeon, Gueſtard & Cabaille le 3. Février 1722. *Signé* HAMEL.

AUTRE ARREST DE REGLEMENT.

Du 12. Mars 1699.

Rendu entre la Communauté des Maîtres Vinaigriers, Verjutiers, Moutardiers, Diſtillateurs & Vendeurs d'Eau-de-Vie & Eſprit-de-Vin de la Ville, Fauxbourgs & Banlieuë de Paris.

Et la Communauté des Epiciers.

Par lequel on ordonne l'exécution de l'Arrêt de Réglement rendu avec leſdites deux Communautés le 27. Août 1675. & que les Epiciers ne pourront vendre du Vinaigre ſi ce n'eſt à petites meſures, qui ne pourra être plus grande d'un demi-Septier, Chopine, trois demi-Septiers, & juſqu'à la Pinte à chaque fois ſeulement, & qu'ils n'en pourront avoir que conformément audit Arrêt de 1675. & leur fait défenſes d'en acheter des Marchands Forains, d'en faire venir, ni en vendre en gros, ni vendre aucuns Verjus, & que les Vinaigriers prendront une Ordonnance de Monſieur le Lieutenant-Général de Police, pour aller en Viſite dans les maiſons des Epiciers qui ſe trouveront en contravention.

EXTRAIT DES REGISTRES De Parlement.

LXXVI. ENtre les Jurés & Communauté des Vinaigriers de Paris; Appellans de deux Sentences rendues par le Lieutenant-Général de Police de cette Ville de Paris, les 28. Février 1696.

& vingt six Avril 1697. & Demandeurs en Requête du vingt-neuf dudit mois d'Avril 1697. d'une part, & François Damien, Marchand Epicier à Paris, Intimé & Défendeur, & entre lesdits Jurés & Syndic de la Communauté des Vinaigriers, Verjutiers & Moutardiers de cette Ville de Paris, Demandeurs en Requête & Exploit des dix-neuf Février & deux Mai 1698.& les Maistres & Gardes des Marchands Epiciers & Droguistes de cette Ville, Fauxbourgs & Banlieue de Paris, Défendeurs. Et entre lesdits Jurés, Syndic & Communauté des Vinaigriers, Demandeurs en Requête du dix-sept Janvier 1698. & ledit Damien Défendeur, & entre ledit Damien Demandeur en Requête du vingt-sept Février audit an, & lesdits Jurés Vinaigriers Défendeurs, & entre lesdits Maistres, & Gardes du Corps des Marchands Epiciers Demandeurs en Requête du douze Août 1698. & lesdits Syndic, Jurez & Communauté des Vinaigriers Défendeurs, & encore entre lesdits Jurés & Communauté desdits Vinaigriers, Demandeurs en Requête du dix-huit dudit mois d'Août, & lesdits Maistres & Gardes des Epiciers & ledit Damien Défendeurs. Vû par la Cour lesdites Sentences du Lieutenant-Général de Police du Châtelet : La premiere du vingt-huit Février 1696. rendue entre ledit Damien, Demandeur en main-levée & Défendeur contre les Jurés, Syndic & Communauté desdits Vinaigriers Défendeurs & Demandeurs, par laquelle faute d'avoir par les Jurés, Syndic & Communauté desdits Vinaigriers pris la permission du Juge de Police d'entrer en la boutique en question avec un Commissaire, la saisie faite à la Requête desdits Vinaigriers sur ledit Damien auroit été déclarée injurieuse, de laquelle main levée auroit été faite & lesdits Vinaigriers condamnés aux dépens, ce qui seroit exécuté nonobstant l'appel ; la seconde du 26. Avril 1697. entre ledit Damien Défendeur à l'Exploit de saisie sur lui faite de Vinaigre à la Requête desdits Jurés Vinaigriers le 27. Mars 1697. & l'Exploit à lui donné le 12. dudit mois, à fin de confirmation de l'avis du Procureur du Roi du deuxiéme dudit mois d'Avril contre lesdits Vinaigriers, Demandeurs aux fins dudit Exploit du douze Avril, par laquelle par défaut contre lesdits Vinaigriers, main-levée auroit été faite audit Damien de la saisie sur lui faite à la Requête desdits Jurés Vinaigriers qui auroient été condamnés aux dépens, ce qui seroit exécuté nonobstant l'appel, la Requête du vingt-neuf Avril audit an 1697. desdits Jurés Vinaigriers, à ce qu'en mettant les appellations & ce dont avoit été appellé au néant, en déclarant les saisies faites sur ledit Damien bonnes & valables, que les choses saisies seroient & demeureroient confisquées au profit desdits Jurés Vinaigriers & qu'à la représentation des choses saisies, les Gardiens & Dépositaires seroient contraints par corps, & que l'Arrêt du 11. Août 1675. portant Réglement : ensemble les Statuts de la Communauté desdits Vinaigriers seroient exécutés selon leur forme & teneur, que défenses seroient faites audit Damien & à tous autres Epiciers d'y contrevenir à peine de cinq cens livres d'amende & de confiscation, & qu'ils seroient en outre condamnés aux dépens tant des Causes principales que d'appel. Arrêt du 27. Juin 1697. par lequel sur l'appel les parties auroient été appointées au Conseil, & sur la demande en droit & joint, Causes d'appel desdits Vinaigriers du 3. Juillet audit an. : Réponses dudit Damien du 6. Septembre audit an, Productions des parties, Contredits & Salvation respectivement fournies les 23. Décembre 1697. 13. 15. &22 Février ensuivant : La Requête du 17. Janvier 1698. desdits Jurés, Syndic & Communauté des Vinaigriers, à ce qu'en ordonnant l'exécution de l'Arrêt de Réglement du vingt-sept Août 1675. Ensemble les Statuts de la Communauté desdits Vinaigriers, que défenses seroient faites audit Damien & tous autres Epiciers & Apotiquaires-Epiciers, de vendre du Vinaigre par pinte, chopine & demi-septier, qui est la grande mesure étalonnée, mais seulement à petites mesures non étalonnées & pour mêler dans l'Huile d'Olive, à peine de confiscation & de telle amende qu'il plairoit à la Cour, dépens, dommages, & intérêts, & en cas de contestation, que ledit Damien seroit condamné aux dépens, & Acte ausdits Jurés, Syndic & Communauté desdits Vinaigriers, de ce que pour écritures & productions sur ladite demande ils employoient le contenu en leur Requête, au bas de laquelle est l'Ordonnance de la Cour, portant Acte de l'emploi, & que le Défendeur fourniroit de deffenses, écriroit ou produiroit & joint. Requête du 21. Février ensuivant dudit Damien employée pour deffenses, Ecritures, & Production suivant ladite Ordonnance : Contredits du 25. dudit mois desdits Vinaigriers contre l'emploi de production dudit Damien : La Requête du 19. Février audit an 1698. des

Jurés, Syndic & Communauté desdits Vinaigriers, à ce qu'il leur fut permis de faire assigner en Cour les Maistres Gardes & Communauté des Marchands Epiciers, Apoticaires-Epiciers de Paris, pour voir ordonner que l'Arrêt qui interviendra entre lesdits Vinaigriers & ledit Damien, seroit déclaré commun avec eux, ce faisant que l'Arrêt du 27. Août 1675. servant de Réglement seroit exécuté selon sa forme & teneur, & en conséquence, que défenses seroient faites à tous Marchands Epiciers, Apotiquaires-Epiciers, de vendre du Vinaigre par pinte, chopine & demi-septier, mais seulement à petites mesures non étalonnées, à peine de confiscation, mil livres d'amende, dépens, dommages & intérêts; lesdits Maistres & Gardes Epiciers condamnez aux dépens, sans préjudice ausdits Vinaigriers, de leurs autres, Droits & Actions, Exploits d'assignation du deux Mai audit an 1698. donné en la Cour à la Requête desdits Vinaigriers, ausdits Maistres & Gardes Epiciers aux fins de ladite Requête. Défenses desdits Epiciers du 26. dudit mois de Mai. Repliques desdits Vinaigriers du 28. dudit mois, Arrêt d'appointé en droit & joint du 30. dudit mois de Mai. Production & contredits des parties respectivement fournies les 30. Juillet & 11. Août ensuivant. La Requête du 27. dudit mois de Février audit an 1698. dudit Damien, contenant Production nouvelle & sa demande, en ce qu'en confirmant les Sentences dont est appel, conformément à l'Arrêt de Réglement rendu entre les Epiciers & les Vinaigriers le 27. Août 1675. qui faisoit des défenses précises ausdits Vinaigriers d'aller en visite chez les Marchands Epiciers, & encore conformément aux autres Arrêts & Reglemens, défenses fussent faites aux Jurés Vinaigriers de plus s'immiscer de faire aucunes visites chez ledit Damien, sous quelque prétexte que ce soit, ni aucunes saisies de ses Marchandises, & à tous les Commissaires du Chastelet de les assister ausdites visites & saisies, sans une permission expresse du Lieutenant-Général de Police, laquelle ils seroient tenus de montrer, & condamner lesdits Vinaigriers en tous les dépens; & Acte audit Damien de ce que pour Ecritures & Production il employoit le contenu en sa Requête, & au bas de laquelle est l'Ordonnance de ladite Cour, portant que ladite Requête & les pieces seroient communiquées à parties, pour fournir de contredits, & au surplus les Parties auroient été appointées en droit

& joint, & Acte de l'emploi, & fourniroient les Défendeurs de défenses & produiroient : Requête du 8. Avril ensuivant desdits Vinaigriers employée pour défenses, Ecritures & Production suivant ladite Ordonnance. Contredits du même jour 8. Avril desdits Vinaigriers, contre ladite Production nouvelle du 27. Février; la Requête du 12. Août 1698. desdits Maistres & Gardes des Marchands-Epiciers, Grossiers, Droguistes & Apotiquaires Epiciers à Paris. A ce qu'il plaise à la Cour, déclarer commun avec lesdits Epiciers & à leur profit l'Arrêt du 5. Décembre 1648. rendu entre la Communauté des Chandeliers, & les Jurés de la Communauté des Vinaigriers. Ce faisant que ledit Arrêt & celui du 27. Août 1675. seroient exécutés selon leur forme & teneur, ce faisant que conformément à iceux les Marchands Epiciers pourroient vendre à petites mesures du Vinaigre par demi-septier, chopine, trois demi-septiers, & jusqu'à la pinte. Et en conséquence les Jurés Vinaigriers fussent déboutés de leur demande, à ce que défenses fussent faites de vendre du Vinaigre qu'à la petite mesure non étalonnée, & les condamner en tous les dépens : & Acte ausdits Epiciers, de ce que pour Ecritures & Production sur ladite demande ils employoient le contenu en leur Requête & les pieces y attachées, au bas de laquelle est l'Ordonnance de ladite Cour, portant Acte de l'emploi, & que lesdits Vinaigriers seroient tenus de fournir de défenses, produire dans trois jours, & joint. Requête du 13. dudit mois d'Août desdits Jurés Vinaigriers employée pour Défenses, Ecritures & Production suivant ladite Ordonnance : Requête du 18. dudit mois desdits Maistres & Gardes Epiciers employée pour contredits contre l'emploi de Production desdits Vinaigriers : La Requête du 18. dudit mois d'Août desdits Jurés & Communauté desdits Vinaigriers, contenant leur demande, à ce que tant que besoin est ou seroit, ils fussent reçûs opposans à l'exécution de l'Arrêt du 5. Décembre 1648. rendu entre les Jurés lors en charge de la Communauté des Vinaigriers & celle des Chandeliers, en ce que lesdits Epiciers & ledit Damien, en voudroient tirer avantage contre lesdits Vinaigriers touchant la petite mesure. Ce faisant que les conclusions desdits Vinaigriers leur fussent adjugées, & condamner lesdits Epiciers & ledit Damien aux dépens, & Acte ausdits Vinaigriers de ce que pour Ecritures & Production sur ladite demande

Demande ils employoient le contenu en leur Requête, au bas de laquelle est l'Ordonnance de ladite Cour portant acte de l'emploi, & que les Défendeurs fourniroient de Défenses, écriroient & produiroient, & joint. Requête du 19. dudit mois d'Août desdits Maîtres & Gardes Epiciers employée pour fins de non-recevoir. Défenses, Ecritures & Production suivant ladite Ordonnance. Sommation d'y satisfaire par ledit Damien. Production nouvelle desdits Vinaigriers par Requête du quatre Juin mil six cens quatre-vingt dix-huit. Contredits contre icelle du 14. ensuivant dudit Damien. Acte & production nouvelle desdits Vinaigriers par Requête du 28. Août audit an ; Contredits contre icelle desdits Epiciers du 11. dudit mois d'Août. Salvations desdits Vinaigriers du 14. Août. Sommation de les contredire par ledit Damien. Autre Production nouvelle desdits Vinaigriers par Requête du 26. dudit mois d'Août. Contredits contre icelle du 29. du même mois desdits Epiciers. Sommation de la contredire par ledit Damien : Conclusions du Procureur-Général du Roi. Tout joint & considéré : La Cour faisant droit sur le tout, a mis & met les appellations au néant, Ordonne que ce dont est appel sortira effet, déclare l'Arrêt du cinq Décembre 1648. commun au profit desdits Epiciers, Apoticaires-Epiciers, en ce qui concerne la petite mesure, & ne pourront lesdits Epiciers, Apoticaires-Epiciers conformément *à l'Arrêt de Réglement du 27. Aoust 1675. qui sera exécuté, vendre du Vinaigre qu'à la petite mesure, & qui ne pourra être plus grande que d'un Demi-septier, Chopine, trois Demi-septiers & jusqu'à la Pinte à chaque fois seulement, lequel Vinaigre ils seront tenus d'acheter desdits Vinaigriers de Paris sans qu'ils en puissent acheter, en avoir chez eux à la fois plus de trente Pintes. Leur fait défenses d'en acheter des Marchands Forains, en faire venir d'ailleurs, ni en vendre en gros, comme aussi de vendre & débiter aucuns Verjus, le tout à peine de confiscation.* Ne pourront lesdits Jurés Vinaigriers aller en visite chez lesdits Marchands Epiciers, Apotiquaires-Epiciers qui se trouveront en contravention, qu'en prenant au préalable par lesdits Jurés Vinaigriers, permission de ce faire du Lieutenant-Général de Police du Châtelet, & sur le surplus des demandes, fins & conclusions des parties, les a mises hors de Cour & de Procès : Condamne lesdits Jurés & Communauté des Vinaigriers en l'Amende de douze liv. & aux deux tiers de tous les dépens envers lesdits Damien & Epiciers chacun à leur égard, l'autre tiers compensé. Fait en Parlement le 12. Mars 1699. Collationné. *signé*, LE MERCIER.

Le 2. Avril 1699. signifié baillé copie à M. la Fouasse, Procureur. Signé, HAMONIN.

Le 6. Avril 1699. signifié à M. Bonyart Pere. Signé, FAUDOIRE.

PETITJEAN.

SENTENCE

DEMONSIEUR LE LIEUTENANT GENERAL DE POLICE.

Du 18. Aoust 1702.

Rendue en faveur de la Communauté des Maistres Vinaigriers, Verjutiers, Moutardiers, Distillateurs & Vendeurs d'Eau-de-Vie & Esprit-de-Vin, de la Ville, Fauxbourgs & Banlieue de Paris.

CONTRE JEAN QUETTIER, *Marchand Epicier, qui déclare la saisie bonne & valable au profit des Jurés Vinaigriers.*

ET contre JEAN RASSE, *Maistre & ancien Vinaigrier, qui lui fait défenses de récidiver à peine d'interdiction de la Maistrise, & en trois livres d'amende, & qui condamne lesdits Quettier & Rasse aux dépens.*

LXXVII. A TOUS ceux qui ces présentes Lettres verront, Charles Denis de Bullion, Chevalier, Marquis de Gallardon,

Seigneur de Bonnelles, & autres lieux, Conſeiller du Roi en ſes Conſeils, Garde de la Prevôté de Paris. Salut, ſçavoir faiſons: Que ſur la Requête faite en Jugement devant Nous, en la Chambre de Police, par M. Philippes Damonville, Procureur des Jurés & Syndic de la Communauté des Maiſtres Vinaigriers, Moutardiers, Verjutiers, Vendeurs & Diſtillateurs d'Eau-de-vie & Eſprit de vin de cette Ville, Fauxbourgs & Banlieue de Paris, demandeurs aux fins de l'Exploit de ſaiſie faite à leur requête en vertu de notre Ordonnance du 25. Juillet dernier, par de Milly, Huiſſier aud. Châtelet le 26. dud. mois, contrôlé à Paris le 27. par Cavelier; aſſiſté de M. Regnault, Commiſſaire en cette Cour; ladite ſaiſie faite ſur Jean Quettier Marchand Epicier, d'un demi muid de Vinaigre, qui s'eſt trouvé en la maiſon dudit Quettier, comme étant contraire aux Reglemens qui ont été rendus entre la Communauté des Maiſtres Vinaigriers & celle des Marchands Epiciers, avec aſſignation pour voir déclarer ladite ſaiſie bonne & valable: Et encore leſdits Jurés Demandeurs aux fins d'un autre Exploit fait à leur requête par ledit de Milly, le 27. dudit mois de Juillet, contrôlé à Paris le 27. par Caurier; tendant à ce que la Sentence qui interviendroit entre eux & led. Quettier fût déclarée commune avec JEAN RASSE, Maiſtre Vinaigrier & ancien Juré de ladite Communauté, enſemble l'exécution, Sentences & Reglements d'icelle; & pour y avoir contrevenu & vendu le demi muid de vinaigre en queſtion audit Quettier, il ſeroit condamné en telle amende qu'il Nous plairoit ordonner; leſdits Jurés aſſiſtés de M. Foreſtier leur Avocat. Contre M. Jean de Monchy Procureur dudit Jean Quettier Marchand Epicier défendeur audit Exploit de ſaiſie, ſur lequel a été préſenté. Et encore ledit de Monchy Procureur dudit JEAN RASSE, Maiſtre Vinaigrier & ancien Juré de ſa Communauté auſſi Défendeur à l'Exploit ſuſdaté, ſur lequel a été pareillement préſenté. Parties ouies, lecture faite des Exploits ſuſdatés, de l'Arrêt portant Reglement entre la Communauté des Maiſtres Vinaigriers & celle des Epiciers du 27. Aouſt 1675. par lequel il a été fait défenſes aux Epiciers de vendre du vinaigre ſi ce n'eſt à petite meſure, qu'ils acheteront des Vinaigriers de cette Ville, juſqu'à la concurrence de trente pintes seulement, sans qu'ils puissent avoir ni vendre aucun verjus. Autre Arrest du 12. Mars 1699. qui a ordonné l'exécution de celui susdaté. Sentences intervenues en conséquence, qui ont ordonné la confiscation des Vinaigres & Verjus saisis sur differens particuliers Epiciers. Statuts & Reglemens de ladite Communauté, & autres pieces. Nous disons, que les Reglemens de Police seront exécutés, en conséquence avons la saisie en question déclarée valable. Ordonnons le vinaigre saisi porté au Bureau des parties de Forestier, des deniers en provenans moitié sera rendu audit Quettier partie de Monchy, & l'autre moitié sera & demeurera confisquée au profit des parties de Forestier. Faisons défenses audit Rasse de récidiver à peine d'interdiction de la Maîtrise, & pour la faute commise l'avons condamné en trois livres d'amende, & lesdits Quettier & Rasse condamné aux dépens : ce qui sera exécuté sans préjudice de l'appel. En témoin de ce nous avons fait sceller ces présentes; Faites & données au Châtelet de Paris, par Messire Marc-René de Voyer d'Argenson, Conseiller du du Roi en ses Conseils, Lieutenant Général de Police, tenant le Siege le Vendredi dix-huit Aoust mil sept cent deux. Collationné. Signé, DELARUE. Et scellé.

Signifié & baillé copie audit M. de Monchy, à domicile, ce 22. Août 1702. *signé*, QUINQUET.

SENTENCE

DE MONSIEUR LE LIEUTENANT GENERAL DE POLICE.

Du 11. Janvier 1701.

Rendue en faveur de la Communauté des Maistres Vinaigriers, Verjutiers, Moutardiers, Distillateurs & Vendeurs d'Eau-de-vie & Esprit-de-vin, de la Ville, Fauxbourgs & Banlieue de Paris.

CONTRE *Pierre-François Doublet, Marchand Epicier.*

Qui ordonne la confiscation des Marchandises de Verjus & de Vinaigre, saisis sur ledit Doublet, le condamne en vingt sols d'amende & aux dépens ; & fait défenses à tous autres Marchands Epiciers de ne plus entreprendre sur la Communauté des Vinaigriers.

A TOUS ceux qui ces présentes Lettres verront, Charles-Denis de Bullion, Marquis de Gallardon, Conseiller du Roi en ses Conseils, Garde de la Prevôté de Paris ; salut. Sçavoir faisons, que sur la Requête faite en Jugement devant nous en la Chambre de Police du Châtelet de Paris, par M. Philippes Damonville, Procureur des Jurés & Syndic de la Communauté des Maistres Vinaigriers, Verjutiers, Moutardiers, Distillateurs & Vendeurs d'Eau-de-vie, de cette Ville & Fauxbourgs de Paris, demandeurs aux fins de l'Exploit de saisie fait par Samuel de Milly, Huissier à verge en cette Cour le dix-huit Décembre dernier, contrôlé à Paris, par Brodart le 19. dudit LXXVIII.

mois, de deux demi-muids de jauge de Bourgogne en plain, & un autre à moitié de verjus, & une pipe tenant soixante-treize septiers, avec une fontaine au bas servant à tirer le vinaigre, dans laquelle pipe il y a environ cinquante-quatre septiers de vinaigre, qui font deux demi-queues jauge d'Orleans; ladite saisie faite en la présence de M. Jean Prioult, Commissaire en cette Cour, suivant le Procès-verbal qu'il en a délivré le même jour dix-huit Decembre dernier; ledit Damonville assisté de M. Forestier son Avocat. Ledit Exploit présenté le cinq du présent mois de Janvier, contre Jean Bonin, Procureur de François Doublet, Marchand Epicier en cette Ville, défendeur à ladite saisie, & demandeur en main-levée d'icelle, suivant l'Acte signifié le quatre du présent mois. Parties ouies, lecture faite de ladite saisie, Arrêt de Reglement fait entre la Communauté des Maistres Vinaigriers & celle des Epiciers, du 27. Août 1675 par lequel il est fait défenses aux Epiciers de vendre du Vinaigre, si ce n'est à petite mesure, qu'ils acheteront des Vinaigriers de cette Ville, jusqu'à la quantité de trente pintes à la fois seulement, sans qu'ils puissent avoir ni vendre aucun Verjus. Sentences intervenues entre plusieurs Epiciers, qui ont ordonné la confiscation des Verjus & Vinaigres sur eux saisis, avec amende & dépens, comme étant contrevenus audit Arrêt de Reglement, & autres pieces des parties. Nous avons la saisie faite sur la partie de Bonin du Vinaigre & Verjus en question déclarée bonne & valable, & en consequence Ordonnons que la marchandise saisie sera confisquée au profit des parties de Forestier. avec défenses à ladite partie de Bonin & à tous autres Marchands Epiciers de ne plus entreprendre sur la Communauté des parties de Forestier. Sans avoir égard à l'intervention condamnons ladite partie de Bonin en vingt sols d'amende & aux dépens, à la représentation des choses saisies sera le Gardien contraint & par corps comme dépositaire de bien de justice, quoi faisant il en demeurera bien & valablement quitte & déchargé; ce qui sera exécuté sans préjudice de l'appel. En témoin de ce nous avons fait sceller ces présentes, qui furent faites & données par Messire Marc-René de Voyer de Paulmy d'Argenson, Chevalier, Conseiller du Roi, Lieutenant General de Police, tenant le Siege le Mardi onzieme Janvier mil sept cens un. Collationné. P. CAILLET. Signé, TARDIVEAU. Et scellé.

Signifié & baillé copie à Me Bonin à domicile, le dix-sept Janvier mil sept cens un, signé, DE DESSUSLEMOUTIER.

ARREST

DE LA COUR DE PARLEMENT.

Du 16. Juillet 1701.

Rendu en faveur de la Communauté des Maistres Vinaigriers, Verjutiers, Moutardiers, Distillateurs & Vendeurs d'Eau-de-Vie & Esprit-de-Vin, de la Ville, Fauxbourgs & Banlieue de Paris.

CONTRE Pierre-François Doublet, Marchand Epiciers; Maurice Chesnel, ancien Maistre Vinaigrier.

Et la Communauté des Marchands Epiciers & Apotiquaires-Epiciers de la même Ville.

Par lequel sur les Conclusions de Messieurs les Gens du Roi, on ordonne l'exécution des Arrêts & Reglemens de la Cour des 27. Aoust 1675. & 12. Mars 1699. & pour y estre contrevenus par lesdits Doublet & Chesnel, ils sont condamnés en l'amende & aux dépens.

LOUIS, par la grace de Dieu, Roi de France & de Navarre; Sçavoir faisons, qu'entre Pierre-François Doublet, Marchand Epicier à Paris, appellant de la Sentence rendue par le Lieutenant General de Police au Châtelet de ladite Ville, le 11. Janvier 1701. d'une part; & les Syndic, Jurés & Commu- LXXIX.

nauté des Maiſtres Vinaigriers, Verjutiers, Moutardiers, Diſtillateurs, Vendeurs d'Eau-de-vie & Eſprit de-vin, de la Ville, Fauxbourgs & Banlieue de Paris, Intimés d'autre part. Et entre leſdits Syndic, Juré & Communauté des Maiſtres Vinaigriers, demandeurs en Requeſte du 18. Juin audit an, à ce qu'il plût à la Cour, attendu l'Inſtance qui étoit pendante en icelle entre eux & ledit Doublet, leur permettre d'y faire aſſigner le défendeur ci-après nommé, pour voir dire que l'Arreſt qui interviendra ſur l'appel de ladite Sentence du Sieur Lieutenant de Police du 11. Janvier 1701. feroit déclaré commun avec ledit Défendeur, ce faiſant qu'il lui ſeroit fait défenſes & à tous autres Maîtres de la Communauté des Demandeurs, de vendre à aucun Epicier & Apotiquaire-Epicier de cette Ville de Paris, une plus grande quantité que trente pintes de vinaigre à la fois, à peine de confiſcation, cinq cens livres d'amende, dépens, dommages & intéreſts, conformément aux Statuts de la Communauté des Demandeurs, & Arrêts de Reglement de la Cour, des vingt-ſept Août 1675. & douze Mars 1699. & pour l'avoir fait par ledit Défendeur, qu'il fût condamné en ladite amende, dommages, interêts, & dépens, d'une part: Et Maurice Cheſnel, l'un des Maitres Vinaigriers de cettedite Ville de Paris, défendeurs d'autre part. Et entre ledit Cheſnel, demandeur en Requête du premier Juillet 1701. à ce qu'il plût à la Cour lui donner acte de ce qu'il articuloit & mettoit en fait qu'il n'y a pas un des Maiſtres Vinaigriers de Paris, tant anciens que modernes qui ne fut dans l'uſage, ainſi que ledit demandeur, de vendre & de livrer aux Marchands Epiciers des vinaigres par muids & par demi-muids, & d'en donner des quittances; ordonner que les Défendeurs ci-après nommés feroient tenus d'en convenir, ſinon ordonner qu'ils repréſenteront leurs Regiſtres avec dépens en cas de conteſtation d'une part; Et leſdits Syndic, Jurés & Communauté des Maitres Vinaigriers demandeurs d'autre part: Et encore entre leſdits Syndic, Jurés & Communauté des Maiſtres Vinaigriers, demandeurs en Requête du deux dudit mois de Juillet, à ce qu'il plût à la Cour en conſéquence de l'Arrêt d'icelle du même jour; ordonner que les défendeurs ci-après nommés feront tenus de venir plaider contradictoirement avec les Demandeurs, ledit Doublet & ledit Cheſnel

Chefnel, en la caufe qui a été remife ledit jour au Samedi de la huitaine fuivante, fur l'appel de ladite Sentence du Sieur Lieutenant de Police, & la demande defdits Demandeurs contre leditChefnel; ce faifant que l'Arrêt qui interviendroit feroit déclaré commun avec eux, & en conféquence que lefdits Statuts de la Communauté des Demandeurs, & lefdits Arrêts de Reglemens de la Cour, des 27. Aouft 1675. & 12. Mars 1699. feroient exécutés felon leur forme & teneur, & fuivant iceux que défenfes feroient réitérées aufdts Défendeurs de vendre du vinaigre qu'à la petite mefure, qui ne pourroit être plus grande qu'un demi-feptier, chopine, trois demi-feptiers, jufqu'à la pinte à chaque fois feulement, lefquels vinaigres ils feroient tenus d'acheter des Maiftres de la Communauté defd. Demandeurs, fans qu'ils en puiffent acheter, & avoir chez eux à la fois plus de trente pintes, à peine de confifcation, cinq cens livres d'amende, dépens, dommages & intérêts & en cas de conteftations condamner lefdits conteftans aux dépens, d'une part: Et les Maiftres & Gardes & Communauté des Maîtres Marchands-Epiciers & Apotiquaires-Epiciers de cette Ville, Fauxbourgs & Banlieue de Paris, défendeurs d'autre part. Et encore entre lefdits Maiftres & Gardes & Communauté des Maiftres Marchands Epiciers & Apotiquaires-Epiciers, Demandeurs en Requête du 15. dudit mois de Juillet, à ce qu'il plût à la Cour ordonner que lefd. Arrêts & Reglemens d'icelles des 27. Août 1675. & 12. Mars 1699. feroient exécutés, & en conféquence que défenfes feroient faites aux Défendeurs ci-après nommés de faire aucune vifite chez lefdits Demandeurs, leur donner acte de leur déclaration qu'ils n'entendoient vendre ni débiter aucuns verjus, & néanmoins les maintenir au droit & poffeffion dans lequel ils font d'en pouvoir avoir chez eux pour leur ufage & pour ce qui peut entrer dans les Remedes & compofitions qu'ils font de leur art & commerce, même celui qu'ils pourroient recueillir dans leurs Jardins & Treille comme a fait ledit Doublet: comme auffi donner acte aufdits Demandeurs de ce qu'ils ne prétendent vendre du vinaigre qu'à la petite mefure, conformément aufdits Arrêts, même d'écrire fur leurs Regiftres les noms des Vinaigriers qui leur auront vendu; & néanmoins attendu qu'il doit être indifférent aufdits Défendeurs que les Marchands Epiciers ayent chez eux plus de trente pintes de vinaigre, pourvû qu'ils l'ayent acheté desdits Défendeurs, & que le plus souvent un Marchand Epicier est obligé d'en consommer jusqu'a soixante pintes par jour, pour confir les Cappes, Cornichons, & autres choses semblables qu'ils vendent dans leurs boutiques, permettre ausdits Demandeurs d'en acheter desdits Défendeurs telle quantité qu'il plaira à la Cour ordonner, & en cas de contestation condamner les Contestans aux dépens, d'une part; Et lesdits Syndic, Jurés & Communauté des Maistres Vinaigriers, Verjutiers, Moutardiers, Distillateurs, Vendeurs d'Eau-de-vie & Esprit-de-vin de cette Ville, Fauxbourgs & Banlieue de Paris, Défendeurs d'autre part. Après que de Troye, Avocat de Doublet, Tribollet, Avocat des Epiciers, Goget Avocat des Vinaigriers, de Lombreüil, Avocat de Chesnel, ont été ouis, ensemble le Nain pour le Procureur Général du Roi. LA COUR, ordonne que les Arrêts & Reglemens seront exécutés selon leur forme & teneur, & en consequence a mis & met l'appellation au néant; Ordonne que ce dont a été appellé sortira effet; condamne les Appellans en l'amende de douze livres & aux dépens; & pour la contravention faite par la partie de de Lombreüil le condamne en six liv. d'amende & aux dépens à son égard. Si mandons au premier des Huissiers de notredite Cour de Parlement, ou autre notre Huissier ou Sergent sur ce requis, mettre le présent Arrest à exécution, de ce faire te donnons pouvoir. DONNE' en Parlement le seiziéme Juillet l'an de grace 1701. Et de notre regne le cinquante-neuviéme. Collationné avec paraphe. FAUSSET. *Et plus bas*, Par la Chambre, DU TILLET. Et scellé.

Le premier Aoust mil sept cens un, signifié à Maîtres Negre & Julien Procureurs, sçavoir audit Negre en son domicile, parlant à son Clerc. Signé, VAUDELT.

Le quatre Août mil sept cens un signifié & baillé copie à M. de la Fouasse, Procureur, en son domicile, parlant à son Clerc, Signé, CHOULX.

PETITJEAN, Procureur.

SENTENCE
DE MONSIEUR
LE LIEUTENANT GE'NE'RAL DE POLICE,

Du 20. Mars 1744.

Rendue au profit de la Communauté des Maîtres Vinaigriers, Verjutiers, Moutardiers, Distillateurs & Vendeurs d'Eau-de-Vie & Esprit-de-Vin de cette Ville de Paris.

CONTRE Pierre Fasquelle, Marchand Mercier à Paris, au sujet de la saisie faite chez lui des Fourneaux & Tonneaux de Lies & Cendres de Gravellées, qui le condamne aux dépens, & les Fourneaux démolis.

A TOUS ceux qui ces présentes Letttres verront: LXXX. Gabriel - Jerôme de Bullion, Chevalier, Comte d'Esclimont, Prevost de Paris, Salut, sçavoir faisons. Que sur la Requête faite en Jugement devant Nous, à l'Audience de la Chambre de Police du Châtelet de Paris, par Me. René - Paul Bailly, Procureur des Syndic & Jurés de la Communauté des Maistres Vinaigriers à Paris, Demandeurs en exécution des Sentences & Arrêts de Reglemens rendus au profit de leur Communauté, & de la Requête à Nous présentée le seize Novembre dernier, & en validité de la Saisie faite en conséquence des Fourneaux & Lies à faire la Gravelée, au nombre de cinq demi muids de Lie verte d'une part, & cinq demi-queues de Lie seche, & un quart d'Orleans de petite cendre gravelée, trouvés en contravention dans les lieux y mentionnés, suivant le Procès-verbal de Me. Merlin, Commissaire; & Exploit de saisie fait en sa présence, par Doucet, Huissier à cheval en cette

Cour, le 20. Février dernier, contrôlé à Paris le 21. par le Roux, & présenté au Greffe, tendant à fin de confiscation des choses saisies, avec défenses de récidiver, dommages, intérêts, amende & dépens, contre M. Douceur, Procureur du sieur Pierre Fasquelle, Marchand Mercier à Paris, partie saisie & Défendeur : Parties ouies, NOUS ordonnons que les Statuts, Ordonnances, Sentences & Arrêts de Reglemens rendus au profit de la Communauté des Maistres Vinaigriers, seront exécutés; & attendu la contravention formée par la partie de Douceur, Avons la saisie des Fourneaux & Tonneaux de Lie & Cendre de gravelée dont est question, déclarée bonne & valable; Ordonnons que les choses saisies dont est question, sur ladite Partie de Douceur, demeureront confisquées au profit des Parties de Bailly, seront lesdits Fourneaux démolis ; Faisons défenses à ladite Partie de Douceur de récidiver sous telles peines qu'il appartiendra : & la condamnons aux dépens : Et sera la présente Sentence lûe, publiée & affichée aux frais & dépens de la Partie de Douceur, ce qui sera exécuté nonobstant & sans préjudice de l'appel. En témoin de ce nous avons fait sceller ces présentes. Ce fut fait & donné par Monsieur le Lieutenant Général de Police au Châtelet de Paris, tenant le Siége le Vendredi vingt Mars mil sept cens quarante-quatre, Collationné, Signé, CUYRET.

SENTENCE DE MONSIEUR LE LIEUTENANT GENERAL DE POLICE.

Du 4. Decembre 1744.

Qui homologue la Déliberation des Maistres Vinaigriers de la Ville, Fauxbourgs & Banlieue de Paris, touchant la Reception des Aspirans.

LXXXI. A Tous ceux qui ces présentes Lettres verront : Gabriel-Jerôme de Bullion, Chevalier, Comte d'Esclimont, Maréchal des Camps & Armées du Roi, son Conseiller en ses Conseils, Prevôt de Paris; Salut. Sçavoir faisons, que vû par nous Claude-Henry Feydeau, Chevalier, Seigneur de Marville, & autres lieux, Conseiller du Roi en ses Conseils, Maître des Requestes ordinaire de son Hôtel, Lieutenant Général de Police au Chastelet de Paris, la Requeste à nous présentée par les Syndic & Jurés de la Communauté des Maistres Vinaigriers à Paris, expositive, que depuis plusieurs années il a été d'usage dans leur Communauté, que lorsqu'il se présentoit des Aspirans pour la Maistrise, ils avoient la liberté de choisir tel Ancien que bon leur sembloit pour leur Meneur & Presenteur, de maniere que ce choix dérange le tour du Tableau des Anciens; en sorte que pour remedier à ce dérangement, & établir par la suite un bon ordre, la Communauté s'est assemblée le 23. Octobre dernier, & a arrêté & déliberé que dorénavant les Chef-d'œuvres qui se feront par la suite, les Récipiendaires qui seront reçus, seront conduits & menés par le premier des Anciens & de suite sans distinction, ni préférence, suivant le Tableau, ausquels sera délivré les droits comme Officiers, ainsi qu'il est porté en ladite Déliberation faite sur le Registre de ladite Communauté duement contrôlée à Paris le 9. Novembre dernier, & dont copie collationnée est annexée à la Minutte des Présentes: A ces causes, requeroit les Supplians qu'il nous plût homologuer ladite Déliberation, pour être exécutée selon sa forme & teneur, lad. Requête signée, Bailly, Procureur au Chastelet, notre Ordonnance de soit communiquée au Procureur du Roi, en date du 10. Novembre dernier les Conclusions du Procureur du Roi, de cejourd'hui, ensemble ladite Déliberation: Et tout consideré, NOUS avons ladite Délibération de la Communauté des Maistres Vinaigriers à Paris, du 23. Octobre dernier homologuée pour être exécutée selon sa forme & teneur: ce qui sera exécuté nonobstant & sans préjudice de l'appel. En témoin de quoi Nous avons fait sceller ces Présentes. Ce fut fait & jugé par Nous Juge susdit, le quatre Décembre mil sept cens quarante-quatre. Collationné. Signé, DE BEAUVAIS.

FIN.

www.ingramcontent.com/pod-product-compliance
Ingram Content Group UK Ltd.
Pitfield, Milton Keynes, MK11 3LW, UK
UKHW020320230726
13925UKWH00002B/520